인문체육학의
시선

인문체육학의 시선

이학준 저

인문체육학은 탐구, 확장, 실행이라는 과정이 필요하다. 인문체육학의 이론적 확립을 위한 학문 자체에 대한 탐구가 우선적이다. 그 다음으로 이론적 탐구를 통해서 얻은 지식과 이론을 바탕으로 인문체육학의 확장을 시도하는 것이 당연히 따르는 수순이다

북스힐

머리말

2008년 한 해 동안에 썼던 글들을 재정리하여 '인문체육학의 시선'이라는 그릇에 담게 되었다. 그동안 체육학에 대한 저자의 연구 영역은 개인의 관심과 주변의 영향으로 학문 주제의 외연을 확장할 수 있었다. 관심은 늘 변할 수밖에 없다. 하지만 늘 새로운 주제, 새로운 관심에 대한 글만 쓰다 보면, 깊이와 넓이가 없는 기계적이고 단편적인 글쓰기에 빠지게 된다.

1년이라는 기간은 짧다고 생각하면 짧은 수 있고 길다고 생각하면 길다고 할 수 있다. 여하튼 1년이란 기간 동안 시간이 생기는 대로 글을 썼다. 이제는 그 글들을 모아 반성하는 차원에서 읽고 또 읽으며 성급하고 미급한 부분을 찾아 보충하려고 한다. 어떤 글은 원고 청탁에 의해서 시간에 쫓기며 짧은 순간에 집중하여 썼기 때문에, 깊이 있는 읽기를 통해 다시 검토하고 보완하려고 한다.

제목을 '인문체육학의 시선'이라고 정한 것은 내 자신의 관심과 연구 영역이 인문학의 범위에 한정되어 있기 때문이다. 인문학은 개인의 시선에 따라 다양하게 해석되고 비판될 수 있다. 저자 자신의 인문학적 시선을 유지하면서 체육과 스포츠 현상을 목도하고, 그것에 대한 해석과 비판, 그리고 검토를 하였다. 이러한 이유로 '인문체육학의 시선'이라는 제목의 그릇에 담게 되었다. 모든 내용이 인문체육학에 포함되기 때문에 제목을 넘어서는 글은 없다.

인문체육학은 탐구, 확장, 실행이라는 과정이 필요하다. 인문체육학의 이론적 확립을 위한 학문 자체에 대한 탐구가 우선적이다. 그 다음으로 이론적 탐구를 통해서 얻은 지식과 이론을 바탕으로 인문체육학의 확장을 시도하는 것이 당연히 따르는 수순이다. 외연을 넓히기 위해 다양한 주제에 대하여 알아보았다. 마지막으로 현장에서 인문체육학을 어떻게 적용하고 실행에 옮길 것인가에 대한 생각들을 제시해 보았다.

책은 혼자서 만들어낼 수 있는 일이 아니다. 보이지 않는 도움들이 쌓여서 가능하게 된다. 우선 가족들의 배려에 감사하고, 함께 공부하는 체육사상연구회 회원들에게 고맙다. 그리고 강의를 마련해 주셔서 살아갈 수 있도록 도움을 주신 교수님들, 출판의 기회를 주신 조승식 사장님과 좋은 책을 만들어주신 편집부 선생님들에게 이 자리를 빌려서 다시 한 번 감사드린다. 세상에 혼자서 할 수 있는 일은 생각보다 많지 않다. 주위의 도움 덕분에 모든 일이 가능하다. 이 책 역시 가족과 주위의 도움이 있었기에 가능했다.

이학준

차례

3부. 실행

1부

탐구

|1장|

스포츠철학의 새로운 도전과 길 찾기

"체육철학 또는 스포츠철학이 하나의 학문으로 성립하는가?" 이 문제에 대한 대답은 '체육철학의 학문적 조건' 이란 논문에서 찾을 수 있다. 체육철학이 학문인지를 알아보기 위하여 연구대상, 연구방법, 지식체계를 기준으로 사용하여 검토하였다. 그 결과 체육철학은 하나의 독립된 분과 학문임을 확인할 수 있었다. 하지만 연구 과정에서 제기된 문제는 연구방법에서 현행 질적 연구방법이 철학의 방법인지에 관한 문제와 체육철학의 지식체계와 관련되어서는 텍스트의 부재를 지적한바 있다(오현택, 2007). 이 문제들은 차후의 검토 대상으로 남겨둘 수밖에 없다.

학문으로서의 스포츠철학은 자체적으로 학회와 학회지를 발간하고 있을 만큼 체육학 전체에서 어느 정도 위치를 차지하고 있다. 하지만 교과교육으로서의 스포츠철학은 다른 교과목에 비하여 그 중요성에도 불구하고 자기 자리를 찾지 못하고 있다. 학으로 볼 때 스포츠철학은 한국체육학회 15개 분과 학회 중 하나의 학회에 속한다. 1991년부터 학회를 결성하여 학회지를 지속적으로 발간하고 있다. 특히 등재학술지인 〈움

직임의 철학: 한국체육철학회지〉를 연 4회 발행하고 있을 만큼 그 위상은 크다고 할 수 있다. 이러한 활발한 활동에도 불구하고 교과교육으로서의 스포츠철학은 체육 계열 학과 내에서 자기 자리를 찾지 못하고 있다. 그 근거를 세 가지로 제시할 수 있다.

첫째, 체육학과 내 교과 과정을 살펴보면, 체육원리, 체육학 개론에 밀려 스포츠철학/체육철학은 설 자리를 찾지 못하고 있다. 심지어 모 대학교에서는 체육원리(철학)라는 애매모호한 과목명을 사용하고 있을 정도다. 현재 국내에서 체육원리와 체육철학의 교과목이 가지는 차이를 분명히 인식하고 있지 못하고 있다. 단지 체육원리의 상당수 부분이 체육철학의 내용을 포함하고 있기 때문에, 양자 간의 성격 차이가 분명하게 드러나지 못하고 있다.

이미 일본에서는 한국과 같은 고민과 갈등의 시간을 경험한 바가 있다. 현재 일본에서는 체육원리와 체육철학을 분리하여 교육을 실시하고 있다. 일본도 처음에는 체육원리가 체육철학을 대신하는 교과목이었지만 체육철학의 필요성과 연구가 많아지면서 둘의 영역과 관계는 분명하게 구분되었다(사또 토미히코, 2007).

둘째, 편중된 교과교육을 들 수 있다. 종합 학문으로서의 체육학은 인문과학, 사회과학, 자연과학으로 구분할 수 있다. 체육학의 학문적 균형이 필요한데 현실은 실용주의 교육에 영향을 받아 보이는 것에만 관심이 집중되어 자연과학과 사회과학에 편중되어 있다. 반면에 인문 교육을 강조하고 있는 인문과학의 상실을 엿볼 수 있다. 이미 자연과학과 사회과학 과목에 밀려 교과목으로서 스포츠철학/체육철학은 개설되지 못한 대학들이 많다. 서울 소재 4년제 대학 체육 계열 학과의 교과 과정을 면밀히 살펴보면 개설된 학교보다는 개설되지 않는 학교가 많음을 확인할 수 있다. 개설되지 않은 학과들의 교과 과정에는 체육원리의 강좌가 있다.

셋째, 전문 강의자들이 연구와 강의를 할 자리가 없다는 점이다. 관련 과목들에 대한 강의 개설이 많지 않기 때문에 강의를 할 시간을 찾기가 어려워졌다. 이 때문에 스포츠철학은 독립 영역임에도 불구하고 교수 임용에 있어서도 채용 공고를 발견하기가 쉽지 않다. 체육학의 자연과학 분야는 비슷한 전공들로 여려 명의 중복된 전공 교수를 채용하고 있는 것으로 볼 때 분명하다. 교과목이 존재하지 않기 때문에, 혹은 교수가 불필요하다고 인식하고 있기 때문에, 전공 교수의 채용이 빈번하지 못하고 있다. 어떻게 보면 불필요한 교과목으로 전락하고 있음을 간접적으로 시사하고 있음을 알 수 있다.

이러한 이유를 과연 어디에서 찾아야 하나 알아보자. 체육학 내에 다른 교과목과의 헤게모니 싸움에서 밀려났기 때문만 아니라 체육학의 시작부터 자연과학 영역이 기득권을 가지고 있었기 때문이다. 이러한 이유들이 내포하고 있는 의미는 이들 전공들이 기득권을 지금까지 지속하고 있다는 것과 같은 뜻이다. 여하튼 종합 학문으로서의 체육학에서 유독 인문과학 분야가 홀대 받는 것은 사실이다. 단지 눈으로 확인할 수 있는 결과물에 대한 의심 때문에 스포츠철학은 무용지물의 교과목으로 말장난이나 뜬구름 잡는 이야기나 하는 것으로 치부하고 있다.

그렇다 보니 인문(과학) 분야인 체육사, 스포츠철학/체육철학은 별개의 과목임에도 불구하고 한 명이 가르치고 경우가 빈번하다. 이 같은 현상은 신자유주의 논리에 따라서 유용성에 무게를 두기 때문에 나타난 결과라고밖에 볼 수 없다. 유용성은 결과 지향적이기 때문에 어떤 결과를 보여주어야 한다는 부담감을 갖게 한다. 이 부담감에서 벗어나는 길은 스포츠철학의 현실 적용이다. 적어도 철학은 현실을 바탕으로 형성된 문제의식에 대한 논의가 있어야 한다.

> 삶을 떠난 철학은 물을 떠난 물고기처럼 죽을 수밖에 없다. 그렇기 때문에 철학을 시대의 자식이라고 했다. 철학은 철학이 헤엄치며 살았던 삶의 바탕인 자신의 생활세계를 반영하고 있다. 현대의 철학은 당연히 우리들이 살고 있는 우리의 생활세계와 호흡을 같이해야 한다. 현대인들의 관심과 고민거리에 귀를 기울이고 그것을 풀어주려고 노력해야 한다. 그들이 알아들 수 있는 언어로 그들의 눈높이에 맞추어 이야기하려고 애써야 한다(이기상, 2002).

이 글의 목적은 교과교육으로서의 스포츠철학에 대한 반성과 숙고를 통하여 스포츠철학의 새로운 도전과 길 찾기에 대하여 알아보는 데 있다. 이를 위하여 연구 문제는 세 가지로 설정하였다. 첫째, 교과교육을 지배하는 유용성에 대하여 외적 유용성과 내적 유용성에 대하여 고찰하고, 내적 유용성 차원에서 생각하는 힘에 대하여 주목하였다. 둘째, 사고력의 향상은 교과목으로서 스포츠철학에서 가능성이 있는가? 셋째, 교과교육의 정체성과 일관성 있는 교육을 위해서 국내에서 혼용하여 사용하고 있는 체육철학과 스포츠철학은 어떤 측면에서 같고 다른가? 이에 대하여 알아보았다. 끝으로 세 가지 연구 범위에 대한 연구 결과를 바탕으로 교과교육으로서의 스포츠철학의 새로운 도전과 길 찾기를 시도하였다.

이 글에서 사용한 연구방법은 강의 계획서와 강의 교재를 검토하는 방법을 사용하였다. 연구 목적을 달성하기 위하여 연구 범위는 저자가 좀더 쉽게 접근할 수 있는 서울에 위치한 4년제 체육계열 학과가 있는 19개의 대학들로 제한하였다. 이들 대학의 체육계열 학과에 개설된 스포츠철학(5개교) 혹은 체육철학(5개교), 스포츠경영윤리(1개교)의 강의 계획서와 강의 교재를 중심으로 비교하였다. 예를 들어 보면, 서울 소재 모 대학의 레저스포츠학과 스포츠철학의 강의 계획서에 나타난 학습 목표 및 교과목 개요의 내용은 다음과 같다.

> 체육, 스포츠에 관한 이해와 학문 추구를 위한 철학적인 인식을 넓히고, 체육, 스포츠의 문제에 관한 논의와 연구를 하는 데 있다.

앞의 강의 계획서에 나타난 교재는 2001년에 일본의 아베 시노부의 책을 박홍식이 번역한 《체육, 스포츠철학론, 무도론》이었다. 강의 방법은 이론 중심 강의와 토론과 세미나, 그리고 과제 발표를 병행한다고 밝히고 있다. 강의 내용은 강의 교재의 목차에 따라서 구성되어 있었다. 강의 내용은 다음과 같다.

> 1주. 오리엔테이션, 교재 소개 및 논문 소개, 2주. Logic의 개념 설명, 3주. 철학의 개념 이해, 4주. 스포츠와 철학의 만남, 5주. 인간의 삼중적 구조에 대한 철학적 이해, 6주. 심신상관, 7주. 중간고사, 8주. 체육에서의 인간 형성의 가능성과 한계, 9주. 분화와 총합의 구조, 10주. 감성 체육론, 11주. 생애체육의 의의, 12주. 오늘날 체육교사에게 요구되는 자질과 전문성, 13주. 스포츠 관람자의 미적 태도, 14주. 동양철학과 체육, 15주. 기말고사

앞의 예처럼 스포츠철학/체육철학의 강의는 학교마다 차이를 드러내고 있다. 강의 담당 교수의 관심에 따라서 교재가 선정되고, 교재 내용에 따라서 순차적으로 강의가 이뤄지고 있음을 확인할 수 있다. 스포츠

철학/체육철학의 강의 계획서는 크게 차이를 보이지 않고 대부분이 강의 교재를 위주로 강의가 진행되기 때문에 약간의 차이를 드러내고 있다. 특이한 점은 체육철학/스포츠철학 교과목이 개설되지 않는 대학들이 개설된 대학보다 더 많다는 점이다. 이 점은 신자유주의 논리에 따른 외적 유용성에 중점을 두었기 때문에 나타나는 결과라고 보인다. 하지만 우리는 유용성에 대하여 오해를 하고 있다. 유용성은 외적 유용성과 내적 유용성으로 구분된다.

외적유용성과 내적유용성

체육학 분야에서 외적 유용성에만 집착한 결과 '체육학은 경기력과 메달과 연계하여 체육을 실증과학의 이론만으로 연구를 수행하고 있다. 심지어 일상 세계에서 체육학과 학생은 힘만 세다는 말을 다른 분야 사람들에게 들어 왔다. 이 말은 체력은 강한데 생각하는 지력(사고력)은 부족하다는 말과 같다. 깨어 있는 체육인이 되기 위해서는 무엇보다도 지력을 향상시키는 교과목이 필요하다. 하지만 현실이 변하지 않고 있다.

체육학과 대부분의 교과목은 자연과학 분야와 사회과학 분야의 교과목으로 구성되어 있기 때문에 전공 영역과 교과 간의 균형과 조화를 기대하기 어렵다. 이렇게 편중된 교과과정은 유용성에 대한 이해 부족 때문에 나타난다. 적어도 유용성의 개념에 대한 정확한 이해가 있었다면 지금과 같은 불균형과 편향된 교과과정은 없었을 것이다. 유용성에는 보여지는 외적 유용성과 더불어 보여지지 않는 내적 유용성이 존재한다.

체육학에서 볼 수 있는 외적 유용성은 건강, 체력, 기록, 신체미 등이다. 이 모든 것은 우리가 확인할 수 있는 보여지는 결과물이다. 바로 눈으로 확인할 수 있다는 공통점을 가지고 있다. 체육을 전공하는 학생 혹은 일반 비전공자들 역시, 체육이란 바로 건강을 위해서 필요한 과목이고 건강에 대하여 공부하는 전공이라고 생각하고 있다. 하지만 겉으로 보여지는 것이 체육의 전 모습은 아니다. 보이지 않는 부분에 대한 이해가 필요하다. 보이지 않는 힘은 내적 유용성이다. 즉 생각의 힘, 의지력 등을 말할 수 있다. 지금까지 체육에서 추구해 온 것은 외적 유용성만이다.

체육학 내에서 외적 유용성만을 너무나 강조하고 있다. 이 때문에 외적 유용성을 강조하는 운동생리학, 스포츠의학, 운동처방, 트레이닝 등이 체육학 내에서 득세하고 있다. 최근 IMF 이후 신자유주의 논리에 의하여 유용성이 작용하는 경영의 입장에서 체육을 보게 되었다. 그 결과 스포츠산업, 경영, 마케팅이 부상하여 인기를 누리고 있을 뿐만 아니라, 학과의 명칭 또한 변경되었다. 이렇게 체육학 내의 교과목으로서의 사회과학과 자연과학의 영역들은 인정받고 그 영역을 확장하고 있다. 하지만 이에 비하여 인문과학은 가시적인 결과물이 없기 때문에 자꾸만 작아지고 있다. 심지어 사라질 위험성을 늘 가지게 되었다. 그럼에도 불구하고 체육학과 내에서 인문교육은 절실히 필요하다. 그렇다면 인문교육이란 무엇일까?

> 인문교육은 인문학을 가르치는 교육이다. 그런데 인문학을 간략히 말한다면 사람다운 삶에 대해 규범적으로 반성하고 연구하는 학문이라고 할 수 있으므로, 인문교육은 이러한 반성을 토대로 하여 '사람다운 삶'을 살아나갈 수 있는 성향과 능력을 길러 주는 교육이라 할 수 있을 것이다. 다시 말해 인문교육은 한마디로 성장하는 세대가 사람다움

의 이념을 충실히 실현할 수 있도록 도와주는 교육이라고 할 수 있다(박정하, 2004).

과연 체육계열 학과는 운동선수를 위해 존재하는 학과인가, 아니면 일반 학생들을 위해 존재하는 과인가 거듭 생각하게 된다. 일부 체육계열 학과는 체육 특기자의 동일계 지원 제도에 의하여 만들어졌다. 학생 선수들이 지속적으로 운동할 수 있는 여건을 조성하게 되었다. 선수 이외의 학생들에게 과연 어떤 교육적 성취를 할 수 있을까 의문이다. 누가 주체가 되어야 하느냐 하는 문제가 제기된다. 오직 건강과 체력, 기능, 기록, 신체미에 대한 교육만을 강의하면 그것은 운동선수를 육성하기 위한 학과에 불과함을 표면적으로 보여 주는 것이다.

인식의 변화가 필요할 때다. 매년 언론 보도에 되풀이되어 등장하는 체육학 신입생들에 대한 구타 문제, 사회에서 제기되는 금품수수, 성폭행, 폭력행위는 체육학 교과목의 성격에도 잘 드러나고 있다. 인격 형성을 위한 교과목의 비중보다는 기능과 외적 유용성만을 강조하는 교과만을 교수하기 때문에 벌어지는 일이다. 이러한 사회적 분위기를 반전할 수 있는 방법은 내적 유용성이라고 할 수 있는 생각하는 힘, 윤리적 판단력 향상을 통한 도덕적 자율성 강화와 저항하고 비판할 수 있는 깨어 있는 체육인을 육성하기 위한 교과가 필요하다. 그 역할을 할 수 있는 교과목이 바로 체육철학 혹은 스포츠철학이다.

철학은 어떤 사태의 해결보다는 문제를 제기하는 것이 더 현실적이다. 문제 제기는 또 다른 문제 제기를 가져오게 한다. 그 결과 어떤 사태가 가질 수 있는 문제점을 보완할 수 있다. 이 점에서 어느 정도의 문제 해결에 도움이 된다. 또한 현실성이 배제된 철학적 사유는 공허한 관념의 유희에 불과하기 때문에 철학이 불필요하다는 무용론이 제기될 수 있다. 하지만 철학적 사유는 근본적인 것에 대한 사유를 할 수 있기 때문에 문제의 사태에 대한 정확한 인식을 가능하게 한다.

철학은 가시적인 성과가 없기 때문에 그 중요성에도 불구하고 인정받지 못하고 있다. 이 점은 대학의 교과과정에서 여실히 드러난다. 있어도 그만이고 없어도 그만이라는 생각이 잠재되어 있다. 학생의 입장에서도 배우고 싶지만 접근이 어렵다는 편견과, 선입견 때문에 가까이 하지 못하는 경우가 빈번하다. 이러한 현실에서 철학적 사유는 현실성을 기반으로 형성되어야 한다는 인식이 필요하다. 이 같은 비판은 어느 정도 수긍할 수밖에 없다. 철학은 현실과 철학 사이에서 존재 이유를 발견할 수 있다. 현실과 유리된 관념에만 머무르는 철학적 사유는 비판 대상이 될 수 있다. 현실을 사유하지 못하는 응용철학으로서 스포츠철학은 그 역할을 다하지 못할 뿐만 아니라 환영받지 못한다. 현실을 바탕으로 한 사유는 어떤 사태의 문제 의식에서 시작된다.

이상과 같이 현실을 외면하고 스포츠의 본질만을 연구하는 문제에서 파생되는 외부 요인에서 스포츠철학의 위기만을 말할 수 없다. 내부적으로도 문제가 있다는 것을 인정하는 것이 급선무다. 그 문제는 교과목의 성격에서 찾을 수 있다. 교과목으로서의 스포츠철학이 명확히 확립되지 못하기 때문에 위기가 나타난다고 할 수 있다. 예를 들어, 체육철학과 스포츠철학의 혼재된 개념 사용의 경우를 들 수 있다. 어떤 것이 체육철학이고, 어떤 것이 스포츠철학인지 모호한 용어를 사용함으로써 학생뿐만 아니라 전문 연구자 역시 혼돈에 빠지게 한다.

체육철학과 스포츠철학

국내에서 체육철학과 스포츠철학은 차이가 있지만 같은 의미로 혼용하여 사용하고 있다. 그것은 체육과 스포츠를 같은 의미로 사용하고 있는 것과 아주 유사하다. 처음부터 개념 정립이 있지 못하고 급하게 수입하여 사용했기 때문에 나타나는 후유증이라고 할 수 있다. 그렇기 때문에 개념의 명료화를 연구하는 분야에서 선행되어야 한 과제다.

체육철학과 스포츠철학이라는 두 개념의 차이를 명확히 제시하지 못하고 있는 것도 어떻게 보면 모순이다. 우선 체육과 스포츠의 차이에 대하여 알아보자. 체육은 교육이고, 계획적인 신체활동을 통한 교육이다. 이에 반하여 스포츠는 문화이다. 이 때문에 문화로서의 스포츠가 생성되었다. 학자들의 주장을 종합해 보면 결국 경쟁, 즐거움, 규칙, 대근 활동이 수단되는 것을 스포츠라고 한다. 물론 스포츠와 스포츠문화는 다른 말이다. 스포츠는 일상적으로 기분 전환과 오락의 의미를 지칭하고, 반면에 스포츠문화는 스포츠와 관련된 모든 활동을 말한다.

체육철학은 일반 철학보다는 교육철학의 성격과 유사하다. 체육철학은 체육의 목적과 목표, 이상적 인간관, 방법과 내용, 평가, 교사와 학생의 관계 등, 교육 현장에서 발견되는 문제에 대한 연구와 검토를 수행하는 교과목이며 학문이다. 그래서 이상주의, 자연주의, 실용주의 등에 따른 성격을 규명한다. 이 외에도 체육철학은 교육으로서의 체육을 위한 방향 제시를 해 주는 것으로 정의될 수 있다. 일종의 좋은 수업을 위한 구체적인 방법에 대한 탐구라고 할 수 있다.

스포츠철학은 교육적 성격에서 벗어나 스포츠 현상에 대하여 철학의 시선을 유지하고 있다. 철학적 사유 방법을 통해서 스포츠의 문제에 대한 정당성을 제시하고 해결 방안을 모색하는 역할을 한다. 여기서 방법은 비판적, 논리적, 반성적 차원의 사유를 적용하는 것을 의미한다. 예를 들어 상업주의, 승리지상주의, 도핑, 성차별 등의 문제에 대하여 비판, 논리, 반성적 사유 과정을 동원하여 문제의 원인과 그 해결 방안을 탐구하는 것이 스포츠철학이다. 교육이 아닌 문화로서의 스포츠를 철학하는 것이다.

체육철학과 스포츠철학이 구별되지 못하는 이유는 이 분야에 종사하는 연구자 수가 그리 많지 않다는 사실에서 찾을 수 있다. 국내에서 체육철학이라는 말이 스포츠철학보다 이전에 사용되었다. 그만큼 체육철학이 많이 알려져 있다는 것은 분명하다. 초창기의 학회지의 명칭은 〈움직임의 철학: 한국스포츠무용철학회지〉였다. 이후에 체육철학을 하는 사람들이 대거 등장하여 명칭의 변경이 있었다. 그래서 〈움직임의 철학: 한국체육철학회지〉로 명칭이 바뀌게 되었다. 지금까지 체육학회 내 분과 명칭으로 체육철학으로 사용하고 있다. 이에 비하여 한국학술진흥재단의 학문 분류표에는 스포츠철학으로 분류하여 사용하고 있다.

자신이 연구하고 있는 분야가 체육철학인지 혹은 스포츠철학인지에 대한 명확한 개념 정립이 필요하다. 지금처럼 구분 없이 사용하다 보면, 학회의 성격 역시 이상하게 되어 정체성이 모호해질 가능성이 높다. 개념이 변천하고 있는 지금에서 우리가 교육철학으로의 체육철학을 하기보다는 문화로서의 스포츠에 대한 철학을 하는 것이 더 적확하다고 할 수 있다. 그렇다고 체육철학이 불필요함을 역설하는 것은 아니다. 용어에 대한 정의부터 선결해야 교과교육으로서의 스포츠철학과 체육철학은 명확해진다.

학과에 따라서 교과목의 성격이 구분되어야 하고 좀더 명확해질 필요가 있다. 예를 들어 사범대학 체육교육과에서는 체육의 교과과정과 체육에 대한 성찰과 숙고가 필요하기 때문에 교육철학의 연장선상에서 교육으로서의 체육에 대한 철학이 강의되어야 한다. 체육의 목적과 목표, 내용, 방법 그리고 평가에 대한 철학적 사유와 비판이 필요하다. 그 외의 체육 계열학과에서는 교사 교육보다는 체육학 연구에 비중을 두기 때문에 체육철학보다는 스포츠철학이 강의되어야 한다.

현재 국내에서 체육철학과 스포츠철학이 구분되지 않고 혼용되어 사용되고 있기 때문에, 명칭과 교과내용에서 분명한 구분이 되어 강의되고 있지 못하다. 그리고 체육원리와 체육철학의 관계는 상호 유사성을 갖기 때문에 체육철학으로 포섭되는 것이 필요하다. 지금처럼 체육의 개론적 내용을 교수하기 위해서는 체육학 개론을 별도로 만들어 강의하는 것이 좋다. 체육원리와 체육학 개론의 차이는, 체육원리는 철학의 성격이 깊고 체육학 개론은 입문의 성격을 보여 주기 때문에 체육의 전 분야를 개괄적으로 설명하는 것에 불과하다.

원리 부분은 체육철학에서 강의하고 체육학 개론은 별도로 개설하여 입문 과목으로서의 성격을 명확히 해 주는 것이 필요하다. 그래서 교과교육으로서의 체육철학의 위상을 정립하고 본래의 교과교육을 충실하게 수행할 수 있을 것이다. 이러한 과정을 통해서 종합 학문으로서 체육학이 인문과학, 사회과학, 자연과학에 대한 분명한 인식이 재정립될 수 있다. 인문과학이 불필요한 것이 아니라 제대로 그 중요성에 대하여 알지 못하기 때문에 나타나는 것이다.

그 이유는 제대로 가르치지 않거나 혹은 제대로 이해하지 못하기 때문에 나타나는 결과다. 우선 체육철학이라는 교재의 통일된 내용이 없다는 것이다. 기존에 출판된 교재로서의 체육철학은 개인의 논문집 수준에 불과하다. 그런 교재가 강좌의 내용을 형성하기 때문에 교과교육의 성격이 명확하지 못하게 된다. 적어도 보편적인 내용이 통일되어 있어야 하는데 현실적으로 그렇지 못하다. 학문의 성격이라기보다는 연구자들의 합의된 교재 출판을 위한 논의 과정이 없었기 때문에 이 같은 현상이 나타나게 되었다.

기존에 출판된 체육철학의 목차를 살펴보면, 출판된 가짓수만큼이나 내용이 다르다는 것을 확인할 수 있다. 국내 인터넷 서점의 출판 정보에 의하면, 체육철학과 스포츠철학 서적의 출판 현황은 2007년 9월 29일 현재, 전체 48종이다(http://www.kyobobook.co.kr). 국내에서 처음으로 김대식 등에 의하여 번역된 웹스터(1973)의 《체육철학》의 목차를 살펴보면 다음과 같다.

> 제1부 체육의 내력 1. 철학의 의의와 중요성, 2. 자연주의, 3. 관념론, 4. 실재론, 5. 실용주의, 6. 체육철학사 제2부 체육의 개인철학 확립 7. 체육의 기원과 의미 그리고 이와 관련된 전문분야, 8. 체육에 대한 개인철학에 영향을 미치는 몇 가지 요인, 9. 체육철학을 구성하는 요소 제3부 기능으로서의 철학 10. 체육행정에 관한 철학, 11. 체육교과과정을 설정하는 데 필요한 철학 제4부 가치체계의 확립 12. 체육의 가치 등으로 구성되어 있다.

이 책에서 알 수 있는 것은 체육철학은 체육행정의 정책 방향을 설정하는 데 필요하고, 체육 교과과정을 구성하는 데 꼭 필요하다는 것을 알 수 있다. 이 방향성을 설정하기 위하여 자연주의, 관념론, 실재론, 실용주의 등의 사조에 대한 검토가 필요함을 말해주고 있다. 이를 통해서 체육 방향을 올바르게 성립하는 데 도움을 줄 수 있다. 최소한 교재로서의 체육철학은 앞에서 제시된 내용을 포함하고 있어야 한다.

하지만 국내에서 출판된 체육철학의 서적은 이를 충실하게 반영하고 있지 못하다. 개인의 연구를 모아서 교재를 만든 것들이 대부분이다. 어떻게 보면 독창적이고, 다르게 보면 텍스트로서 체육철학에서 벗어나 있다고 하겠다. 통일된 기본 텍스트가 존재하고 그 이후에 다양한 연구 서적이 출판되는 것이 올바른 순서다. 하지만 우리 현실은 연구 서적은 넘쳐나지만 텍스트는 부족한 기이한 현상이 나타나고 있다. 다음은 체육철학 교재 중에서 많이 사용되는 김영환, 김동규, 신현군 외(2002)의 《체육철학》의 목차다.

서론, 철학사조에 따른 스포츠의 이해, 스포츠의 가치론, 스포츠영역의 철학적 제문제, 현대스포츠철학의 과제.

앞의 책은 체육 교과과정에 필요한 철학 사조에 대하여 소개하고 있지만 체육에 대한 적용보다는 스포츠를 중심으로 논의하고 있다는 점을 주목할 수 있다. 현실에서 교과교육으로서의 스포츠철학의 자기 자리를 찾기 위해서는 유용성을 충족시킬 수 있어야 한다. 내적 유용성을 충족시킬 수 있는 것은 생각의 힘에서 찾을 수 있다. 이는 교과목으로서의 스포츠철학에서 가능하다. 그리고 체육철학과 스포츠철학에 대한 명확한 차이를 인식하고, 스포츠철학이라는 교과목의 성격을 규명 짓는 일이 요구된다.

체육교육과에서는 체육철학이 강의되고, 그 외의 체육계열 학과에서는 학과 특성을 반영한 스포츠철학이 강의되어야 한다. 특히 체육철학은 체육 교과과정과 체육행정을 위하여 철학 사조 중심에 따라서 목적과 목표, 방법과 내용, 평가, 이상적 인간상에 대한 강의 내용으로 구성되어야 한다. 반면에 스포츠철학은 스포츠의 존재론, 인식론, 가치론적 이해 중심의 강의를 넘어서서 현실에 필요한 교과교육이 되어야 한다. 즉 이론 중심의 철학적 지식을 배우는 교과목이 아니라 철학함을 배우는 교과목이 되어야 한다. 단순히 철학적 지식을 암기하여 좋은 학점을 취득하는 교과목이 아니라, 철학적 사유방식을 배워서 체육계 현실에 적용할 수 있는 방법을 가르쳐야 한다. 이런 전제에서 스포츠철학의 새로운 도전과 길 찾기는 그 자체로 가치를 갖는다.

스포츠철학의 새로운 도전과 길 찾기

스포츠철학은 새로운 길 찾기를 위한 새로운 도전을 감행해야 한다. 하지만 주도면밀한 검토가 있어야 한다. 도전을 시작하기 전에 '스포츠철학의 새로운 도전은 어떻게 가능할까?' 라는 의문이 제기된다. 이 문제에 대하여 다음과 같이 세 가지 문제를 제기할 수 있다. '체육에 있어 데카르트는 그토록 만고의 역적인가', '신체를 통한 교육은 비판 불가의 정답인가', '질적 연구는 과연 철학의 방법인가' 에 대한 지적이다(김홍식, 2007). 지금까지 당연하게 인식하였을 뿐, 왜 당연한지에 대하여 숙고를 하지 못해 왔다. 그렇기 때문에 세 가지 문제에 대한 철학적 검토와 논의가 직접적으로 이뤄지지 못했다. 간혹 연구논문이나 학위논문에서 언급된 적이 있을 뿐이다.

하지만 이러한 문제를 학생들에게 교과목으로서의 스포츠철학 강의에서 일방적으로 강의할 수 없다는 점이다. 당장 현실적인 문제를 해결해야 하는데 이러한 문제에 대한 숙고할 시간이 부족하다는 것이다. 그렇기 때문에 스포츠철학은 형이상학적 문제와 같이 사변적인 것에 구속되게 된다. 지금과 같이 있어도 그만 없어도 그만인 교과목이 아니라 학생들에게 명확한 결과물을 얻을 수 있는 구체적인 교육 방안이 강구되어야 한다.

과거의 신체관 문제, 신체를 통한 교육 문제, 방법론 문제에 대한 비판과 이를 넘어서는 새로운 교과교육으로서의 변화를 추구해야 한다. 이렇듯 변화를 위해서 위기에 내몰리고 있는 스포츠철학은 자생 전략에서 그 해결의 실마리를 찾을 수 있을 것이다. 그 방안으로 논리적 글쓰기, 윤리적 판단력, 상담과 치료 등의 방법을 들 수 있다. 이러한 교과교육의 내용은 구체성을 가지며 현실적 요구를 충족시킬 수 있을 것이다.

첫째, 글쓰기 교육이다. 논리적 사고 훈련을 위한 글쓰기 교육이다. 논리적 글쓰기는 이미 대학 신입생을 상대로 교양교육 과목으로 교육되고 있기 때문에 굳이 구분하여 따로 교육할 필요가 없다는 생각을 할 수 있다. 하지만 교양으로서 글쓰기와 전문 분야에서 글쓰기는 그 소재나 주제에서 차이가 있다. 체육과 내에서 자체적으로 체육 현장 혹은 스포츠 현장에서 제기되는 문제들을 가지고 직접 글을 쓰는 훈련은 필요하다. 논리적 사고 훈련을 위한 체육학 글쓰기를 제시하는 이유는 체육과 스포츠 현상에서 나타나는 주제를 바탕으로 문제의식을 가지고 우선적으로 글쓰기를 시도해 보기 위함이다. 체육계 현장에서 나타나는 현실적인 문제에 대한 문제의식과 그것을 해결하려는 과정 자체에서 학생

개개인의 논리적 사유를 향상시킬 수 있다.

좋은 예를 하나 들면, 어떤 주제에 대한 자신의 생각을 한 쪽 글쓰기 정도의 분량으로 요약 정리하여 수업시간에 토론을 하게 할 경우, 논리적 문제 해결 능력이 향상됨을 저자의 사적 경험에서 확인할 수 있었다. 자기 생각을 정리할 수 있는 기간을 마련하고 그것에 대하여 곰곰이 숙고하고 반성하는 과정에서 논리력을 키울 수 있다. 자신이 직접 생각한 바를 표현하는 글쓰기 훈련이 그렇기 때문에 필요한 것이다. 이처럼 실질적인 얻음이 없기 때문에 지금까지도 사라지지 않고 일관되게 제기되는 문제는 '도대체 철학을 통하여 우리가 얻을 수 있는 것은 무엇인가?' 하는 것이다. 이에 대한 구체적인 답변은 다음의 글에서 찾을 수 있다.

> 다양한 문맥에서 언어가 뜻하는 바를 파악해 내는 능력, 어떤 주장을 지지하기 위해 증거가 언제 요구되는지 결정하는 능력, 증거가 요구될 때 증거의 양과 유형을 적절히 판단하는 능력, 그 외에도 비판적 사고를 일관적으로 생각할 수 있는 능력, 지시와 충고를 이해할 수 있는 능력, 문제를 구성하고 해결할 수 있는 능력, 주어진 정보 문제와 유관한지 판단하는 능력, 결정과 계획의 가능한 결과들을 개관하는 능력, 가능한 선택들 중 최선의 선택을 하는 능력 등 다양한 능력들과 관계한다(김영정, 박정하, 2002).

둘째, 스포츠윤리 교육이다. 도덕 판단의 근거 마련을 위한 스포츠윤리에 대한 교육이다. 체육 전공 학생과 운동선수는 스포츠의 특성상 윤리적 선택의 기회가 많음에도 불구하고 지도자와 교사의 눈치를 봐서 행동하는 경우가 빈번하다. 그 결과 선수들에게는 도덕불감증을, 일반 학생들에게는 무관심만을 키워주게 되었다. 경쟁윤리, 연구윤리, 표절윤리, 심판윤리, 코칭윤리 등이 현장에서 실천하는 데 시급하게 필요한 윤리다. 어떤 사태에 대하여 무엇이 옳고 혹은 옳지 않는지에 대한 도덕적 판단에 의한 결정이 명확해야 한다. 이를 향상시키기 위해서는 공학도들에게 공학윤리를 필수과목으로 부과한 것과 같이, 체육을 전공하는 학생과 학생선수를 위한 인증과목으로서 스포츠윤리를 개설하는 작업이 필요하다.

체육 관련 협회의 행정상의 문제로 제기되는 논쟁과 폭력 사태, 운동선수에게 나타나는 성급하고 감정적이며 꼭 끝장을 보고 마는 극단적인 행동 유형들은 윤리적 판단에 대한 교육이 부재하기 때문에 나타나는 결과라고 할 수 있다. 어떤 사태를 대화를 통해 합리적으로 결정하기보다는 감정적 대응으로 앞서 행동하기 때문에 물리력이 행사되고 만다. 행정과 경기장에서 도덕적 판단의 근거 마련을 위해서 강의에서 할 수 있는 방법은 토론게임을 위주로 한 수업을 통해 자신의 가치관을 정립하게 하는 것이다. 이런 훈련을 통해 개인의 도덕적 자율성을 향상시킬 수 있을 뿐만 아니라, 어떤 문제에 대한 비판적 사유와 논리적 사유 그리고 반성적 사유를 가능하게 한다.

셋째, 철학 상담과 치료다. 인간성 함양을 위한 철학 상담과 치료다(Botton, 2000; Howard, 2000; Koestenbaum, 1978; Lahav, 1995; Lipman, 1986; Morton, 2004; Nelson, 2000; Raabe, 2000; Schuster, 1979). 최근 철학의 유용성 측면에서 많은 관심을 갖는 분야가 철학 상담과 치료다. 철학의 무용론이 제기되는 시대적 상황에서 실용성을 가질 수 있는 분야가 바로 철학 상담과 치료다. 철학 상담과 치료에 대해서는 아직 일반인에게 널리 알려지지 않았기 때문에 처음 접하는 사람들도 있을 것이다. 하지만 이미 유럽과 미국에서는 철학 상담과 치료가 연구되어 왔다. 국내에서도 이 분야에 대한 연구가 점차적으로 증대되고 있다.

특히 체육학 내에서는 아주 낯선 분야다. 왜냐하면 체육학 내에서 상담은 그동안 스포츠심리학 분야에서 대부분을 차지하고 있었기 때문이다. 스포츠철학은 선수와 학생들이 가질 수 있는 고민과 갈등을 치유할 수 있는 장점을 가지고 있음에도 불구하고, 체계적인 도입이 이루어지지 못하고 있는 실정이다. 상담을 통해 선수와 학생의 행위가 무엇이 잘못되었고, 어떤 것이 좋은 방법인지에 대하여 스스로 발견할 수 있게 해야 한다. 근원적인 고민과 문제를 해결해 줄 수 있다는 점에서 심리보다 더 나은 결과를 가져올 수 있다고 생각된다. 철학 책이나 철학 상담을 통해서 생각의 힘을 키워 갈 수 있을 뿐만 아니라, 개인의 정서 안정과 정신 건강에 많은 도움을 받을 수 있을 것이다.

스포츠철학의 새로운 도전 영역은 현실에 도움을 줄 수 있는 내적 유용성 차원이다. 특히 스포츠 세계와 체육학 분야에서 발생하는 문제가 주된 영역이 될 것이다. 이는 현실에서 필요한 수요자 중심의 교육을 말한다. 연구논문의 표절이나 심판 판정 문제, 코칭 문제 등 다양한 문제점이 산재하고 있다. 이를 위하여 교과교육으로서 스포츠철학은 각기 필요에 따라서 스포츠윤리학과 스포츠미학, 스포츠사회철학, 체육학 글쓰기, 스포츠철학 상담과 치료 등의 교과목으로 나누어 설정하는 것이 우선적으로 요구된다. 학위논문과 연구논문을 쓰며 인지하고 있어야 하는 것이 표절에 대한 이해다. 어디까지가 표절이고 인용인지, 연구 윤리와 자기 표절, 왜 표절을 하지 말아야 하는지 구체적인 문제 해결 방식을 채택할 필요가 있다.

현행과 같이 체육철학과 스포츠철학의 성격을 분명하게 규정짓기보다는 두 교과목의 내용 차이를 발견하기가 어렵다는 것이다. 현실에서 학생들에게 필요한 것이 무엇인지 생각해 보고, 학생들에게 필요한 교과교육으로서 스포츠철학이 변화를 모색해야 한다. 지금과 같이 한 방향으로 스포츠철학의 이론과 지식만을 강의하기보다는 현실 문제를 해결하기 위한 철학적 사유 방법을 터득하게 하는 것이 더 급선무다. 너무 오랫동안 변화를 두려워하고 지체해 왔다. 내적 유용성을 기를 수 있는 체육학 글쓰기와, 논리적이며 철학적인 사유 연습, 그리고 인간성 회복을 위한 철학 상담과 치료 또한 다시 한 번 생각해 보아야 할 문제다.

결론

교과교육으로서의 스포츠철학에 대하여, 기존의 성격에 대하여 숙고하고 새로운 도전과 길 찾기에 대하여 알아보았다. 현재 스포츠철학에서 요구되는 사항은 형이상학과 존재론의 문제, 인식론의 문제, 가치론의 문제보다는 현안의 문제 해결에 도움을 주고 내적 유용성을 성장시킬 수 있는 현실적 요구에 대한 수용이다. 박제화된 교과교육이 아니라 시대와 함께하는 스포츠철학이 필요하다. 철학적 지식에 대한 학습이 아니라 철학함에 대한 학습이 필요하다. 특히 학생들에게 무엇이 필요한가에 대하여 우선적으로 인지하여야 한다. 또한 현장에서 활용할 수 있는 철학함을 위한 교과목으로의 변화가 요구된다.

새로운 도전은 논리적 사고 훈련을 위한 글쓰기 교육, 도덕적 판단의 근거 마련을 위한 스포츠윤리 교육, 그리고 인간성 함양을 위한 철학 상담과 치료 중심 교육에서 찾을 수 있다. 논리적 사고 훈련은 스포츠철학 강의 방법의 일환으로 글쓰기 과제와 토론 및 발표 수업을 병행해서 강의한다면 일정한 성과를 기대할 수 있을 것이다. 반면에 스포츠윤리 교육은 새로운 교과교육으로서 공학 계열에서 공학인증과목으로 공학윤리를 개설한 것처럼 스포츠윤리는 체육계열 학과 인증과목으로 마련하는 것이 현실적 요구를 수용하는 것이다. 마지막 철학 상담과 치료 역시 스포츠철학의 새로운 교과목으로 개설할 필요성이 있다.

체육학 내 교과교육은 자연과학과 사회과학 분야의 교과목들이 대부분을 차지하고 있다. 특히 이들 대부분의 교과목은 체력과 건강, 경기력 향상에만 집중되어 연구와 강의가 행해지고 있을 뿐이다. 모두 교과목이 운동선수를 육성하는 데 필요한 교과목일 뿐 일반 학생을 위한 교과목은 아니다. 이를 경계하고 다양한 차원에서 체력 증강(신체의 힘)만이 아니라 생각의 힘을 기를 수 있는 변화가 요구된다. 그 역할을 할 수 있는 교과목 중의 하나가 스포츠철학이다. 현재 체육 교과는 한쪽 방향으로 치닫고 있다. 부족한 부분이라고 할 수 있는 인문 지식의 확장을 위한 스포츠철학의 새로운 도전과 길 찾기는 계속되어야 한다.

※ 이 글은 2008년 1월 30일 한국체육학회가 발행한 〈한국체육학회지〉 제47권 1호에 게재한 논문이다. 스포츠철학을 전공하고 있는 학자의 입장에서 문제의식을 가지고 현장에서 체감하는 스포츠철학의 위기를 극복하기 위한 방안에 대하여 연구를 하게 되었다. 스포츠철학은 체육계 학과의 교과목으로 잘 개설되지 않을 뿐만 아니라, 개설이 된다고 해도 수강 인원이 적은 것이 현실이다. 어떤 방안으로 이러한 위기에서 벗어날 수 있을까, 고민에 고민을 계속하였다. 그 결과 신자유주의에 따른 유용성 때문이라는 결론에 도달하게 되었다. 유용성은 한 가지가 아니라는 아이디어에서 착안

한 글이다. 유용성은 내적 유용성과 외적 유용성으로 구분하여 스포츠철학이 내적 유용성을 강화시키는 역할을 할 수 있다는 주장을 전개하였다.

| 2장 |
'운동학'의 학문성과 전문성

현재 놀이, 게임, 스포츠, 운동, 여가, 레크리에이션 등 신체활동과 관련된 현상에 관한 학문 명칭은 체육학, 스포츠학, '운동학'으로 논의되고 있다. 이 외에도 다양한 명칭이 존재하지만[1)] 대략 세 가지 정도의 명칭으로 요약할 수 있다. 지금까지 체육 계열 학문의 대표적인 명칭은 체육학이었고, 그 다음으로 등장한 것이 스포츠학이다. 최근의 '운동학'은 현실의 필요성에 의해 나타나고 있다.

의문의 시작

체육학은 신체활동을 수단하는 제 현상을 포괄하면서 다른 학문과 독자적인 차별성을 갖는 명칭으로서 한계를 갖는다(정응근, 1987; 정철수, 1996; 전태원, 1997; 박현우, 김선진, 2000, Kim, 1989). 체육은 일종의 신체교육의 축약된 말이며, Physical Education의 번역어로서

1) 1980년대 이후 다양한 명칭이 등장했다. Kinesiology, Sport science, Exercise science, Human movement science, Human kinetics, Sport studies, Art and science of human movement, 체동학, 체예학 등이 있다.

중국, 일본, 한국 등에서 통용되는 용어이기도 하다. 일단 체육은 교육학의 하위학문이라는 성격이 강하다. 다시 말하면 '체육=교육이다' 는 등식이 성립된다.[2)] 체육학을 연구하는 모두 것들이 신체활동의 교육적 가치를 입증하고 적용하기위한 학문이라는 것이다. 궁극적으로 체육학의 연구 성과들이 현장의 학교체육 혹은 체육교육을 위한 연구들이 된다. 항상 중심에는 교육이 있고, 교육 중에 신체활동을 통한 교육이라는 신체활동을 매개라는 측면이 따라다닌다. 명칭 자체 만으로만 보면 교육학의 하부학문에 지나지 않는다. 학문의 독자성을 들어내는 데는 한계가 있는 명칭이다.[3)]

스포츠학은[4)] 체육학보다는 연구대상에서 명료성을 보여준다(박현우, 1997; 나영일, 2003). 스포츠현상이 연구초점이 되기 때문에 다른 학문과 구별되는 독자성을 갖는다. 하지만 체육, 게임, 놀이, 운동, 레크리에이션, 무용 등의 개념을 포괄하지 못한다.[5)] 경쟁과 규칙의 스포츠세계라는 제한된 연구범위가 결정되기 때문에 포괄적인 대표성을 갖는 명칭으로는 한계가 있다. 체육학보다는 시대변화를 반영한 진보된 개념이지만 이 역시 한계를 갖는다. 우리가 연구대상으로 삼고 있는 스포츠는 본래적 의미의 스포츠가 아니다. 스포츠는 기분전환, 오락이라는 본질적

---

2) 체육이라는 명칭은 교육으로서 체육에 있어서는 합당한 것으로 이해되고 있으나 학문으로서의 체육의 영역을 대변하기에는 부당한 것으로 받아들여지고 있다. 하지만 체육관련 연구를 총칭하는 체육학, Physical Education의 명칭을 보존하면서 체육학의 큰 틀 내에서 하위 영역간의 통합연구가 우리가 지향해야 할 바이다(김동규, 2000).

3) 하버드대학의 총장이었던 Conant는 '미국의 교사교육' 이라는 연구에서 운동기능과 신체활동만을 교육내용으로 하는 체육교과를 '기능 중심적 교과' 로 규정하고 그러한 교과목은 학문을 하는 대학 교육과정에서 제외시켜야 한다고 주장한다. 즉, 체육학의 지식체계란 운동기능과 신체활동에 관련된 것일 뿐 독특한 이론체계란 존재하지 않기 때문에 대학 및 학원에서 연구할 가치가 없다는 논리를 전개한 것이다.(이호근, 이학준, 2005). 체육학의 구조는 자신의 하위 분과학의 연구경향 및 연구영역의 확장과정에서 매우 모순적 상

뜻을 갖기 때문에 지금 우리나라에서 통용되고 있는 스포츠와는 다른 의미를 가진다. 연구의 초점이 축소될 수 있다는 한계점이 있다. 그렇다면 제3의 대체 명칭으로 '운동학' 을 검토할 필요가 있다.

'운동학' 의 학문성 검토

'운동학' 은 과연 체육 관련 모든 명칭을 포괄하는 대표 명칭으로 사용할 수 있을까?[6] '운동학' 은 하나의 독립된 합법적 학문인가?[7] 이 문제는 숙고와 논리적 검토가 필요한 사안이다. 지금까지 다양한 학문명칭에 대한 제시가 있어왔지만 채택되어 사용되지 못하고 있다. 우선 학문의 명칭은 적어도 다음의 조건을 충족시킬 수 있어야 한다. 연구의 초점, 연구의 방법, 지식의 총체 등이 그것이다.

첫째, 연구의 초점이다. 운동현상은 다른 학문 분야에서 연구되지 않는 독자적인 영역이라고 할 수 있다. 운동이란 신체활동, 놀이, 스포츠, 체육, 레저 등을 포함하는 개념으로서 사용된다. 물리학에서도 운동이란 용어를 사용한다. 물체의 운동은 한 지점에서 다른 지점까지의 이동을 말한다. 또 다른 의미로 캠페인 운동, 학생운동 등 시위나 사회계몽 차원에서 사용되는 경우도 있다. 앞의 용어들과는 차이점을 갖는 '운동

황에 있다. 체육학의 대상은 건강, 체육, 레크리에이션 그리고 무용으로 규정하면서 실재로 하위 분과학은 조직 스포츠에 대한 것들을 주로 연구하고 있다. 따라서 체육학의 명칭은 자신의 내부구조와 배치되면서 자신의 고유한 연구영역이 무엇인지 애매한 상황에 있다. 체육학은 연구대상을 여러 영역을 택함으로써 체계적 구조를 만들기 어려우며, 다른 학문의 세부 영역으로 전락하는 결과를 만들었다(박현우, 1997).

4) 박현우(1997)에 의하면, 체육학에서 스포츠학에로 전환해야 하는 세 가지 이유를 제시하고 있다. 첫째, 다양한 스포츠를 자신의 연구대상으로 삼는다. 둘째, 스포츠학은 자신의 하위 분과학 구조를 스포츠 또는 운동의 이름하에 통일된 하위 분과학 체계를 만들었다. 셋째, 연구대상인 스포츠가 사회와 밀접하게 발달하는 현실에서 보다 실제적으로 새로운 연구영역을 우리의 노력으로 만들 수 있고, 연구의 질을 높일 수 있다.

학' 의 운동은 스포츠 활동 뿐 아니라 인간의 유희성과 자발성을 중심으로 하는 대근육 활동의 모든 움직임과 신체활동을 포괄하는 대표용어이다. 이미 일상생활의 언어 사용을 보면, 운동문화, 운동과학, 운동경기, 운동선수 등 너무나 일상화된 용어를 사용하고 있다. 운동현상을 연구의 초점에 맞추면 다른 학문 영역과 구별되는 부분이 된다.

둘째, 연구의 방법이다. 학문의 구성요소 중에서 연구방법은 지식을 생산하는 데 꼭 필요한 요소이다. 운동현상의 진리를 어떤 방법으로 규명할 것인가, 지금까지 다양한 연구방법들이 소개되었다. 최근 양적 연구방법과 질적 연구방법으로 구분되어 많은 연구들이 진행되고 연구결과를 가져오고 있다. 운동학 역시 자연과학, 인문과학, 사회과학 등으로 구분하여 다양한 방법론이 생겨날 수 있다. 연구의 목적에 맞는 연구방법의 적용이 중요한 부분이다. 예를 들어 귀납법과 연역법의 방법과, 참여관찰, 심층면담, 실증주의 패러다임에 의한 사회과학연구, 자연과학연구 등 다양한 방법들이 등장하고 있다. 운동학 관련 연구들은 이미 다양한 연구방법을 가지고 있으며, 이를 통해서 다양한 지식을 생산하고 있다.

셋째, 독특한 지식의 총체이다. 어떤 학문의 지식의 총체는 개념, 명

---

5) 스포츠학은 체육학의 영역을 협소하게 한다는 점과 미래의 체육학이 인류를 위한 건강이 기축이 되어야 한다는입장에서 보면 합당한 명칭이 되기 어렵다(김동규, 2000).

6) 김동규(2000)에 의하면 "운동학은 체육학내 자연과학의 분과학을 대변하기에는 용이할 수 잇으나 스포츠와 관련된 제 문제의 인문사회학적 접근을 대변하기에는 합당하다고 보기 어렵다."고 말한다. 이와 관련하여 발표자는 운동학의 하위분과를 운동문화학으로 구분하여 운동과학은 자연과학 분야를 운동문화학은 인문사회 분야를 대표하는 영역으로 구분하면 문제가 없다.

7) 캘리포니아 Henry(1964) 박사는 '체육: 하나의 학문' 이라는 글에서 체육을 조직화된 이론적 지식체계를 갖춘 학문(academic discipline)으로 규정하고, 체육 속에는 '이론적인 내용' 이 포함되어 있다고 주장한다. Henry의 주장은 많은 체육학자들에게 공감을 주었고, 체육에 대한 순수한 이론적 지식체계를 개발하게 하

제 그리고 이론으로 구성되어 있다. '운동학'의 경우는 운동현상에 대한 다양한 연구를 통해서 운동학적 지식이라는 독특한 지식의 총체를 구성하고 있다. 운동에 관한 체력, 지식, 즐거움, 기술에 대한 지식들이 쌓여서 하나의 지식체를 형성하고 있다. 이미 트레이닝 방법이라든가, 운동처방, 스포츠의학 분야 등은 다른 분야에서 찾아볼 수 없는 차별화된 지식이라고 할 수 있다. 운동에 관한, 의한, 통한 지식을 생산하는 것이 '운동학'이다. 앞에서 살펴본 것처럼, '운동학'은 연구의 초점, 연구방법, 지식체 등이 구성되어 있기 때문에 학문의 구성요소를 충족하고 있다고 할 수 있다. 따라서 학문의 대표 명칭으로서 '운동학'은 문제가 없다.

이상과 같이 '운동학'은 최근에 제기된 체육학의 대체 명칭으로서 관심을 받고 있다. 국내에서도 대한운동사학회, 한국운동생리학회 등의 학회가 형성되고, 대학의 학과 명칭으로도 운동과학이라는 말을 사용하고 있다. 체육계열 학과의 교과과정에서도 운동역학, 운동생리학, 운동발달, 운동학습 등 다양하게 사용한다. 연구초점의 측면에서 보면, 신체활동, 게임, 놀이, 스포츠, 체육을 포괄하는 운동 명칭이 된다. 운동이라는 통일된 개념을 모두 사용하고 있기 때문에 지식체 역시 운동에 관한

였다. 그러한 노력으로 학문적 지식과 그것의 실제적 적용과의 관계를 연구하기에 이르게 되었다.

8) 이기백(1994)은 학문을 다음과 같이 정의한다. 일반적으로 학문은 "지식추구의 방법"으로 정의된다. 학문에 대해 좀더, 구체적으로 살펴보자. 첫째, 학문은 관습 또는 습관적 사고에서 벗어나 의문을 제기하느데서 시작한다. 그렇다고 해서 학문이 현실과 떨어져 있는 것은 아니다. 다만, 관습이 현실문제에 즉각적인 답을 준다면, 학문은 시간은 걸리지만 근복적인 해결책을 준다고 할 수 있다. 둘째, 따라서 학문의 목표는 진리의 탐구에 있다고 할 수가 있다. 셋째, 학문은 보편성과 타당성을 지녀야만 한다. 넷째, 그러나 아무리 그것이 진실된 것이고 또 중요한 것이라 하더라도, 개별적 사실의 누적만으로 학문이 되는 것은 아니다. 개별적 사실들을 연결시켜 하나의 체계를 세워야 비로소 이를 학문이라 할 수가 있는 것이다.

지식을 형성하게 된다. 연구방법은 다양하게 사용하고 있다. 귀납법, 연역법 등을 활용한 연구 목적에 따른 연구방법들이 있다. 실험연구를 통한 운동의 생리학적, 심리학, 역학적 효과를 확인할 수 있다. 연구초점, 지식체, 연구방법 등 학문의 기본적 조건을 충족시키고 가능성 또한 높다고 할 수 있다.

'운동학'의 전문성 검토

이 장에서는 '운동학'의 전문성 관련 실기 부분에 대한 언급을 중심으로 논의하고자 한다. 탁석산(2001)은 '한국인의 정체성'이라는 저서에서 정체성을 형성하는 요인으로 현재성, 대중성, 주체성을 제시한 바 있다. 그가 제시한 현재성, 대중성, 주체성을 잣대로 '운동학'의 전문성에[9] 대한 정체성의 문제를 검토할 것이다.

첫째, 현재성은 우리 체육의 정체성을 체육교사, 경기지도자, 생활체육지도자의 체육에서 찾기보다는 지금 여기서 찾는 것이 더 필요하다. 변화하지 않는 것이 없다고 한다. 변화는 시대 흐름에 따른 당연한 귀결이라고 한다면, 다양한 체육지도자의 자격증을 하나로 통일하는 방안을 검토할 만하다. 의사, 간호사. 변호사 등과 같이 하나의 자격증을 발급

9) 체육계열 학과는 전통적으로 그리 큰 인기를 얻지 못해 왔다. 그 이유는 졸업생의 진출이 제한돼 있기도 하지만 체육에 대한 일반인들의 이해가 부족했던 데에서도 찾을 수 있다. 그 만큼 체육은 다른 학문 영역보다 발전을 이루지 못한 미개척 분야 중에 하나이다. 그러나 사람들의 여가 생활이 전보다 더욱더 늘어나고 다양해지는 데서 알 수 있듯이 앞으로의 체육에 대한 관심은 더 높아질 것이며 발전 속도가 빨라 졸업한 뒤에 취업률이 높은 학과 중에 하나가 될 것이다. 그 만큼 체육학 전공에 대한 자부심과 매력이 더욱 더 높아질 것으로 짐작된다(강신복, 1994).

하고 구체적인 세부전문 영역에 필요한 자격증제도를 만들면 된다. 현재 체육계에서 필요한 지도자자격증이 무엇인지 현재의 요구를 빠르게 반영하는 것이 필요하다. 체육교사는 전문성을 인정받고 그 역할을 다하고 있다. 반면에 다른 체육지도자 자격증은 전문성을 인정받지 못하는 것이 현실이다.

둘째, 체육지도자 자격증은 과거에만 머무는 것이 아니라 현재의 대중성에서 그 근거를 두어야 한다. 새로운 수요가 급증하고 있기 때문에 이에 대한 공급이 충분하게 이뤄져야 한다. 얼마나 많은 전공학생들이 체육지도자 자격증 취득에 참여하고 있는가가 중요한 근거가 된다. 또한 얼마나 많은 사람들이 운동에 대한 전문성을 가진 전문가를 필요로 하는가. 현대인의 건강, 웰빙, 몸에 대한 관심에 적합한 현실적인 대응과 대중적 필요성과 인지도 등의 제반 사항을 종합하여 대중성 차원에서 필요한 운동사 관련 자격증의 신설과 정리가 필요하다. 특히 사회적 수요에 따른 공급차원에서 다양한 운동 관련 직종에서 전문성을 인정받고 직업적 완전성과 직업만족을 가질 수 있는 자격증 제도를 갖추어야 한다.

셋째, 체육지도자 자격증에 대한 기반이 취약하기 때문에 현실에서 체육 전공학생들의 진로가 제한적이다. 체육교사, 생활체육지도자, 경기지도자를 제외한 다양한 자격증은 사회적 신뢰가 낮다고 할 수 있다. 무분별한 자격증을 발급하고 이를 취득하고 있지만 학생들의 자격증에 대한 자긍심은 상대적으로 부족하다. 자긍심을 가질 수 있는 주체성을 정립하기 위해서 자격증 제도가 정리되는 것이 급선무이다. 체육을 전공하고 다른 분야와는 차별성과 자긍심을 가질 수 있는 주체성 차원에서 새로운 명칭은 제고될 만하다. 다른 건강 관련 전문직에 비하여 사회적 위상과 대우 또한 취약하기 때문에 이미지 쇄신 차원과 주체성 차원에서 운동사 관련 자격제도의 추진은 설득력을 얻는다.

이상과 같이 '운동학'의 전문성을 갖추기 위해서는 현재성, 대중성, 주체성을 충족시킬 수 있는 운동사라는 체육지도자 자격증의 신설은 한국의 체육계열 정체성을 위한 현실적인 기반이 된다. 체육의 위상과 사회적 책무성을 강화하기 위해서는 다른 분야의 일관된 용어 사용의 경우를 참고하여 체육지도자의 자격증 제도를 하나로 통일하여 마련하고 세부적인 전공영역을 부여해서 구분하여 자격증 제도를 정비하는 것이 현시점에서 필요하다. 너무나 다양한 자격증의 남발은 자격증에 대한 자긍심과 신뢰성을 손상시키고, 전문성에 대한 모호함을 가지게 한다.

의문의 끝

첫째, '운동학'의 학문적 가치가 있는가? 가치는 있다. 이미 운동에 관한 다양한 접근과 학문들이 연구결과를 생산하고 있기 때문에 학문적 가치는 있다고 판단된다. 운동심리학, 운동생리학, 운동역학 등 기존의 학문영역에서 신체적 가치, 심리적 가치, 기능적 가치를 입증하는 연구들이 행해져 왔을 뿐만 아니라 그 결과 또한 현장에서 적용되고 있다. 체력, 건강, 기술 등 분야에서 기존 영역들과 차별화된 지식을 생산하고 있기 때문에 학문의 사회적 기여 또한 이뤄지고 있다고 생각된다.

둘째, 체육계열 대학의 학과 명칭으로서 '운동학과'가 주류를 이루게 하는 방안은 바람직한가? 바람직하다. 지금 체육계열 학과 명칭이 다양화되고 있다.[10] 다양화 현상은 체육계열 학과의 생존과 밀접한 관련성이 있다. 수도권 대학은 학생 모집에 어려움이 없지만 지방대학의 경우 학생 모집에 어려움이 있다. 아직 체육계열 학과에는 이러한 위험이 나타나지 않지만 곧 나타날 가능성이 높다. 이 때문에 학생 유치를 위한 정체성이 모호한 학과 명칭은 위험성이 있다. 이름만 다르지 내용은 대동소이하다는 것이 일반적인 생각이다. '운동학과' 가 주류가 되기 위해서는 학문성과 전문성 차원에서 일관된 교과과정과 확실한 진로방향이 설정될 때 운동학과의 주류 가능성은 높아질 것이다.

셋째, 체육지도자 자격 명칭의 대체용어로서 운동사(안)는 타당한가? 아니면 그 대안은 무엇인가? 타당하다. 합리적 의사소통을 통한 대체용어로서 운동사는 가능하다고 본다. 문제는 체육계 안에서 동의를 얻을 수 있느냐 하는 문제이다. 여기에는 쉽지 않은 충돌과 대립이 예상된다. 체육지도자 관련 자격 명칭의 하나의 통일된 방안으로 '운동사' 라는 명칭은 설득력을 얻는다. 너무나 다양한 자격증 명칭이 혼재되어 있기 때문에 일관되고 하나로 통일된 명칭 사용이 요구되는 상황에서 '운동사' 라는 명칭으로의 전환에 대한 요구는 충분하다. 자격증의 위상과 전문성을 대표할 수 있는 자격의 명칭이 되어야 한다.

---

10) 학과 명칭을 결정하는데 있어 우선적으로 요구되는 것은 학문의 정체성에 대한 문제의 해결이 필요하다. 이 이후의 다른 학과와 차별화가 가능한 새로운 학과 명칭이 가능한 일이다. 그러나 현재의 학과 명칭의 다양화는 이와 같은 수순을 거치지 않고 단지 학생유지를 위한 생존권 차원에서 학과 명칭에 성형을 가했다는 비난에서 자유롭지 못하다. 구체적인 방법의 모색이 없이 학생들의 선발에 유리한 명칭을 사용하고 있을 뿐이다.

넷째, 체육지도자 자격증을 하나로 하는 것이 좋은가? 여러 개로 나누는 것이 좋은가? 하나로 하는 것이 좋을 것 같다. 하나이지만 특수한 전공별에 따른 세부적인 자격증 제도를 만드는 것이 현실적이다. 의사의 경우처럼 의과대학을 졸업하고 자격시험을 거쳐 하나의 의사면허증을 가지고 각 전공분야별로 전공의를 구분하는 사례를 참고할 수 있을 것이다. 의사자격증을 가지고 있으면서 내과, 외과, 성형외과, 산부인과 등으로 전문영역을 설정하는 경우와 같이 체육지도자 역시 '운동사' 라는 하나로 통일된 자격증을 부여하고 세부적인 전문자격을 가지고 필요한 부분에 차별을 두는 것이 좋을 것 같다.

다섯째, 체육지도자 자격의 전문분야는 어떤 분야들로 구성되어야 하는가? 학교체육, 평생체육, 전문체육(엘리트스포츠), 특수체육, 임상체육 등의 구분방안은 타당한가? 타당하다. 이미 현장에서 구분하여 사용하고 있고, 관련분야에서 일을 하고 있지 않은가. 분야별 전문자격증을 차별화하는 것이 필요하다. '운동사' 라고 하는 하나의 자격증으로 이 모든 분야에서 일은 할 수 있겠지만 전문지식이 요구되는 부분에서 일하기는 어려움과 한계가 있다. 각 분야의 특성에 맞게 구분하여 적용하는 것이 필요하다. 대상과 영역별 특성의 차이가 있기 때문에 이를 더욱 고려할 필요가 있다.

여섯째, 체육지도자 자격등급은 단일화하는 것이 좋은가? 아니면 2등급제 이상으로 구분하는 것이 좋은가? 전문성을 강화하는 측면에서 현행처럼 2등급제 이상으로 구분하여 제도화하는 것이 필요하다. 단일화된 자격조건은 체육지도자의 능력 향상에 지체와 정체를 나타나게 할 수도 있다. 지속적인 전문성 강화를 위한 차원에서 체육지도자들의 노력을 유도하기 위해서는 자격등급을 단일화보다는 등급제를 실시하는 것이 더 효과적일 것이다. 교사의 경우와 같이 등급화를 통해 교사의 자질을 향상시키고 있는 경우와 같이 체육지도자 자격등급은 체육지도자의 능력과 전문성을 강화내지 향상시킬 수 있다는 장점이 있다.

향후과제

과연 지금과 같은 '운동학' 의 명칭 변경에 대한 노력을 모색하는 과정에서 어떤 충돌될 가능성은 없는가? 우선, 체육학 분야에서 기득권을 유지하기 위해서 학문 명칭의 변화를 수용하는 데 있어서 따르는 문제제기는 불가피하다. 예를 들어 전문성을 가진 체육교사 역시 운동교사라고 명칭을 변경하는 것에 동의하지 않을 것이다. 국내에 사범대학이 생기고 체육교육과가 50여 년이 흘러서 자리매김을 잘 하였다고 보는 관점에서는 이러한 변화에 따른 위험성을 쉽게 수용하지 않을 것이다. 이외에도 생활체육지도자, 경기지도자, 특수체육교사 등 다수의 단체와 제도에 대한 명칭 변경에 요구에 따르지 않을 것으로 보인다. 그러나 보다 중요한 것은 '운동학' 을 중심으로 합리적 의사소통을 통해서 앞으로 다가올 변화에 대한 준비를 모색해야 한다는 점이다.

'운동학' 의 체육학의 대체 명칭으로 자리 잡기 위해서는 학회명칭을 '한국운동학회', 혹은 대한 '운동사학회' 등으로 통일하는 것이 필요하다. 기존의 한국체육학회가 50년 이상의 역사를 가지고 체육학 분야의 대표적인 학회로 자리 잡고 있기 때문에 명칭 변경을 시도하는 것은 무모한 도전일 수도 있다. 일사천리로 한 번에 바꿀 수 있는 것은 아니지만 순차적인 변화를 모색해야 할 것이다. '운동학회' 에 대한 체육계열의 인지도와 신뢰형성을 통해서 학회를 발전시켜야 한다. 그렇게 되면 '운동학회' 가 체육학회보다 더 큰 규모의 학회가 되어서 체육학회를 흡수할 수 있을 것이다. 체육학회 내의 하위 분과 명칭은 현행대로 사용해도 무방하다. '운동학' 이 체육, 스포츠, 게임, 놀이, 건강, 레크리에이션 등의 개념을 포괄하는 용어이기 때문에 분과 학문은 그 자체로서 현행대로 학문 특성에 맞게 사용해도 큰 문제가 없을 것이다.

체육계열 학과의 명칭도 신규대학 학과의 경우 '운동학과', '운동과학과', '운동문화학과' 등으로 제한하여 신설하도록 제도적으로 지원하여 자리를 잡을 수 있도록 하고, 점차적으로 학과 개명 작업을 통해서 '운동학' 과로의 변화를 모색해야 할 것이다. 대학원의 학위 명칭도 기존의 이학박사, 체육학박사에서 '운동학' 박사라는 명칭으로 변경하여 '운동학' 에 대한 전문성을 제고할 필요가 있다. 그리고 '운동학' 과 졸업생에게는 '운동학사' 라는 학위를 수여하고, '운동사' 자격을 부여하는 것을 추진해야 한다. 예를 들어 사회복지학과를 졸업하면 사회복지사 자격시험을 통해 사회복지사가 되는 것과 같이 대학 재학시 혹은 졸업시 운동사 자격시험을 거쳐 운동사가 되는 방향에 대한 모색이 있어야 한다.

저자는 인간의 몸 또는 건강 관련 전문직 중에서 유독 체육 분야만 존경의 대상에서 제외되고 있다는 생각을 가지고 있다. 예를 들어 영적 건강 관련 지도자라고 볼 수 있는 종교계의 지도자나, 의료계의 의사, 심리학자는 사회적 존경의 대상이 되고 있는 반면 코치, 교사, 실기강사를 포함한 체육지도자에게는 일종의 기능인이라는 인식이 지배적이다.

이러한 인식의 개선은 학문성과 전문성 강화로부터 시작되어야 할 것이다. 우선 각 대학의 학과의 교과과정은 '운동학회'가 주관하여 공통된 교과 과정에 개발하고, 학교와 학과 특성상 선택과목에서 차별성을 가질 수 있도록 개선하는 방향 모색이 필요하다. 이러한 전제 조건이 해결된다면 '운동학', '운동학사' 등의 새로운 용어는 우리의 현실을 잘 살리는 대표적인 명칭으로 체육의 위상을 격상시키고, 전문성을 높여서 자신의 전공에 대한 자긍심을 심어주고 사회적으로는 그 전문성에 적합한 대우를 받을 수 있을 것이다.

※ 이 글은 대구 계명대(2008년 6월 21-22일)에서 개최한 제9회 운동사 대회 및 2008년 운동학 국제학술대회의 심포지엄 '운동의 학문성과 전문성'에 참가하여 주제를 발표한 글이다. 기존의 체육학과, 스포츠과학이란 명칭의 한계를 알아보고, 이들 명칭과 차별성을 가지는 제3의 명칭으로 운동학에 대하여 학문성과 전문성을 검토하고 향후과제에 대하여 알아본 글이다.

| 3장 |

통섭, 체육학의 미래이다.

최근에 윌슨의 통섭 이라는 책이 번역되어 나오면서 학문의 경계를 넘어서 새로운 이론을 창출하는 통섭이라는 개념이 학문적 유행어가 되었다. 통섭은 '서로 다른 요소 또는 이론들이 한데 모여 새로운 단위로 거듭남' 이라고 학자들은 합의를 하고 있다. 유사한 용어로 통합이 될 수 있다. 이 개념은 '모두 합쳐서 하나로 모음 또는 둘 이상의 것을 하나로 모아서 다스림' 이라는 뜻으로 통일 또는 응집의 의미를 지닌다(최재천, 2007). 이미 체육학은 통섭이라는 개념을 요구하는 상황에 직면해 있는지 모른다. 체육학 내의 인문사회과학계열과 자연과학계열의 대립과 분화 그리고 단절의 현상은 통섭을 요구하는 절실한 상황이라고 볼 수 있다. 통섭을 빼놓고 어떠한 개념으로도 현재의 체육학의 분화 현상을 해석하고 처방할 수 없을 것으로 보인다. 그러므로 통섭이라는 개념이 체육학의 미래를 전망하는 데 어떠한 시사점을 줄 수 있는지 숙고할 필요가 있다.

특히 체육학 분야의 세분화와 전문화가 진행되어서 분과 학문들 간의 소통이 어려워졌다. 어떻게 보면 이러한 현상은 학문의 성장을 의미한다고 할 수 있다. 하지만 학문의 세분화 양상으로 영역 사이의 거리가 점점 넓어지고 있다. 이 때문에 체육학의 위기라고 할 수 있다. 체육학의 대표적인 한국체육학회의 분과학회만 봐도 15개 학회로 구성되어 있다. 이들 분과학회들은 한국체육학회 학술행사 규모와 비슷하게 학술대회를 하고 있으며 학회지를 매년 4회 이상 발행하고 있다. 어떻게 보면 긍정적인 입장에서 학회와 학문의 발전을 생각할 수 있다. 하지만 비판적이고 성찰적인 입장에서 우리가 하위분과별 간의 소통이 이루어지고 있는가를 보아야 한다. 이러한 체육학의 한계를 넘어설 수 있는 대안을 통섭이라고 한다면 통섭을 실현하는 데 걸림돌이 무엇인지에 대하여 살펴볼 필요가 있다. 왜냐하면 걸림돌을 확인하고 이를 어떻게 개선할 것인가에 대하여 관심을 가져야 하기 때문이다.

체육의 현재, 통섭의 걸림돌을 만나다

통섭은 단순한 병렬적 수준의 통합이나 융합을 넘어 새로운 이론 체계를 찾으려는 노력이다(최재천, 2007). 단순한 통합이 아니라 새로운 이론과 새로운 지식을 창출할 때 학문 간의 통합을 넘어서 통섭의 의미를 가진다. 예를 들어 스포츠사회심리학이라는 학문의 창출은 형식상으로 학제적 연구내지 새로운 학문으로 부를 수 있지만 문제는 형식이라는 명칭이 중요한 것이 아니라 내용이 중요하다. 스포츠사회학과 스포츠심리학이 만나서 단순히 서로 간의 이론과 선행연구만을 통합하여 정체성을 모호하게 만드는 것이 아니라 새로운 지식 패러다임과 이론을 만들어낼 수 있을 때 통섭의 차원으로 명명할 수 있다. 앞의 예는 한 가지 예에 불과하고 과연 체육학의 미래 혹은 지속성장의 길, 통섭으로 가는 길에 대하여 찾아보자. 우선 체육학적 통섭의 걸림돌로 건강의 환상, 소통의 부재, 통합의 현실 등 세 가지로 나누어 보았다.

1. 걸림돌 하나 : 건강의 환상

체육은 건강한가. 일반적으로 우리는 체육을 만병통치약이라고 생각하고 체육과 건강은 아주 밀접한 관계라고 알고 있다. 체육의 겉모습은 건강한 모습이다. 하지만 내면을 살펴볼 필요가 있다. 체육은 건강을 기축으로 하여 강의와 연구를 수행하고 있지만 자신이 소속되어 있는 체육 그 자체의 건강에 대하여 지금까지 검토하지 못하였다. 체육의 조직은 건강하지 못하다고 단정 지을 수 있는 근거는 다양하게 확인할 수 있다. 그 예로 닫힌 학문으로서의 체육학을 말할 수 있다. 예를 들어 자신의 학문만이 최고라고 생각하는 아집과 다른 학문을 인정하지 않으려는 폐쇄성을 들 수 있다. 체육학과의 자연과학 분야의 양적 팽창과 교과목의 다수를 차지하고 인문사회과학은 모양새만 갖추고 있는 교과과정을 엿볼 수 있다. 이 때문에 교과과정에서도 인문사회과학과 자연과학의 불균형을 형성하고 있다.

또한 재정적 문제와 기득권 때문에 파생되는 상호 간의 이해관계와 생존권이 달린 밥그릇 싸움으로 조직의 건강은 붕괴되고 있다. 겉모습은 건강하게 보이지만 내면의 병리현상은 수면 위로 나타나게 되었다. 체육계의 성폭력 사건, 폭력행위, 심판매수, 판정조작 등 많은 문제점을 드러내고 있다. 학계의 표절 문제는 심각한 현상이다. 그 근본적인 원인은 페어플레이를 강조하지만 실체로 체육학계나 체육현장에서 페어플레이는 실천되지 않기 때문에 형식만 있고 내용이 이를 충족시키지 못하기 때문이다. 학문에 있어서 건강문제를 보면, 분과 학문들의 세분화와 전문화되어 대화 자체가 어려워졌다는 데 문제가 있다.

기존의 체육학에서 행한 학제적 연구에서 문제는 자기 전공에 대한 전문성의 결여에서 비롯되어 통합적인 연구로 끝나고 만 예들이 있다. 이들 연구에서 나타나는 문제점은 바로 차별과 배격 그리고 격리를 보여주는 자기학문과 타학문 간의 경계 짓기이다. 학문 자체가 건강하지 못하면 의욕이 상실되고 진보를 향한 의지를 확인하기 어렵다. 기존의 기득권과 밥그릇만을 지키고 안주하려고 하기 때문에 거시적 차원에서 함께 망할 수 있다는 것을 조금도 생각하지 않는다. 그래서 다른 전공과 경계를 만드는 데 모든 노력을 다한다. 경계 짓기에서 벗어나기 위해서는 학문 간 소통이 필요하다.

2. 걸림돌 둘 : 소통의 부재

전공 간의 경계 짓기는 소통의 부재 현상을 불러왔다. 체육학계는 전공 간에 또는 모 학문과 소통하고 있는가? 전혀 소통하지 못하고 있다고 볼 수 있다. 대학원에서 체육학을 전공하고 있는 분들이나 아니면 석사 또는 박사학위를 취득한 경우에 다른 학문과의 대화를 시도한 적이 있는지 자못 궁금해진다. 자연과학과 인문사회과학으로 분리하여 자신의 전공지식만을 탐구한다. 이 때문에 전공 간에 단절되고 소통을 어렵게 만든다. 예를 들어 한국체육학회 분과학회가 현재 15개 분과학회로 구성되어 있지만 서로 간의 학문적 논의나 토론은 빈번하지 못하다. 1년에 두 번 정도 전체회원들이 모여 학술대회를 하고 있지만 그것도 분과별로 나누어져 자신의 전공분야에만 매달린다. 매번 만나는 학자들만 만나기 때문에 신선함이나 다른 차원의 아이디어를 접할 수 없다. 서로 상대방에 대하여 너무나 잘 알기 때문에 이번 학술대회에서 무슨 말을 할지 대충 알 수가 있다. 이외에도 다양한 체육학 관련 학회들이 존재하고 있을 뿐만 아니라 어떻게 해서라도 체육학회 분과학회로 들어가기 위해서 기회를 엿보고 있는 실정이다.

체육학의 하위 분과학회에 소속되어 있기 때문에 학문 간의 소통은 부재하고 학자들 간의 소통도 어렵게 하고 있다. 체육학을 연구하고 강의하고 있지만 자신의 전공을 심화하다 보면 모학문으로 환원되고 있음을 알 수 있다. 이 때문에 모학문과 더 소통을 잘 하고 있는 이상한 현상을 만나게 된다. 어떻게 보면 모학문의 하위학문인지 아니면 체육학의 학위학문인지 정체성이 의심되는 경우도 있다. 특히나 인문사회과학과 자연과학의 소통은 잘 이뤄지지 못하고 있다. 어떻게 보면 소통의 단절은 통섭으로 가는 데 걸림돌이 된다고 볼 수 있다. 인문사회과학의 비판과 성찰적 태도를 자연과학에 도입할 수 있고, 자연과학의 철저한 객관주의와 연구방법론은 인문사회과학에 영향을 미칠 수 있다. 이러한 장점에도 불구하고 자연과학의 양적 연구방법에 익숙한 학자들의 입장에서 한 가지 단적인 예로 인문사회과학에서 사용하고 있는 질적 연구방법은 학문의 방법론으로 수용하지 못하는 경우가 있다. 이는 다른 학문에 대하여 이해하려는 노력이 없기 때문이다.

자신의 입장에서 다른 학문과 방법론을 보기 때문에 그러한 결과가 나온다고 할 수 있다. 단순한 대화만을 가지고 소통이 이루어지는 것은 아니다. 인문사회학자들의 경우 자연과학자들이 호기심을 가질 수 있는 주제에 대하여 말하고, 역으로 자연과학자들은 인문학자들이 관심을 가질 수 있는 주제에 대하여 말할 때 서로 간의 관심이 집중되어 대화는 진행될 수 있다. 인문사회과학자들의 통찰을 이용하여 자연과학의 학문적 소재가 될 수 있는 아이디어를 제공할 수 있다. 반면에 자연과학 분야는 인문사회과학의 객관성의 결여나 엄밀하지 못한 방법론에 대한 문제를 지적해줄 수 있다. 그렇게 되면 체육학 전체의 방향에 있어 좋은 견제력이 될 수 있을 것이다. 문제는 싫은 소리에 대하여 귀를 막지 않고, 열린 마음으로 다른 전공에 대한 쓴 소리를 들을 수 있어야 한다.

3. 걸림돌 셋 : 통합의 현실

차별과 배격 그리고 격리는 경계 짓기에서 나타난다. 우리 사회에서 경계는 다양하게 현실을 지배하고 있다. 경계 짓기는 필요할 때도 있지만 불필요할 때도 있다. 체육학 내의 전공 구별은 불필요한 경계 짓기라고 할 수 있다. 과연 경계를 구분하는 체육은 전공이 있는가? 이 질문이 가지는 의미는 체육학은 15개 이상의 전공이 있다고 자부하고 있지만 엄밀히 구분해서 보면 전공은 크게 2개에 불과하다. 그것도 철저한 학점이수와 학위논문을 통해서 규정한다면 전공이 하나라는 비판을 받을 수 있는 문제가 있다. 왜냐하면 충분한 전공 관련 학점이수와 이를 바탕으로 한 전공학위논문이라는 과정을 통해서 해당 전공자가 되기 때문이다. 하지만 대부분의 전공자들은 자기전공에 관련된 충분한 학점을 이수하지 못하고 전공과 직접적으로 관련이 없는 체육학 내의 다른 과목을 이수해야 하는 것이 현실이다.

자기 학문의 정체성을 갖지 못하기 때문에 학문적 자신감과 전문성이 없고 전공이 애매모호한 경우가 생긴다. 철저한 전공지식의 부재로 인하여 학제적 연구를 통해서 새로운 이론과 지식을 창출하는 것이 아니라 통합된 결과물만을 생산하게 될 위험성이 있다. 통합과 통섭은 차이가 있다. 통합은 학제적 연구결과의 통합이지만 통섭은 학제 간의 새로운 지식을 창출한다는 의미를 갖는다. 한 예로 학위논문을 하는 과정에서 다양한 인접학문의 이론과 연구방법론 그리고 선행연구를 인용하여 새로운 지식과 방법론, 이론을 만들어냈다면 이것은 통섭으로서 의미가 있다. 하지만 앞의 예와 분명히 차이를 두어야 할 것은 학위논문의 제목을 여러 전공으로 복합되도록 하는 것이다. 이는 기회에 따라서 다양하게 자신의 전공을 이용하기 위한 전략적 대응에 불과하다.

대학원 체육학 전공은 살펴보면, 인문사회과학과 자연과학으로 크게 구분하고 있다. 이를 조금 더 세분화하면 인문과학, 사회과학, 자연과학 등 다양한 전공들이 있다. 하지만 다양한 전공에 비하여 대학원 교과과정은 이들 전공을 충족시켜 주는 데 필요한 교과과정을 완전하게 마련되어 있지 못하다. 대학원 체육학 전공은 체육학 일반을 전공한다고 할 수 있다. 대학원 학위과정에서 2~3과목의 전공과목을 수강하고 전공분야로 학위논문을 쓰게 되면 해당학문의 전공자라고 말하고 있다. 분명하게 보면, 이것은 전공자라고 할 수 없다. 왜냐하면 충분하게 전공과목을 이수하고 학위논문을 쓰는 절차가 생략되었기 때문이다. 하지만 현실은 학위논문만으로 전공자라고 말하고 있다. 중요한 것은 교과과정의 이수과목을 확인하게 되면 어떤 전공을 선택했는지를 잘 알 수 있다. 그러나 현실은 체육학 일반의 다양한 학문분야를 접하게 하여 체육학을 공부하도록 마련되어 있다. 어떻게 보면 이것은 통섭에 더 근접하고 필요한 것인지 모른다. 하지만 엄격하게 따져보면, 전공을 충분하게 공부하고 이와 병행하여 자연과학이나 인문사회과학을 공부하도록 하는 것이 수순이다. 왜냐하면 체육학에 대하여 넓고 깊게 가는 것이 필요하기 때문이다.

체육의 미래, 통섭의 길을 가다

우리 체육학의 초기 모습은 한국체육학회지 '체육' 창간호를 보면, 분과학문들 간의 뚜렷하게 나누어지지 못하고 체육학 전체를 보여주었다. 시간이 지나면서 인문사회과학계열과 자연과학계열로 학회지는 구분되어졌다. 또 한 때는 체육학회지 내 전문분과별 15개 항목을 두어 전공별 구분을 통하여 학회지가 발행되었다. 최근에는 학회지의 분량이 증가하였기 때문에 다시 인문사회과학계열과 자연과학계열로 구분하여 학회지를 만들고 있다. 한국체육학회지의 변천을 봐도 체육학의 분화 현상을 알 수 있다. 창간호 때처럼 체육학이 하나로서 인식되는 것을 엄격히 구분한다면 학문적 통섭이라고 볼 수 없다. 왜냐하면 체육학 지식이 전문화되고 발달되지 못하였기 때문이다.

이제는 체육학 지식이 전문화와 전문지식을 창출하고 있기 때문에 체육학으로 통섭을 이룰 수 있는 좋은 기회라고 할 수 있다. 기회를 살리기 위해서, 체육학 전공들 간의 경계를 넘어서야 하고, 인문사회과학과 자연과학의 지적 교류를 통하여 통섭으로 나가야 한다. 지금과 같이 분과학문의 비대화는 체육학을 융성하게 하는 것이 아니라 더 초라하게 만들고 있다. 이러한 현상이 심화되어 학문의 분화현상으로 이어져 체육학 자체가 쪼개지고 분산될 것으로 보인다. 이러한 생각이 기우가 아니기를 바라지만 현실은 점점 분산과 해체로 치닫고 있다. 우려되는 문제이다.

체육학의 미래는 통섭에 달려있다고 생각된다. 학제적 연구 혹은 다양한 학문적 접근을 통해서 전공들 간의 경계를 넘어야 한다. 포괄적인 체육학의 학문성과 전문성의 강화를 통하여 지속성장의 길을 가야 한다. 지금과 같이 학문의 세분화와 전문화를 지속하게 되면 소통과 통섭이 불가능해 학문의 분화 현상을 가져오게 된다. 체육학의 희망적인 미래는 통섭에서 찾을 수 있을 것이다. 다양한 전공지식 간의 교류와 소통을 통해 새로운 체육학 지식을 창출할 수 있을 가능성이 높기 때문이다. 지속적인 관심과 배려 그리고 소통과 학제적 연구를 통해서 만나고 귀를 기울이는 노력이 더해 갈 때 체육학 지식의 통섭은 체육학의 지속성장의 길을 갈 수 있도록 도울 수 있을 것이다. 이를 위해서 분과 전공 간의 학문화를 더 강화하고 다른 전공과의 통섭에 신경을 써야 한다.

통섭을 체육학 내에서 실천하기 위해서는 교육이 무엇보다도 중요하다. 다음의 글을 참고해보자.

> "방법은 하나뿐이다. 언제 어떤 직업으로 갈아타더라도 변신이 가능하도록 융통성과 응용력을 길러두는 것이다...... 통섭 노력이 궁극적으로 결실을 맺어야 할 곳은 다름 아닌 교육이다. 기왕에 분과학문적인 교육을 받은 우리들에게는 통섭이 요원해 보일 수밖에 없다. 그러나 다음 세대가 어떤 형태로든 통섭적인 교육을 받게 된다면 통섭의 시대는

훨씬 앞당겨질 것이다(최재천, 2007).

응용학문으로서의 체육학은 인문사회과학과 자연과학이 모두 존재하기 때문에 순수학문이라고 할 수 있는 수학, 물리학, 철학보다도 통섭을 이루는 데 유리한 입장에 놓여 있다. 체육학은 인문학을 배우고 자연과학을 배울 수 있는 기회가 많기 때문에 통섭하는데 좀 더 가깝다. 문제는 이러한 기회를 인문사회과학의 불필요함을 주장하고 뜬구름 잡는 애기와 헛소리로 치부할 것이 아니라 배울 것을 배우고 응용할 수 있어야 한다. 열려있는 태도를 학부과정에서 학생들이 익힐 수 있도록 기회를 마련하는 것이 급선무이다. 학생들은 융통성과 응용력을 갖출 수 있는 기회를 만들어 능력을 개발시켜야 한다. 이를 위해서 체육학과 내의 교과과정에 특정 전공을 심화내지 확장하는 것을 경계하고 학생들이 다양한 학문과 전공을 경험할 수 있도록 배려해야 한다.

예를 들어 체육학 연구에서 연구윤리 부분은 인문학에서 연구되어야 할 분야이다. 인문학에서 연구윤리를 규명하고 자연과학의 연구과정에서 연구표절과 윤리에 대한 이해를 바탕으로 이를 실천할 수 있도록 한다면, 학문의 지속성 성장은 가능할 것이다. 왜냐하면 연구윤리가 결여된 연구결과는 위험하기 때문이다. 이외에도 건강에 대하여 연구한다면 신체적 건강에 대한 자연과학적 연구만이 아니라 스포츠사회학, 스포츠심리학, 스포츠철학, 스포츠역사학 등 다양한 접근을 통해서 건강의 다차원적 개념을 확립할 수 있다. 이와 같은 건강에 대한 이해를 통해서 우리사회가 건강한 사회를 형성하도록 하는 데 체육학은 큰 역할을 할 수 있을 것이다. 희망은 사람이고 교육이다. 다시 우리는 통섭의 시대적 요구와 체육학과의 교과과정을 다시 눈여겨봐야 할 것이다. 너무 한쪽으로 기울어져 제대로 속도를 내지 못하고 있지는 않은지 경계의 눈을 크게 떠야 할 것이다.

※ 이 글은 〈한국체육학회보〉 제92호(2008년 11월 30일)에 발표한 글이다. 종합학문으로서 체육학의 향후과세는 학제 간 연구와 통합, 융합이라고 할 수 있다. 이 글에서 강조한 내용은 기존의 학문 간의 통합이 아니라 통섭이라는 새로운 용어를 이용하여 접근한 것이다. 통합과 통섭의 차이는 통합은 두 가지 이상의 학문이 서로 합치는 것이라면, 통섭은 두 가지 학문이 만나 새로운 이론을 창출하는 것이다. 그냥 통합적인 연구가 아니라 통합으로 새로운 이론의 생성에 중심을 두어야 체육의 미래가 있다고 보았다.

| 4장 |

희망의 체육철학, 건강한 체육을 말하다.

나는 체육철학자다

초등학교 시절 신체조건과 운동신경이 유달리 좋은 나에게는 늘 운동부 선생님의 유혹이 있었다. 숫기가 없는 내성적인 성격 때문에 선생님의 유혹을 거절할 수가 없었다. 왜냐하면 “안 할래요.”라고 말할 용기가 나에게는 없었다. 묵묵히 대답이 없다는 것은 동의라고 생각하신 선생님은 나에게 운동을 가르쳐 주셨다. 처음 만난 스포츠는 핸드볼이었다. 난생 처음 핸드볼을 하게 되었다. 축구와 야구가 스포츠의 전부인 것으로만 알고 있던 어린 나에게 핸드볼은 아주 생소했다. 그렇게 운동선수의 길로 빠져들게 되었다. 공부하는 것보다 재미있는 게 운동이었기 때문에 노는 마음으로 운동을 했다. 이런 인연으로 고등학교 때까지 운동선수 생활은 이어졌다.

하지만 합숙생활과 고된 운동연습 후에 남는 것은 피로에 지친 몸이었다. 나의 몸은 쉬고 싶었다. 아니 자유롭게 움직이고 표현하고 싶었다. “이건 아닌데.”하는 생각이 늘 마음에 생겼다. 이미 재미는 상실되어 노는 게 아니라 노동이었다. 그래서 도망을 갔다. 아니 포기하고 말았다. 운동이 전부인 줄 알았던 나에게 운동을 포기하면 할 것이 많을 것이라 생각했는데 없었다. 생각 없이 노동처럼 운동만 하니까 운동하는 기계가 아닌가 생각을 하게 되었다. 생각하기 힘들고 귀찮기 때문에 운동연습시간이 끝나면 잠을 자거나 휴식을 취하는 것이 운동생활의 전부였다. 생각 없는 아이로 학창시절의 대부분을 보내게 되었다.

운동을 그만두고 대학을 간다는 것은 거의 불가능해 보였다. 나는 포기할 심정으로 그냥 아버지의 대를 이어서 농사를 짓겠다는 생각이 지배적이었다. 그때 주위의 친구들이 모두 대학에 가겠다고 열심히 공부하는 모습을 보고 나는 무엇을 하고 있는가? 나의 열정은 이렇게 사라지고 마는가? 하는 생각을 하게 되었다. 그 결과 나도 대학에 가야겠다는 오기가 생기게 되었다. 운동만 했던 내가 대학이라는 말은 어울리지 않았다. 하지만 대학에 가고 싶었다. 그 결과 어렵게 대학에 진학하게 되었다. 그것도 지방대학교 철학과였다.

운동선수의 경험을 가진 내가 철학과를 선택한 것에 대하여 주위의 사람들은 의외라고 생각하였다. 지금도 고등학교 은사님들과 친구들을 만나면 모두가 체육학과를 졸업했을 것이라고 생각한다. 왜냐하면 나에게 체육과 운동선수라는 이미지는 좀처럼 벗어나지 못하고 아주 당연한 것으로 인식되었기 때문이다. 운동선수, 운동만 했던 내가 철학과를 졸업했다는 것은 아주 흔하지 않는 일이다. 철학과 면접시험을 보는 날 한 교수님은 왜 철학과를 선택했느냐고 물으셨다. 그 대답은 "체육철학을 하기 위해서입니다." 이 말에 대하여 면접을 보시던 교수님은 철학과에서 체육철학을 가르치지 않고 체육철학이라는 과목은 없다고 일언지하의 말씀을 하였다. 하지만 나는 체육철학을 공부하려고 철학과에 들어

갔다.

대학에서 철학을 공부하면서 체육학과에서 살았다. 당시에는 부전공이 없었기 때문에 부전공은 이수하지 못하고 체육학과 과목을 수강하게 되었다. 그것도 30학점 이상을 수강했었다. 그 때 알게 된 교수님은 지금까지 나에게 삶의 희망과 용기를 주고 계신다. 철학과 체육학 사이에서 대학생활을 보내게 되었다. 졸업과 동시에 나는 대학원 체육과를 진학하게 되었다. 아주 당연한 수순이었다. 대학원에 진학하여 체육철학을 전공하면서 석사와 박사과정을 마쳤다. 석사학위논문은 지금은 고인이 되신 고범서 교수님의 사회윤리학을 학부에서 인상 깊게 배웠기 때문에 이것을 토대로 학위논문을 쓰게 되었다. 스포츠윤리에서 중요한 것은 스포츠맨십이라고 하는 개인윤리에 너무 의존하고 그것이 윤리적 행위에 기본이라는 사고는 문제가 있다는 인식에서 시작되었다. 사회윤리는 바로 정치적 힘이라는 강제력을 행사할 때 스포츠에서의 선수들이 도덕적 행위를 할 수 있다는 내용이었다. 박사학위는 스포츠와 행복의 관계에 관한 연구였다. 이 연구 역시 고범서 교수님의 기존의 아이디어를 이용하여 스포츠에서 활용한 것이었다. 아리스토텔레스의 행복론과 장자의 행복론의 고찰을 통해서 행복의 요소들을 검출하고 이것을 토대로 스포츠에 적용하여 행복한 스포츠 혹은 스포츠 행복론을 만들었다.

박사학위를 취득하고 열심히 논문을 쓰면 교수로 임용되는 것으로 생각했다. 아주 순진하고 순진했다. 뭐 교수님들이 다 그렇게 말씀하셨다. 열심히 연구해서 논문을 쓰고 강의하면 바로 교수가 될 수 있다고 말씀들을 하셨다. 이 말을 너무 믿은 것은 현실감각이 없었기 때문이다. 이후에 생존을 위하여 여러 대학에서 강의를 하게 되었다. 박사학위를 취득해도 친분이 있는 교수님들이 없으면 강의하기도 어렵다는 것을 뼈저리게 알았다. 초기에는 강의를 할 수 있는 기회가 너무 없었다. 4시간이 고작 내가 한 학기 강의를 한 시간이었다. 먹고 살기에는 턱없이 부족한 시간이었다. 그것도 결혼을 해서 살고 있는데 "이건 아닌데."하는 후회의 생각들이 생겨났다. 하지만 내가 하고자 하는 일을 하고 있기 때문에 포기할 수가 없었다. 조금만 기다리면 강의시간이 늘어나겠지 하면서 기다렸다. 주위 교수님들의 도움으로 생존을 위한 시간을 얻게 되었다. 지금도 잊지 못할 분들이다. 늘 감사하는 마음을 가지고 살고 있다.

체육인문학은 좀처럼 채용공고가 나지 않았다. 그래도 저자에게는 몇 번의 기회가 있었다. 지금까지 체육인문학에 대한 대학의 채용공고는 자연과학 분야에 비해서 상대적으로 적었다. 아니 적다는 표현보다는 아주 없다는 말이 더 맞는 표현이라고 본다. 체육철학, 스포츠철학 전공 교수를 뽑는 공고는 한 번 정도였고 나머지는 인문사회계열, 혹은 이와 비슷한 공고였다. 순진한 나는 무조건 지원했다. 이게 바로 묻지마 지원이라는 것을 지금에서야 알게 되었다. 운을 바라는 아주 무모한 지원이라는 것이다. 지금도 지원자들 중에는 어부지리로 교수가 될 수 있을 것이라는 희망에서 지원하는 것을 볼 수 있다. 빈약한 희망에 원서를 내고 있는 것이다. 최종 심사까지 몇 번을 도달했지만 저자가 최종에 올라가면 매번 불합격시켰다. 한 학교는 두 번이나 최종까지 올라갔는데 불합격시켰다. 시간이 지나고 순진했던 저자는 세상, 대학사회의 특성을 알게 되었다. 노력해도 안 되는 것이 있다는 것과 지방대학 출신 그것도 비체육과에 국내박사라는 것 그리고 인맥과 후원하는 배경이 없이 교수가 되는 것은 불가능하다는 것을 알았다. 절망의 연속이었다. 희망은 점점 멀어져 가기만 했다.

앞의 글은 체육인문학자 또는 체육철학자로서 저자가 개인적으로 체험한 내용을 중심으로 살펴보았다. 체육인문학자가 되는 길은 저자와 같은 경우도 있겠고 아주 다른 경로를 통해서 되는 경우도 있다. 어쨌든 체육인문학자가 박사학위를 취득하고 교수로 임용되는 일이 쉽지 않다. 그렇다고 채용공고가 많이 나오는 것도 아니다. 시간강사 외에 특별한 생계를 이어갈 수 있는 방안이 강구되지 않아서 생활하기는 점점 어려워지고 있다. 이러한 상황에서 지속적으로 체육인문학자로 살아가는 것은 위기이자 위험하다. 그럼에도 불구하고 체육인문학자로서의 삶을 포기하지 않고 연구와 강의에 몰두하는 학자들이 주변에 많다. 그들은 체육인문학자로서의 자신의 삶에 대하여 자긍심을 가지고 있기 때문이다. 그러나 경제적 위기 속에 그들이 얼마만큼 체육인문학자로의 삶을 유지할 수 있을지 모르겠다.

이 글의 목적은 건강한 체육을 통하여 말과 행동의 일치를 통해서 체육학의 발전을 추구하는 데 있다. 건강하지 않고 일정한 성과를 얻어내기는 어렵다. 건강해야지 자신이 원하는 무엇인가를 할 수 있다. 그러한 점에서 현재 체육학은 빠른 발전과 지식의 지평을 넓혀간다고 평가할 수 있다. 과거에 비하면 괄목할 발전이다. 하지만 체육학의 모든 분야가 균등하게 발전을 해야 하는데 현재는 자연과학 위주로 발전을 하고 있다. 상대적으로 인문학 분야는 위기를 불러오고 있다. 전체로 보면 발전하고 있는데, 부분으로 보면 체육인문학은 위기 중에 위기이다. 체육인문학 전공자의 숫자가 급격히 줄어들고, 교과목 역시 자연과학 분야에 비하여 상대적으로 축소되고 있다. 교수채용 역시 체육인문학 전공자를 뽑는 경우가 거의 없다. 학생들 역시 체육인문학 과목의 수강을 회피하고 있다. 체육인문학은 전체적으로 보면 위기를 맞이하고 있으며 체육철학은 그 중에서 더 위기에 직면하고 있다. 이런 상황에서 인문체육의 위기를 체육의 건강에서 찾아보고 그 대안과 희망을 체육철학에서 찾아보자.

체육은 건강한가?

지난 경험 속에서 체육은 페어플레이와 스포츠맨십을 말하지만 실제는 정반대라는 것이다. 자기이익과 이해관계 때문에 페어플레이는 허망한 단어일 뿐이다. 그리고 건강에 대하여 학생들에게 강의하고 강조하고 있지만 진짜 건강하지 않은 것이 체육의 조직이라는 것이다. 건강을 말하지만 건강하지 않는 것들이 너무 많다. 건강은 신체적 건강만이 모두가 아니다. 건강은 복합개념으로 정신적, 사회적, 영적인 부분도 포함되기 때문에 체육은 건강하지 않다. 외부에서 보면 건강한 집단으로 보지만 실제로 내부는 그렇지 않다. 지금 체육계에서 나타나는 병리현상은 화려함 뒤에 가려졌던 부분이 서서히 나타나고 있을 뿐이다. 좀 더 체육이 건강한가에 대하여 알아보자. 왜 체육이 건강하지 않은가를 상세하게 제시하여 그 이유를 들어보자.

체육은 건강을 말한다. 아니 건강만을 역설하고 건강을 위한 학문으로 수용하고 있다. 건강을 빼면 체육은 있지 않다. 체육만 하면 건강해질 수 있고, 체육은 만병통치약이라고 믿고 있다. 그래서 운동을 하라고 강권한다. 아니 협박에 가깝게 운동을 해서 무병장수 할 수 있다는 강조한다. '체육=건강이다' 는 말이 성립되는 것이다. 체육이 아니면 건강을 누가 책임 질 것인가라는 책임론을 말한다. 하지만 건강은 체육의 모든 것이 아니다. 체육에는 교육도 있고 신체적 건강만이 아니라 인성교육이라는 측면도 있다. 이 모든 분야를 무시하고 건강에만 관심을 집중하는 것이 문제이다. 건강만을 역설하지만 안으로 들어가면 체육은 건강하지 않다. 외부적으로 건강하게 보이지만 내부로 들어가면 병리현상과 문제점들을 보여준다. 체육의 조직, 내부는 건강하지 못하다. 외부와 형식은 건강할지 몰라도 내부와 내용은 부실하다. 자신이 혹은 자신이 속한 조직이 건강하지 못하면서 건강을 외치는 것은 모순이다. 자기가 건강해야 건강을 말할 수 있지 않을까. 자신은 건강한 것처럼 아주 당연하게 생각하는 것 또한 문제이다.

체육은 인문사회과학과 자연과학으로 구분한다. 더 세부적으로 인문사회과학을 인문과학과 사회과학으로 구분하기도 한다. 하지만 크게 인문사회와 자연과학으로 구분하여 학회지와 연구비 신청 또한 나누어서 행해지고 있다. 이러한 구분을 볼 때 체육학은 종합학문 또는 응용학문이라는 성격이 명확해진다. 인접학문과 학제 간 연구를 할 수 밖에 없는 것이 체육학의 특징이다. 모학문과의 관계에서 모 학문에 중점을 두게 되면 체육학의 정체성을 잃을 수가 있다. 체육에 중점을 두고 모 학문의 방법론과 이론을 이용하여 체육에 관련된 연구를 진행해야 한다. 체육학이 생성되는 초기부터 의학과 생리학이 지배적인 핵심영역으로 시작되었다. 그 결과 지금도 체육학은 의학과 생리영역이 지배적인 영역으로 군림하고 있다. 운동생리학, 스포츠의학, 운동처방, 체력육성 등 체육학과 교과과정 대부분이 자연과학 분야의 교과목이고 교수 구성 역시 자연과학을 전공한 사람이 대부분이다. 거기에 대학원 학위 명칭은 이학박사가 대표적이다. 지금은 변경되어 체육학 박사가 나오고 있지만 얼마 전까지 이학박사가 주류였다.

지연과학 분야의 핵심은 건강이다. 건강한 사회를 만드는 것이 체육학 분야의 자연과학을 연구하는 사람들의 꿈이자 희망이다. 모든 것은 건강을 중심으로 건강과 관련된 교과목과 교수를 구성하고 있다. 운동처방 역시 운동도 독이 되고 약이 될 수 있다는 것과 사람은 체력에 따라서 질병과 현재의 상태에서 몸에 맞는 맞춤형 운동을 해야 한다는 것이 지배적인 이론이다. 그래서 약사가 약을 처방하는 것과 같이 운동도 운동처방사 혹은 운동사에 의해서 운동량을 처방 받아서 운동을 해야 한다는 것이다. 잘못 운동하면 죽을 수 있을 뿐만 아니라 몸에 더욱 해로울 수 있다는 말이다. 제대로 알고 운동하면 건강해 질 수 있다는 것이다. 특히 예방의학으로서 체육은 의료비를 절감하고 경제적으로 유용한 학문이라고 역설한다. 그 핵심에는 늘 건강이라는 말이 있다. 건강한 몸을 위해서는 운동을 해야 하고 운동을 체계적으로 연구하는 분야가 체육이라고 말한다.

하지만 저자의 입장에서 체육은 건강하지 않다. 이 말이 함의하고 있는 것은 복합적 건강개념을 충족시키지 못한다는 것이다. 하지만 앞에서 말한 건강은 신체적 건강에 대하여 한정되어 있다는 것이다. 운동처방, 스포츠의학 이 모든 학문 분야는 신체적 건강에만 초점을 맞춘 것이다. 건강은 신체적 건강만이 아니라 사회적, 정신적, 영적이 건강이 있다. 종합적인 건강개념이 있는데 유독 체육은 신체적 건강만을 연구하고 강의하고 있다. 그 결과 자연과학 분야의 교과목이 대부분 체육학과 교과과정에 편성되어 있고 다른 인문사회 분야는 구색을 맞추기 위해서 들놀이로 개설되어 있다. 신체적 건강만이 아니라 정신건강을 위해서 인문학적 지식은 필요하다. 운동선수만 양성하기 위하여 체육학과가 존재하는 것은 아니다. 전인적 인간을 양성한다는 체육의 목표는 이점을 잘 인식하지 못하고 있다. 몸의 항상성이 깨지면 질병이 발생하는 것과 같이 학과의 교과목 역시 항상성을 유지하기 위하여 인문사회과학과 자연과학의 균형 잡힌 교과목을 설정하여야 한다. 너무 한쪽에 치우쳐 있기 때문에 위기가 생기는 것이다.

너무 한쪽에 치우쳐 있다는 것과 체육이 건강하지 않은 이유는 조직과 내적인 병리현상을 보면 된다. 외적으로 건강해 보이지만 형식만 건강하고 내용은 부실하고 건강하지 못한 것을 알 수 있다. 외부적으로 스포츠강국의 면모를 가지고 있는 한국이지만 내부적으로 병리현상이라고 할 수 있는 체육학과 입학비리, 성폭행, 승부조작, 심판매수, 선수폭력 등 많은 고질적인 문제들을 가지고 있다. 그것은 너무나 결과만을 성취하기 위한 과정에서 금메달과 우승만을 인정하고 어떻게 해서든지 결과만 좋으면 과정은 문제가 되지 않았다. 그 결과 지금과 같은 문제점에 직면하게 된 것이다. 교과목 역시 균형을 유지하고 항상성을 가져야 한다. 한쪽으로 너무 기울면 자동차가 잘 가지 않는 이치와 같다. 균형론을 주장하는 이유는 너무 한쪽으로 기울어져 있다는 것이다. 체육이 건강하지 않은 이유를 알아보자.

누구나 건강의 중요성에 대하여 일상적으로 말해오고 있지만 자신이 건강한지에 대하여는 소홀하기 쉽다. 의사가 환자들의 건강을 돌보지만 자신의 건강에는 별로 신경을 쓰지 못하는 것과 같다. 그 결과 환자는 완쾌하였지만 자신이 병을 가지게 되는 경우도 있다. 체육학 또한 건강에 대하여 연구하고 강의하고 말하고 있지만 체육 자체의 건강에 대하여 논의되어 오지는 못했다. 건강을 기축으로 연구하고 강의를 해오고 있지만 자신의 건강에 대하여 검토하지 못하고 있다. 신체적인 부분만 건강하면 건강하다고 착각하고 있다고 볼 수 있다. 페어플레이와 스포츠맨십을 강조하고 있지만 운동선수와 체육계에서 말뿐이고 실천하지 못하고 있다. 개인의 이해관계와 자기이익에 손해가 되는 일을 하지 않기 때문이다. 특히 조직이 건강해야 성장을 지속할 수가 있다. 하지만 실제로 체육이라는 조직의 건강에 문제가 있음을 주장하고 그 처방에 대하여 알아보자.

저자는 '체육은 건강하지 않다'는 생각을 정당화하기 위하여 7가지의 사례를 들어 검토할 것이다. 체육의 건강에 대하여 말하고 있지만 그 자체에 문제가 있음을 알 수 있다. 이 문제에 대한 치유 가능한 처방을 통하여 조직의 건강을 추구해야 한다. 건강하지도 못하고 건강하라고 말하는 것은 자기모순이다. 자신은 건강하기 위하여 운동을 하지 않으면서 사람들에게 건강하기 위해서는 운동을 하라는 것은 모순임에 틀림없다. 특히 조직이 건강하지 못한 상태에서 무늬만 건강한 것처럼 행사하는 것 또한 보기가 안 좋다. 형식에 맞는 내용이 있어야 한다. 주장하는 만큼 그것에 대한 실제적인 근거가 있어야 한다. 주장만 하고 내용이 없다면 그것은 거짓말을 하고 있는 것이며 거짓말이 거짓말을 낳을 수가 있다. 진정한 체육의 건강을 위한다면 현실을 정확하게 진단하고 이에 맞는 내용을 갖추어야 한다. 문제가 있다면 그것을 수정하고 보완하여 좀 더 완성도를 높여야 한다. 건강한 체육을 위해서 체육계가 해야 하는 과제에 대하여 알아보자.

첫째, 우리 체육에 대한 정체성 규명과 한국형 체육을 찾는 작업이 필요하다. 식민지 체육과 미 군정시기에 수용한 진보주의 신체육에만 몰두한 것은 우리 체육을 상실하게 되는 경우가 되었다. 특히나 우리 체육은 식민지 시대의 체조교육에서 벗어나지 못하고 있다. 식민지 체조는 순종하는 신체와 규율하는 신체라는 특성을 가지고 있기 때문에 식민지 인간과 순종하는 신체를 양산하는 데 지배적인 역할을 하였다. 그렇기 때문에 청산되어야 함에도 불구하고 식민지 잔재가 청산되지 못하고 지금까지 체육은 지속되어 왔다. 엄격하게 청산할 수 있는 시간을 갖지 못했기 때문에 지금과 같이 식민지 잔재는 우리 체육의 일부분으로 아직도 남아서 영향을 행사하고 있다. 우리 토양에 맞는 한국형 체육을 모색해야 하는 이유도 여기에 있다. 식민지 체육의 인적, 물적 청산을 통하여 우리 신체문화를 창조하는 것이 요구된다.

둘째, 체육학과 명칭의 다양화의 문제를 들 수 있다. IMF 이후 한국경제는 어려움을 겪고 있다. 이 어려움 때문에 신자유주의 논리가 한국내 모든 곳을 지배하게 되었다. 대학 역시 이 논리에 따라서 학과가 폐과 내지는 통합되는 경우가 생기게 되었다. 체육학과 역시 과거의 이미지 그대로 유지하다가는 학생 정원을 채우기가 어렵기 때문에 새로운 학과 명칭을 내걸고 있다. 특히 지방대학은 학생 모집에 어려움이 있기 때문에 학생들의 기호에 맞는 학과 명칭으로 고치고 있다. 하지만 명칭과 교과과정, 학과 목적과 일치하지 않기 때문에 모순된 상황이 연출되고 있다. 이름만 다르고 내용이 같다면 그것은 정당하지 못하다. 적어도 고등학생들이 대학을 진학할 때 학과의 명칭을 보고 결정하는 일이 많다. 그렇기 때문에 학과 명칭이라고 할 수 있는 형식과 내용이 일치하도록 하여야 한다. 불이치는 학생들을 상대로 한 사기라고 할 수 있다. 이들 모든 학과들은 실용성을 바탕으로 한 학과 명칭으로 개명하고 있다. 이렇게 보면 학생정원을 채우지 못하고 있는 지방대학에서 살아남기 위한 몸부림이라고 할 수 있다. 특성화 대학이 되지 않는 이상 생존의 길은 멀어만 간다. 명칭에 맞게 교과과정을 마련하고 이를 바탕으로 교육이 이루어져야 한다.

셋째, 체육계 대학원의 문제에 대하여 알아보자. 대학원 체육학 전공은 없다는 저자의 주장은 근거 없는 주장이 아니다. 대학원은 전공이 세분되어 자신이 전공하고자 하는 분야에 대하여 충분한 공부를 할 수 있어야 하는데 한국의 현실은 대학원에서 자신의 전공과 관련이 없는 교과목을 수강해야 하는 경우가 있다. 심지어 자신의 전공보다 다른 전공과목을 더 들어야 하는 모순이 생겨나고 있다. 전공과 관련된 2~3과목을 듣고 학위를 받는 것은 큰 문제라고 할 수 있다. 전공분야의 학위논문만 썼다고 그것이 학위를 취득했다고는 말할 수 없다. 하지만 현실은 박사학위 논문만 관련분야로 받았다면 해당전공자라고 말한다. 그것도 자신이 해당전공자라고 말하기 때문에 논문 제목에 따라서 시간과 공간에 맞게 수시로 변한다. 도대체 전공이 무엇인지 혼란스럽게 한다. 이런 현실은 자신의 학문적 정체성을 갖지 못하고 기회가 있을 때마다 자신에게 유리하게 전공을 바꾸는 것이 현실이다. 학문적 깊이를 확장하지 못하고 개론수준의 지식의 나열이 되기 쉽다. 논문 역시 학문적 발전보다는 관련지식의 수준을 확장하지 못하고 반복 재생산 할 가능성이 높다.

대학원 체육학 전공에 대한 해법은 충분한 전공 관련 교과목을 개설하고 운용하는 것이다. 아주 단순한 해법이지만 이마저도 지켜지지 않고 있다. 전공 교수가 부족하여 강의 개설이 어렵다면 과목 관련 강사를 고용해서 강의를 하면 된다. 마음만 있다면 쉽게 해결할 수 있는 문제를 변명만으로 무마시키려는 것은 안타까운 일이다. 박사과정 36학점 중에서 24학점 이상 전공 관련 과목을 수강할 수 있도록 교과개발과 유사학과에서 학점이수를 전공학점으로 인정하는 제도적 개선이 필요하다. 전공 관련 학점이수도 하지 않고 박사학위 논문만으로 전공을 했다는 것은 모순이다. 배우지도 않고 박사학위 논문을 섰다고 박사라고 할 수 없다. 적어도 전공과련 학과목을 수강하고 학점을 이수해야 한다. 그런데 한국사회에서 전공 관련 학점은 이수하지 않고 논문만으로 스스로 전공자라고 부르는 것은 문제이다. 학위논문도 여러 가지 전공용어가 혼합되어서 기회가 있을 때마다 전공이 수시로 변하는 일도 있다. 전략적 차원에서 대학에 취직할 때 용이하게 하기 위함이다. 여가학도 되고 사회체육도 되고, 스포츠경영도 되는 복합전공을 스스로 만들어내고 있다. 관련 과목은 한 과목도 수강하지 않고 학위논문의 제목에 앞의 용어들이 들어갔다고 전공자라고 보는 것은 문제이다. 우리 스스로가 우리 학문의 깊이보다는 이데올로기를 합리화하려는 처사로서 그 수준이 얼마나 얇은지를 단적으로 보여주고 있다.

넷째, 체육특기자 동일계 지원 제도의 문제에 대하여 알아보자. 이 제도는 특기자의 선택의 자유와 권리를 상실하고 있음을 여러 개의 근거를 통하여 알아볼 수 있다. 가장 큰 이유는 선수들에게 학과 선택의 자유가 없다는 점이다. 그래서 자신이 배우고 싶은 교과목은 배우지 못하고 체육학만을 배워야 한다는 것이다. 때문에 여러 가지 문제가 생겨나고 있다. 큰 문제는 정상적인 교육이 이뤄지지 못하고 있다는 점이다. 현재의 제도는 학생의 입장에서 마련된 것이 아니라 관리자가 행정편리를 위한 입장에서 만들어진 정책이다. 체육특기생은 모두 체육학만을 공부하라고 한다면 그것은 학생선수의 선택의 기회를 사전에 차단하는 것에 불과하다. 행정편이주의 발상에서 비롯된 행정위주의 정책이다. 체육특기생 중에서는 경영학을 전공하고 싶은 학생도 있을 것이고, 신문방송학 전공을 원하는 학생도 있을 것이다. 학교가 나서서 학생의 선택의 권리를 차단하는 것은 학습권에 위배되는 사안이다.

다섯째, 학문후속세대들은 학위를 취득하고 대학에 취직을 하기 위하여 대학교수 공채에 지원한다. 하지만 한국사회에서는 교수되기가 어렵기 때문에 자리를 잡는다는 것은 거의 불가능하다. 하지만 매년 교수가 되는 박사들이 일정량 있어왔다. 실력으로 혹은 연고와 학연을 이용하여 교수가 되는 경우도 있고, 특정 대상을 뽑기 위해서 보여주는 추태는 심각하지 않을 수 없다. 공개적이고 객관적인 임용체계를 가진다고 주장하지만 현장에서 보면 그것은 안일한 상황이다. 전공과 교수 공채에서 제시한 전공과는 일치하지 않고 있다. 교과목에 나와 있는 교과목이 채용전공이 된다. 특히 실기를 채용공고에 내고 뽑기 때문에 전공자들은 올림픽이나 세계선수권 대회에서 입상경력이 있는 사람에게 밀려난다. 한국체육대학과 같이 전문운동선수를 양성한다면 모를까 일반학생들에게 운동선수의 능력을 교육시킬 수 있다는 것은 한계가 있다. 실기를 전문으로 하는 사람들에게 이론 전공 박사들이 밀려나고 실기교수가 자리를 잡고 후진을 양성하게 된다. 아마 실기교수는 실기만 가르치는 것이 아니라 이론을 가르치기 때문에 학문의 발전을 기대하기는 어렵다.

여섯째, 체육계에 일부의 엉터리 학위논문이 있어왔다. 발견되지 않고 알고도 모른 채 넘어갔기 때문에 드러나지 않고 있었을 뿐이다. 최근에 경기도 모 대학 대학원 석사논문이 표절로 드러나 학위가 취소되었던 사건이 있었다. 심사위원도 그 논문이 표절된 것이지 전혀 알지 못했다. 적어도 심사위원들은 심사를 할 때 표절논문인지 검증을 해야 하는데 허술한 심사과정을 여실히 드러내는 경우라고 하겠다. 제대로 심사가 되지 않고 있다는 것을 반증하는 실례이다. 이러한 현상은 표절과 연구윤리에 대한 교육이 이뤄지지 않을 뿐만 아니라 표절에 대한 관대한 학교와 학계에 분위기 때문이다. 또 다른 이유는 넘쳐나는 대학원생이라고 볼 수 있다. 인문학 분야의 전공자들이 대학원 진학을 기피하는 것과는 다르게 체육계열 대학원은 미달이 없다. 항상 넘쳐나고 있다.

대학원이 너무 많고 대학원생이 넘쳐나기 때문에 한 번에 여러 명을 대상으로 논문심사를 한다는 것은 실제로 거의 불가능하다. 제대로 한다면 논문을 다 읽어야 하는데 그 많은 논문을 읽는다는 것은 어렵다. 그렇기 때문에 대충 논문심사를 하게 되고 그것을 악용하여 인터넷에서 구한 학위논문을 짜깁기해서 학위를 받는다. 그것도 귀찮으면 돈으로 대필하는 기관에 의례해서 쉽게 논문을 만들어낸다. 엉터리 학위 논문은 베끼기, 짜깁기, 표절, 대필 등으로 나타난다. 그 결과 연구할 수 있는 연구자가 아니라 타인의 연구에 기생하는 사람이 된다는 데 문제가 있다. 자신이 직접 연구를 하지 않고 학위를 받는 것은 정상적인 것이 아니다. 이 문제는 엄격한 학위논문 심사를 통하여 해결할 수 있고 또한 심사위원들이 책임을 가질 수 있도록 실명제를 추진할 필요가 있다. 어떤 논문이 표절로 밝혀졌다면 그 논문을 심사했던 심사위원들이 공동 책임을 질 수 있도록 해야 한다.

이러한 현상은 결과주의 혹은 업적주의에서 나타난 병리현상이다. 한 번 교수면 영원한 교수였던 교수직도 위기에 직면하게 되었다. 계약직으로 변경되면서 승진을 위해서 논문 업적이 필요하게 되었다. 교수가 되기 위해서 치열하게 열심히 논문을 쓰던 사람들도 교수가 되면 연구에 별 관심을 두지 않는다. 그 이유는 안정적인 직업을 얻었기 때문이다. 하지만 지금은 연구하지 않으면 안정적 직업 또한 위험하게 되었다. 그 결과 논문을 양산하게 되었고 그 여파로 대학원생들의 연구에 공동저자로 이름을 올리는 경우가 생겨나게 되었다. 문제는 공동연구자로서 교수가 자기 이름이 올라있는 논문을 검토하지 않는다는 것이다. 그래서 논문표절 문제가 제기된다. 대학원생이 다른 논문들을 표절해서 논문을 작성했기 때문에 표절로 판명된다. 지도교수 역시 자신의 게으름 탓에 표절을 한 것으로 볼 수밖에 없게 된다.

하여튼 엉터리 논문과 표절논문의 양산은 체육학계에서 자성해야 할 문제이다. 이 역시 체육의 건강하지 못한 한 단적이 사례이다. 엄격한 심사를 통해서 학위논문이 작성된다면 문제는 발생하지 않을 것이다. 현실은 심사 논문의 내용을 확인하지 않고 형식과 결과만을 우선적으로 인정하기 때문에 현실에서 필요한 학위를 위해 급조된 논문들이 양산되는 결과를 만들어낸다. 체육이 건강하기 위해서는 철저한 논문심사를 유지해야 한다. 과잉된 학위자들 간의 무한경쟁은 체육을 건강하게 하는 것이 아니다. 서로 간의 보이지 않은 싸움과 비방 그리고 비난으로 체육 자체를 건강하지 못하게 만든다. 서로 간의 합심과 단결을 통해서 체육학의 위상을 높여야 하는 데도 불구하고 개인적 이해관계 때문에 분열과 대립만이 넘쳐나게 한다.

일곱째, 비정규직 시간강사의 불안한 자리에 대하여 알아보자. 정규직과 비정규직은 엄청난 차이가 있다. 하늘과 땅 차이이다. 연봉에서부터 사회적 대우 등 여러 면에서 큰 차이를 드러내고 있다. 그럼에도 불구하고 대학교육의 50% 이상을 맡고 있는 쪽은 시간강사이다. 법적으로 보장받을 수 없기 때문에 보따리장수가 될 수밖에 없는 구조이다. 살기 위해서는 이 대학 저 대학 옮겨 다니면서 강의를 할 수밖에 없다. 또한 대학들은 비전임 형식으로 교수를 채용하고 있다. 연구교수, 객원교수, 강의전담교수, 초빙교수 등 교수직 앞에 접두어를 붙여 기존 교수들의 연봉에 2/3 내지는 1/3의 주고 있다. 무늬만 교수이지 실제 시간강사에 불과하다. 전임교원 확보율을 높이기 위해서 형식상의 교수 수를 늘여 놓기 위한 전략적 명칭들이다. 실제로 대학 교수로서 지위와 임금을 보장받지 못하고 있다.

무늬만 교수인 사람들이 늘어나는 이유는 정규직 교수되기가 현실적으로 어렵기 때문에 어쩔 수 없는 결과이다. 교수 공채가 투명하고 공정한 임용과정을 보장한다면 비정규직 시간강사들은 깨끗이 승부하고 자신의 길을 찾아 나갈 것이다. 현실은 학연, 지연, 혈연 그리고 금전을 통해서 교수 자리를 차지하고 있기 때문에 승부를 깨끗하게 받아들이지 못하고 있다. 자기편 뽑기 식으로 대학교원 임용과정이 지속된다면 앞으로 전망이 밝지 않다. 적어도 열심히 연구하고 강의한 것이 자신의 앞

길을 방해하는 경우는 만들지 말아야 한다. 열심히 노력한 자가 인정받는 사회가 형성되어 공정한 임용과정이 펼쳐지기를 개인적으로 바란다. 그래야 훌륭한 논문과 창의적인 논문을 쓰게 될 것이다. 모든 논문을 같은 급으로 평가하게 되면 많은 노력과 시간을 들여 작성된 논문은 그 진가를 받기가 어렵다.

이상과 같이 문제가 해결될 수 있다면 체육은 지금보다는 더 건강한 체육으로 자리 잡을 수 있을 것이다. 매번 건강에 대하여 항변하지만 현실적으로 보면 자신은 건강하지도 않으면서 남에게 건강하기 위해서는 운동을 해야 한다고 소리 높여 외치는 경우가 흔하다. 건강은 신체적 건강만이 아니라 정신, 사회, 영적 등 다양한 차원에서 건강을 모색해야 한다는 말은 이제 상식이 되었다. 학계와 조직의 건강은 조직으로서 체육이 발전할 수 있는 원동력을 마련하는 것이다. 건강하지도 않으면서 건강한 척 하는 것 밖에 안 된다. 건강한 체육을 위하여 위에서 지적한 7가지 문제가 개선되어야 한다. 이러한 개선을 통하여 건강한 체육은 마련되고 지속적인 학문적 성취와 발전을 추구할 수 있을 것이다.

이외에도 체육이 건강하지 않은 이유는 바로 자연과학과 기능 위주의 수업 때문이라고 생각한다. 실용적인 것과 눈으로 확인할 수 있는 것만을 배우고 기능만을 배우기 때문에 나타나는 당연한 결과라고 볼 수 있다. 체육학계의 표절은 누구나 아는 사실이지만 비일비재하다. 알지만 이해관계 때문에 침묵하는 것뿐이다. 이 모든 것은 인문학적 소양이 부족하기 때문이다. 알아야 하는데 가르치지 않고 배우지 않기 때문이다. 신체적 힘과 기능만을 배우고 생각하는 힘(사고력)을 위한 교육이 부재하기 때문이다. 스포츠윤리, 연구윤리를 통하여 표절의 기준과 표절이 왜 문제가 되는지 스스로 생각할 수 있는 생각하는 스포츠를 가르쳐야 한다. 그런데 현실은 건강과 승리에 초점이 맞추어 교육되고 있다. 몸을 움직이는 것은 바로 정신이다. 올바르고 건강한 정신을 가진 학생들이 많이 나올 때 체육문화는 건강해진다. 체육이 건강하지 못한 이유는 체육의 인문학적 교육의 부실에서 찾을 수 있다. 반대로 생각하면 체육이 건강하지 않은 이유는 바로 체육인문학의 위기 때문이다.

체육인문학은 위기인가?

건강한 체육을 만들기 위해서는 체육의 병리에 대한 치유가 있어야 한다. 그렇지 않으면 그 질병은 오래 유지되어서 결국에는 위기를 넘어 위험으로 치달을 수가 있다. 왜 체육에서 인문학은 위기인가? 체육학에서 진짜 인문학이 위기인가 아니면 인문학 전공자의 위기인가 명확히 할 필요가 있다. 대학원 체육학 전공자의 영역별 숫자를 비교해보면 자연과학 분야가 상대적으로 많다. 그 이유는 대학교수와 연구원 그리고 사회진출에서 유리하기 때문에 자연과학 분야로 몰리기 때문이다. 이러한 상황은 체육계열 학과의 교과과정의 비중에서도 인문사회 분야보다는 자연과학 분야의 과목들이 더 많이 차지하고 있다. 더 나가서 교수들 역시 자연과학 분야가 많다. 이러한 상황은 헤게모니 싸움에서 처음부터 체육학은 자연과학 위주로 편성되었기 때문에 나타난 결과이다. 체육학과는 처음에는 자연과학대학에 소속되어 시작하였다. 물론 사범대학에 소속한 체육교육학과도 있지만 대부분의 체육학과는 자연과학대학에 속해 있었다. 그렇기 때문에 체육인문학이 비집고 들어가기에는 틈새가 보이지 않았다. 하지만 시대상황에 맞게 변해야 하는 것이 학문과 교과과정이기 때문에 시대 흐름을 읽을 수 있어야 한다. 이 시대에 필요한 것은 인문정신이다.

> 우리가 인문정신을 회복해야 하는 이유는 우리 사회가 인문학과는 정반대의 방향으로 나아가고 있기 때문입니다. 독립과 분리가 근내의 특싱이라면, 통합과 퓨전은 21세기의 포스트모던 징표입니다. 전통적 근대사회에서 독자적인 논리에 따라 움직이던 정치, 경제, 문화의 경계가 불투명해지고 있으며 학문과 삶, 학문과 학문을 갈라놓던 경계 역시 무너지고 있습니다. 우리는 '탈 경계의 시대'에 살고 있는 인문정신과 그 의미를 해석할 수 있는 새로운 통합인문학이 필요합니다(이진우, 2005: 74).

앞의 글에서 인문정신을 회복하기 위해서 통합인문학이 필요하다고 강조하고 있다. 시대는 급변하고 가치관 역시 빠르게 변하고 있다. 다문화, 다양한 가치가 공존하는 사회에서 체육문화 역시 중요하게 대두하고 있다. 문화로서의 체육에 대한 다양한 학문적 접근과 연구 결과물들이 양산되고 있다. 스포츠문화에 대한 이해를 하지 않고 스포츠경영을 할 수 없다. 새롭게 주목하는 분야가 스포츠관광과 스포츠경영이다. 이들 영역은 스포츠문화에 대한 올바른 이해를 바탕으로 발전할 수 있는 분야이다. 각국과 각 지방의 스포츠문화의 특성에 맞게 스포츠마케팅과 관광 상품화 전략을 모색해야 하기 때문에 각 지역의 스포츠문화의 특성을 빠르게 파악하는 것이 요구된다. 이처럼 체육학 분야에서 자연과학 분야만이 아니라 인문사회학 분야도 잠재 개발할 수 있는 영역이다. 그런데 현실은 시대를 읽지 못하고 건강을 기축으로 한 자연과학만이 독점하고 있다. 자연과학과 인문사회과학의 소통을 통해서 체육학 지식의 통섭을 지향하며, 조화롭게 발전할 수 있는 공존의 길을 모색하는 길이 필요하다.

> 인문학은 한창 지적 성장기에 있는 사람에게 창의적 상상력, 심미적 감성, 자기성찰의 능력을 길러주고, 전통문화와 인류 세계의 다양한 문화 양상과 역사에 대한 식견을 갖도록 해주며, 자유롭게 자신의 역량을 가늠할 기회를 제공하고, 대중 사회 안에 살면서도 자아를 개발할 수 있는 지혜와 인간으로서의 도덕적 판단 능력을 갖도록 해줄 것이라는 기대를 가지고 있다. 이러한 능력 배양은 인간이면 누구에게나, 어느 분야에 종사하는 이에게나 필수적인 것이기 때문에 인문교육은 대학과정의 기초이다. 그래서 인문학은 '기초학문'이라고 일컫는다. 기초가 튼실하면 그 위에 좋은 집을 지을 수도 있고, 지어진 집이 오래 갈 수 있지만, 기초만 있어서는 정작 살 곳이 없다(백종현, 2007: 135).

분명히 인문학은 위기이다. 전공하는 학생도 부족하고, 교과목도 부족하고, 교수 채용도 많지 않다. 여러모로 위기는 위기이다. 대학에서 인문학을 전공하려는 학생도 급감하고 있다. 이대로라면 얼마가지 않아서 인문학 전공자가 없어지고 소수의 사람들만이 인문학을 전공하게 될 것이다. 체육의 인문사회과학 분야가 사라지고 기능과 건강을 위한 학문으로서 체육학이 독점하는 시대가 온다면 학으로서의 체육보다는 전문인을 양성하는 전문인 위주의 교육으로 전환될 가능성이 높다. 학으로서 체육을 정립하기 위해서는 인문사회분야의 연구가 활성화되어야 한다. 그래야 자연과학 분야도 살고 인문사회과학 분야도 살수가 있다.

어떻게 보면 인문학의 위기는 환경의 위기이지 실제로 보면 위기가 아닐 수 있다. 늘 그래왔는데 새삼 이상한 것도 아니다. 사회적으로 인문학이 위기라는 분위기가 확산되는 가운데 체육인문학 역시 위기라고 생각하는 것인지 아니면 늘 위기였는데 인식하지 못하고 지금에서야 인식하게 되었는지 말이다. 진짜 인문학을 공부하려는 사람은 생존의 유혹에도 자기가 좋아서 사명감을 가지고 할 수 있기 때문에 위기가 아니라 기회가 될 수 있다고 생각한다. 그 동안 인문학을 통해서 밥 먹고 살기 위해서 학문적 성취도 없이 공부하는 사람들이 사라질 수 있을 것이다. 이번 기회에 체육인문학을 하는 학자들의 수가 조정되어서 진정 원하는 사람들만이 살아남을 수 있다면 위기가 기회가 될 수 있다.

많은 체육인문학자가 필요하지 않기 때문에 소수의 진짜 전공하는 사람들이 남아서 교수로 취직하여 지속적으로 학문을 할 수 있게 될 것이다. 전공 인원이 많다고 인문학의 융성이 오지 않는다. 철저히 전문적인 수준의 학문을 하기 위해서는 열심히 공부하는 사람들이 모여서 작지만 알차게 연구와 공부를 할 수 있으면 그것으로 충분하다. 취직이 안되고 논문 한 편 쓰기 위해서 읽어야 할 책도 많고 외국어도 잘해야 하는 힘든 인문학은 사명감을 가지지 않고는 하기 어렵다. 그럼에도 불구하고 체육인문학에 몰리는 사람들이 있다. 자연과학보다 논문 쓰기가 수월하다고 생각하기 때문이다. 교수가 되기 위해서 공부하는 것은 오래가지 못한다. 단지 생존은 보장 받을 수 있지만 그것으로 끝나고 만다. 인문학자가 많다고 해서 인문학이 사는 것이 아니다. 적지만 적은 만큼 보호하고 지원해서 육성할 수 있다면 체육인문학은 발전할 수 있다.

이런 의미에서 위기는 기회일 수 있다. 대학원에서 소수의 교수요원을 양성하는 체계를 갖추고 체육인문학자를 강도 높게 육성하고 이들이 교수가 될 수 있도록 길을 만들어준다면 지금보다도 체육인문학은 발전 가능성이 높다. 대학원이 너무나 많다. 많은 대학원에서 너무나 많은 박사들이 매년 배출되고 있다. 수용에 비하여 과잉 공급이 문제이다. 교수가 되는 것이 쉽지 않다는 것을 알면서도 박사들은 계속 나오고 있다. 그 많은 박사들을 수용하기에는 대학의 숫자가 너무나 적다. 그렇기 때문에 전문능력을 갖춘 학자가 교수되기는 어렵다. 생존을 위해서 살아남기 위해서 교수가 되기 위해서 노력하는 사람들은 많고 그 중에서 운이든 아니면 다른 조건으로 교수가 되는 사람이 생기게 된다. 문제는 학자로서의 능력에 대한 검증 없이 쉽게 받을 수 있는 국내외의 학위를 가지고 교수가 될 수 있기 때문에 박사들은 넘쳐난다.

무조건 박사과정을 개설하고 대학원생을 받아들여서는 안 된다. 조금이라도 제자를 생각한다면 생각을 깊고 넓게 하여 원생을 받아들여야 한다. 저자 또한 지방대를 졸업했다. 지방대 모교 지도교수님은 언제나 모교 대학원에 진학하는 것을 말렸다. 유학이나 서울에 있는 대학원에 진학하라고 말씀하셨다. 박사가 넘쳐나는데 경쟁력도 없는 지방대에서 박사학위를 취득해서 어떻게 살겠냐는 걱정으로 모교의 대학원 진학을 막으셨다. 그때는 교수님이 이해가 되지 않았지만 지금은 그 이유를 절감하고 있다. 박사학위가 문제가 아니라 생존권을 보장받고 지속적으로 학문을 연장할 수 있느냐 하는 문제이다. 과잉 공급된 박사들은 수요에 비하여 공급이 넘쳐나기 때문에 적체현상이 문제이다. 너무 많은 박사들이 배출되는데 이들이 모두 대학에 취직하지 못한다. 일부를 제외하고는 시간강사의 삶을 살아야 하기 때문에 학문적 성취나 훌륭한 논문을 기대하기는 어렵다. 그렇기 때문에 대학원 정원을 조정하여 수요에 맞게 공급을 하여야 한다. 단지 시장경제의 논리에 맞게 실력 있는 자는 살아남고 실력 없는 사람은 도태하게 해서는 안 된다. 고급인력의 낭비가 될 수 있다.

위기는 상황의 문제이기보다는 연구자에게도 있다. 자연과학 분야의 학자들이 체육인문학자의 글에 대하여 전문성이 떨어지는 학부생의 리포트 수준이라고 폄하한다. 어떻게 보면 맞는 말이다. 우리가 써 내는 논문이 다른 학문분야에서 인용되지 않는다. 같은 분야에서도 서로 인용하지도 않고 읽어보지도 않는다. 인용되는 논문은 자기 지도교수의 논문만을 주로 인용한다. 정말 인용할 만한 논문이 없기 때문일까 생각해본다.

그 만큼 우리 학문 수준은 미천하다는 말이다. 철저한 학문능력을 갖춘 학자들이 연구를 하고 발표를 할 때 학문 수준은 높아진다. 지금과 같은 학문의 위기에서 전문능력을 갖춘 학자들이 양산되고 지속적으로 공부할 수 있는 길을 만들어 주어야 한다. 그래서 인원은 적지만 실력 있는 학자들에 의하여 학문적 성취를 높여갈 수 있을 것이다. 좋은 논문, 훌륭한 논문을 쓴 젊은 학자가 우선 순으로 임용될 수 있는 분위기를 형성하게 되면 좋은 논문을 쓰려고 노력하는 사람이 많아 질 것이다.

우리가 인문학 공부를 통해서 얻을 수 있는 것은 생각의 힘뿐만 아니라 전체를 꿰뚫어 볼 수 있는 통찰력이 있다. 그러므로 인문학의 힘은 통찰이다. 통찰에 대하여 정진홍은 다음과 같이 정의하고 있다.

> "우리는 왜 인문학에 새삼 주목하는가? 다름 아닌 '통찰의 힘'을 키우기 위해서다. 여기서 말하는 통찰은 '통찰(洞察)'이면서 동시에 '통찰(通察)'이다. 통찰(洞察)은 예리한 관찰력으로 사물을 꿰뚫어 보는 것을 말한다. 인사이트(insight)다. 아울러 통찰(通察)은 곧 통람(通覽)이다. 처음부터 끝까지 모두 훑어 두루 살펴보는 것이다. 오버뷰(overview)다. 결국 통찰의 힘은 바로 통찰과 통람의 융합이며 인사이트와 오버뷰의 시너지다"(정진홍, 2007: 7).

위기를 기회로 볼 수 있는 인문학적 소양과 통찰력을 기를 수 있는 체육철학에 대한 관심과 교육이 절실하다. 인문학적 소양이 없는 기능 위주의 교육은 기능인만을 양성할 뿐 존경받고 유능한 전문인을 양성하는 데 한계가 있다. 기능은 반복적 행위만으로 어느 정도의 위치에 도달할 수 있다. 하지만 인문학적 소양은 폭 넓은 독서와 깊은 사유 그리고 반성적 글쓰기가 따라주어야 한다. 이 같은 교육은 체육학 분야의 다른 전공보다도 체육철학이 적격이라고 할 수 있다. 하지만 체육인문학에 대한 교육의 중요성에 대한 공감보다는 있어도 그만 없어도 그만이 학문과 교과목으로 인식하고 있는 것이 제일의 문제이다. 다양한 전공과의 소통에서 필요한 것은 인문학적 소양이다. 이러한 지식이 없다면 지속적인 소통을 하기는 어렵다. 곧 대화의 단절로 이어진다. 이처럼 체육에서 철학의 중요성이 큼에도 불구하고 여전히 체육에서 철학은 무익하다고 간주하는 사람들이 많은 것 같다. 잘못된 오해를 불식시키고 체육에서 철학은 유익한다는 것을 다음의 글에서 알아보자.

체육에서 철학은 무익한가?

철학은 '빵을 위한 학문'이 아니기에 인간의 삶에 유용하지 못하다고 할 수 있겠지만, 그러나 빵을 먹으며 사는 바로 그 사람의 삶 자체를 훌륭하고 아름답게, 그리고 풍요롭게 해준다. 이 점에서 철학은 인간의 삶에 무익한 것이 아니라 오히려 유익함을 가져다주는 학문이라고 하겠다(이선관, 2008: 36).

철학은 빵을 만들지 못하지만 빵을 먹는 사람의 삶을 유용하게 한다. 그렇기 때문에 빵만이 유용한 것이 아니라 빵을 먹는 사람의 삶을 유용하게 하는 것이 더 중요하고 유용하다. 체육에서 철학이 무익하다고 생각하는 이유 또한 빵만을 잣대로 보기 때문에 잘못된 결과를 보여줄 뿐이다. 아마도 체육을 전공하는 사람들은 체육철학 혹은 스포츠철학은 뜬구름 잡는 소리만 하고 말장난이라고 생각한다. 늘 이상만을 얘기하고 현실에 적합한 현실적 대안을 제시하지 못하고 있다고 불평의 소리를 주위에서 듣는다. 체육의 발전을 위해서도 불필요한 학문이라고 외면하는 분위기이다.

하지만 체육철학 전공자들은 통찰력이라는 지적 능력을 가지고 있다. 무엇이 문제인지 정확하게 문제를 제기하고, 비판하고 성찰할 수 있는 능력을 말한다. 그래서 긍정적인 부분보다는 부정적인 측면에 대하여 말하는 경우가 많다. 긍정적인 부분을 강조해도 부족한데 체육을 비판하는 것에 대하여 체육학계에서 좋게만 보지 않는다. 그러나 비판과 성찰 없이 학문이 발전할 수 없다. 항상 쓴 소리나 부정적인 부분을 말하는 분야가 있어야 제대로 돌아간다. 그렇지 않으면 왜곡되거나 독점화 될 수가 있다.

현재 대학에서 강의되는 체육철학 혹은 스포츠철학의 교재내용을 보면 얼마나 현실과 동떨어진 내용을 강의하고 있는지 쉽게 알 수 있다. 체육의 존재론과 형이상학, 그리고 신체론 등이 강의내용의 전부이다. 대부분의 학생들이 체육철학하면 무슨, 무슨 철학이나 사조에 대하여 말한다. 사실주의, 이상주의, 자연주의, 실용주의, 현상학 등 다양한 철학 사조에 따라서 체육의 목적 및 목표, 내용과 방법, 평가, 이상적 인간상 등에 대하여 강의를 하고 있다. 여기서 인간의 신체와 정신의 관계에 대하여 일원론과 이원론 그리고 철학자들의 신체관에 대하여 배우고 있다. 어떻게 보면 체육교과과정을 구성하는 데 필요한 지식이다. 하지만 현실과 동떨어진 부분이 너무 많다. 사회는 빠르게 진행되고 있고 체육에서 철학이 필요한 이유도 다양하다. 그것을 교과목으로 체육철학이 충족시키지 못하고 있다. 그렇기 때문에 체육에서 철학은 무익하다는 말들을 하는 것이다.

과연 체육에서 철학은 무익한가. 이 질문에 답을 잘 하려면 유익함과 무익함의 차이를 간단하게 이해할 수 있어야 한다. 유익함이란 경제적 잣대로 평가한다면, 돈이 되지 않는 실용성이 떨어지는 학문은 무익한 것이 되고 만다. 하지만 비교 기준을 엄격히 한다면 다른 결과를 가져온다. 경제가 아니라 좋은 삶을 잣대로 평가한다면 철학은 유익한 것이 되고 경제적 유용성만을 강조하는 학문은 무익한 것이 되고 만다. 어떻게 사는 것이 좋은 삶인가. 운동은 좋은 삶을 위하여 어떻게 해야 하는가 단지 돈이 되는지 혹은 취직이 잘 되는지 눈으로 확인할 수 있는 것만을 최고로 간주하기 때문에 이와 같은 현상이 나타나게 되었다. 삶의 질을 생각한다면 어떻게 살 것인가. 좋은 삶은 무엇인가. 좋은 삶을 위하여 체육은 무엇을 해야 하며, 어떻게 해야 하는가에 대한 질문과 문제의식에서 좋은 삶을 위한 체육은 자기 자리를 찾아 제 역할을 할 수 있다.

지금처럼 경제적 능력을 갖춘 유용한 인간을 최상의 인간이라고 생각하고 이를 위해서 교육한다면 그 한계는 분명히 있다. 단순히 기능만을 교육하고 비판과 성찰하는 능력이 부재한 전문인을 양성하는 것은 반쪽짜리 인간을 양성하는 것이다. 결국 몸을 움직이는 것은 정신이다. 몸의 능력만을 교육시키는 것은 정신능력을 빈곤화 할 수 있다. 몸만이 아니라 정신을 교육하는 것이 필요하다. 정신은 사고력과 비판력 등을 향상시키는 생각의 힘에 달려있다. 신체적 능력만을 가지고 전문인으로 존경받는 사회적 위치를 가질 수 없다. 이를 위해서는 배움과 물음을 항상 할 수 있도록 철학교육이 필요하다. 이기는 것만을 가르치는 것이 아니라 전인을 양성한다면 정신영역에 대한 교육이 있어야 한다. 자신의 진로나 선택과 방향을 선정하는 데 철학은 꼭 필요한 분야이다. 개인의 가치관을 가질 수 있고 그 가치관에 따라서 선택할 수 있기 때문이다. 따라서 철학은 절대로 무익하지 않다. 다만 철학의 유익함을 잘 활용하지 못하기 때문이다. 철학을 잘 활용한다면 좋은 삶을 살아가는 데 많은 효과를 얻을 수 있다. 다음의 글에서 다시 철학의 유익함에 대하여 살펴보자.

> 철학은 돈 버는 일에 직접적으로 기여하지 못함은 사실이다. 하지만 철학은 돈을 벌고 부를 추구하는 사람의 삶 그 자체에 관여한다고 할 수 있다..... 돈이나 부의 사용처를 결정하거나, 혹은 사용하기 위한 어떤 목적을 세우는 것은 돈이나 부가 아니라 인간의 사유하는 정신이다...... 사람의 됨됨이나 사람의 훌륭함은 돈이나 부에서 비롯되는 것이 아니다. 사람의 사람다움에 대한 자기성찰이 없는 사람에게 물질적 욕구나 탐욕은 그를 물질의 노예가 되게 할 뿐만 아니라, 결국 자신의 삶을 불행으로 이끌어 가는 경우를 우리는 현실에서 많이 본다. 사람의 덕은 오히려 돈과 부와 명예로부터 자유로울 때 쌓이게 되며, 그럴 때에 돈, 부, 명예는 개인적으로나 사회적으로 가치 있는 의미를 가질 수 있다(이선관, 2008).

앞에 글에서 철학은 물질적 이익보다 더 중요한 자신의 삶에 대하여 사유할 수 있기 때문에 더 유익하다는 것을 알 수 있다. 그렇다면 체육에서 철학은 필요하다는 주장을 정당화하기 위해서는 근거가 제시되어야 한다. 체육계열 학과에서 철학은 필요하다는 주장에 대한 구체적인 근거 내지 이유를 있어야 한다. 힘이 센 사람을 만들거나 시합 잘하는 선수만을 육성하는 것이 체육학과가 하는 일이 아니다. 전인으로 신체적 힘과 더불어 사고하는 생각의 힘을 갖춘 이상적인 인간을 육성하는 데 빠져서는 안 되는 분야가 인문학 그 중에서도 철학이다. 제대로 체육철학 혹은 스포츠철학이 교육된다면 많은 교육적 효과를 거두어들일 수 있다. 단순히 어렵고 고리 타분한 분야가 철학이 아니라 진보적인 삶을 살아가는 데 꼭 필요한 것들을 배울 수 있는 것이 인문학이며 철학이다. 철학의 중요성에도 불구하고 잘 활용하지 못하게 때문에 효율성이 떨어지게 한다. 그래서 저자는 신언서판을 중심으로 한 교육이 필요하다고 생각한다. 교육의 목적을 조선시대 인재를 등용방법의 평가기준인 身言書判의 예를 들어 설명하겠다. 설명을 위해서 저자가 2003년에 '스포츠철학의 교수방법 탐구' 라는 제목으로 한국체육학회지에 실었던 글을 다시 가져왔다.

첫째, 身은 몸이며 맘이다. 몸의 교육은 몸의 성장과 성숙에 대한 공부라고 가정한다면, 이중에서 몸의 성숙은 특히 몸의 지위와 몸의 성취에 대한 공부를 통해서 도달하는 것이다. 특히 운동선수의 몸에 대하여 두 가지로 나누어 설명할 수 있다. 하나는 부러움의 몸이고 다른 하나는 존경의 몸이다. 우리에게 필요한 것은 이 두 가지를 함께 할 수 있는 교육이다. 뿐만 아니라 우리는 지금까지 몸의 교육을 신체기법의 습득에 중점을 두고 교육하여 왔다고 한다면, 이보다는 행복기법에 대한 교육이 필요하다. 신체기법은 기능의 습득을 말하지만 행복기법은 기능습득보다는 좋은 삶을 위한 방법이라는 것이다. 이것은 기법의 과정에 기능보다는 삶과 여유 그리고 즐거움에 중점을 둔다는 것이다. 따라서 제대로 된 교육은 바로 몸의 교육에서 이루어진다고 할 수 있다.

둘째, 言은 그 사람의 인격의 표현이다. 너무나 극단적인 표현일지 몰라도 말 속에 그 사람의 사람됨이 자리 잡는다. 자신의 생각을 논리 정연하게 의사표현을 분명히 할 수 있어야 주체성 있는 삶 또한 가능하다. 아무리 많이 배움이 있어도 말로 설명할 수 없다면 그 배움이 의미를 찾지 못한다. 그리고 체육 또는 스포츠의 전공에 대한 해박한 지식을 다른 사람에게 논리 정연하게 말할 수 있다면, 다른 사람들이 체육에 대한 이해를 돕는 역할을 할 것이다. 이처럼 말은 곧 말을 하는 사람의 인격과 품위를 나타내기 때문에 제대로 된 말하기, 자기생각 말하기 교육이 필요하다.

셋째, 書는 글쓰기를 의미한다. 글은 자신을 드러내는 것이다. 그러므로 글은 제대로 써야한다. 잘 쓴다는 것은 명필을 말하는 것이 아니라 자신의 생각을 글을 통해 논리적으로 잘 쓰는 것을 말한다. 자신의 생각을 가지고 남을 이해시키기 위해서는 잘 써야 한다. 이 말은 논리에 맞는 글쓰기를 의미한다. 이처럼 반성적 차원의 글쓰기를 통하여 자신을 반성할 수 있는 시간을 가지게 됨으로 글쓰기는 사람됨의 교육에 대한 하나의 방법이며 공부의 핵심이다.

넷째, 判은 판단력을 의미한다. 여기서 판단력은 주체성 있게 살아야 한다는 것을 포함하고 있다. 남의 의견에 무조건 따르는 부화뇌동한 인간이기보다는 자신의 주체성을 가지고 살아야 한다는 말이다. 즉 주체성 있는 인간이 되자는 말이다. 자신의 인생은 자신이 결정하여 살아가는 것이다. 그래서 자신의 인생은 자신이 선택하여 자신이 살아야 한다는 말이다. 이를 위해서 자신의 판단능력을 향상시킬 필요가 있다. 이처럼 자신의 판단력은 글쓰기와 말하기 교육을 통해서 가능하다. 특히 토론식 수업과 글쓰기 수업을 통해서 학생들은 자신의 판단력을 형성하게 한다.

앞의 글에서 확인할 수 있는 것은 신어서판 중심의 교육법에 대한 것이다. 특히 체육에서 있어서 신어서판이 다른 무엇보다도 중요하다. 즉, 기능과 신체적 탁월성이 뛰어난 몸, 논리적이고 명확한 의사표현 능력, 논리적 글쓰기, 합리적 판단능력 등을 중심으로 체육계 학과에서 교육이 이뤄져야 한다. 그 중에서 인문사회분야가 담당해야 할 부분이 너무나 많다. 그런데 현실은 그렇지 않다. 너무나 자연과학 중심으로 교과과정이 편성되어 있다. 이 때문에 교과과정은 기능과 건강 위주의 강의로만 채우고 있다. 그 결과 체육교육이 지향하는 이상적 인간상은 점점 멀어져 간다. 신언서판을 충족시킬 수 있기 위해서는 체육인문학교육이 절실하게 필요하다. 이러한 교육을 통해 성찰과 비판능력을 가진 학문 후속세대들이 많이 배출되어야만 건강한 체육학과 건강한 체육인을 기대할 수 있다.

어떻게 할 것인가?

체육인문학을 살리기 위해서, 지금 당장 체육철학 전공자가 할 수 있는 일은 과연 무엇인가. 아마도 체육공부를 이제 막 시작하는 학부생들을 대상으로 한 교육일 것이다. 우선 체육학과의 교과과정을 먼저 살펴보면 생산적인 인문학 과목이 많지 않다. 체육인문학 교과목 중에서 생산적인 수업을 위한 방법은 있는가. 만약 없다면 어떻게 하면 생산적인 교과목이 될 수 있는가. 해결의 실마리는 교과목의 성격을 분명히 하는 것에서 찾을 수 있다. 이론과목의 특성과 실기과목의 특성을 엄격히 구분하고 현실적인 생산성을 따져봐야 한다. 너무나 형식에 의존해서 내용이 없는 교과목은 엄격히 평가하고, 학과목의 정체성과 교과목의 성격을 분명히 해야 한다.

체육철학 혹은 스포츠철학에 대해 어렵고 재미없다는 선입견 때문에 학생들이 수강신청을 많이 하지 않는다. 그 결과 폐강되는 경우도 생긴다. 이러한 편견을 파타하고 재미있는 프로그램을 개발할 필요가 있다. 예를 들어 저자는 토론게임이라는 수업을 진행한바 있다. 체육철학 수업에서 학생들은 수동적인 입장에 놓이기 때문에 수업에 적극성을 끌어들이지 못하는 한계가 있었다. 하지만 경쟁력을 이용하여 토론주제를 설정하고 찬성과 반대로 나누어서 한쪽에서 공격하면 상대방은 방어하고 다시 공격하는 순으로 시간이 허락되는 한에서 토론은 게임과 같이 치열하게 행해졌다. 이처럼 체육인문학을 살리기 위해서는 외부적인 문제도 있지만 내부적인 문제도 심각한 수준이다. 자체적으로 문제를 검토하고 체육인문학을 살릴 수 있는 몇 가지 방법에 대하여 알아보자.

첫째, 토론게임이다. 강의 시간을 좀 더 활력 넘치게 하기 위해서 어떻게 하면 적극적으로 학생들이 참여할 수 있을까. 고민에 고민을 하게 된다. 활력 없는 강의는 학생들에게 재미없고 지루한 시간임에도 불구하고 어쩔 수 없이 참고 인내해야 할 시간으로 생각한다. 가르치는 사람들, 배우는 사람도 재미와 신바람이 나지 않는다면 그 수업은 죽은 수업임에 틀림없다. 그런데도 '죽은 수업'을 하는 이유는 학점과 책임강의 시간을 해야 한다는 책임감 때문이다. 누구나 다른 사람의 강의를 50분 이상 듣는다는 것은 고역이다. 그것도 3시간을 듣는다는 것은 인내력을 요구하는 일이다.

학생과 상호작용을 통해 함께 하는 시간이 필요하다. 학생은 자신이 하고 싶은 얘기를 하고, 표현의 욕구를 분출하기를 원한다. 하지만 현실은 교수의 권위라는 장벽에 가로 막혀서 욕구는 차단되고 만다. 그래서 도입한 방법이 토론게임이다. 수업도, 토론도 축구경기처럼 박진감 넘치게 해보자는 것이다. 학생들의 각성수준과 집중력을 살리기 위해 학점을 배팅하고 아주 치열하게 팀워크를 유지하고 협력학습의 효과 또한 기대할 수 있다. 토론게임이 가질 수 있는 장점을 들어보자.

생각하는 수업이 된다는 것이다. 아무 생각 없이 교수가 가르치는 내용만 노트필기 하고 듣기만 하는 수업이 아니라 학생들이 머리를 사용하여 자기 머리로 수업을 하게 되는 이점이 있다. 둘째, 비판적 검토를 하게 된다. 배우는 것에 대하여 비판적 사고를 통해서 무엇이 잘못되었는지를 찾을 수 있다. 어떻게 해야 한다는 것을 지적할 수 있는 것은 비판적 검토 능력 때문이다. 어떤 사태에 대하여 비판을 할 수 있다는 것은 사태를 정확하게 인식하고 문제가 무엇인지 알 수 있는 안목을 가졌다는 것을 의미한다. 정확한 인식하에서 비판적 검토가 가능한 것이다. 셋째, 다른 사람의 얘기를 집중해서 듣는다. 자신의 얘기를 논리 있게 혹은 설득력 있게 말하기 위해서는 다른 사람의 말을 집중해서 들어야 잘 말할 수 있다. 잘 말하기 위해서 집중해서 듣기가 자연적으로 이뤄진다. 넷째, 자신의 생각을 정리하여 논리적으로 말한다. 쉽게 생각 없이 말하는 것을 자제하고 정리하고 논리 있게 말할 수 있도록 준비한다는 것이다. 성급하게 말하기 전에 다듬어서 상대에게 말한다는 장점이 있다. 다섯째, 활력 넘치는 시간이 된다는 것이다. 수동적인 자세에서 능동적인 자세로 변화한다는 점이다. 자신도 관심이 있고 준비했기 때문에 할 말이 많다. 그렇기 때문에 적극적으로 수업에 입하며 자신의 생각을 표출하도록 노력한다.

둘째, 논리적 글쓰기 수업이다. 대학에서 강화되고 있는 교육 가운데 하나가 글쓰기 교육이다. 글쓰기는 대학에서 답안지 작성에서 사회에 나가서 사업계획서를 작성하는 데까지 글쓰기가 사용되지 않는 곳이 없다. 그 만큼 글쓰기가 중요함을 사회 전반에서 확인할 수 있다. 하지만 글쓰기 교육을 제대로 받지 않았기 때문에 제대로 글쓰기를 하지 못하고, 심지어 두려움을 가진다. 이 때문에 글쓰기는 점점 더 멀리하게 된다. 글쓰기 교육을 통해서 논리적 사고력과 문장력 그리고 비판적 사고와 반성적 사고를 할 수 있는 기회를 얻을 수 있다. 이러한 글쓰기의 장점에 대하여 이견을 보이지 않고 있다. 특히 체육에서 글쓰기 수업은 쉽지 않다. 이미 교양과정에서 글쓰기 수업을 하고 있지만 체육 현장의 문제를 가지고 글쓰기 교육을 연계하지는 못하고 있다. 학생의 입장에서 체육 현상에 대한 문제의식을 가지고 표현하고 싶은 모든 것을 활자화 할 수 있다는 것은 공부에 대한 흥미 유발과 글쓰기에 대한 자신감과 전공지식에 대한 능력을 향상시킬 수 있다는 점에서 장점으로 인식되고 있다.

저자가 실시하고 있는 강의에서의 글쓰기 교육 방법은 A4 용지 한 면에 자신의 생각을 적어오는 것이다. 한 학기 중 14주 동안 이 과제를 해오고 있다. 수업 초기에는 글쓰기 과제의 부담 때문에 수강을 정정하거나 포기하는 일도 있다. 그럼에도 불구하고 끝까지 남은 학생들은 글쓰기와 생각하기의 귀찮음에서 벗어나 점차적으로 글쓰기에 자신감을 가지고 쉽게 한 장 정도의 분량을 쉽게 써 내려간다. 시작이 반이라고 말한 것처럼 처음 시작할 때 글쓰기에 두려움에서 벗어나 매주 한 장씩 쓰다 보면 자신도 모르게 글을 잘 쓸 수 있다는 것을 확인할 수 있다.

글쓰기에 자신감을 가지게 되면 사고력 또한 향상되어 수업에 쉽게 집중하여 성적도 좋게 나온다. 그런데 무엇을 주제로 글을 쓰게 하느냐 하는 것이 문제이다. 우리 주변의 다양한 매체를 통해 아이디어를 얻어서 과제를 제시한다면 쉽게 답안을 작성할 수 있을 것이다. 영화, 신문, 매체 등을 통해서 사회에서 이슈가 되는 체육의 문제를 제시하고 그것에 대한 자신의 생각을 제시하도록 하면 자연스럽게 생각을 하게 되고 그 결과 좋은 글도 쓰게 된다. 머리에 자극을 주어서 생각하게 만드는 것이 글쓰기 과제의 최고의 방법이다. 특히 자신의 머리로 생각하게 하는 것이 중요하다. 쉽게 인터넷에서 자료를 다운받아 한 쪽을 채우는 글쓰기는 시간을 소비하는 것일 뿐 아무 효과를 얻을 수 없다. 다음의 예시문은 학생이 영화〈불의전차〉를 보고 제출한 좋은 본보기의 글이다.

《사례》〈불의 전차〉는 영국 감독 휴 허드슨의 1981년 작품이다. 실존했던 육상선수, 에릭 리델과 아브라함 헤롤드에 관한 인간탐구의 기록이다. 영국 최고의 명문을 자랑하는 캠브리지대학의 신입생들 사이에는 고리대금업자의 아들이자 타고난 승부근성으로 스포츠에 집착하는 아브라함과 스코틀랜드 출신의 경건한 기독교도 에릭 리델이 끼어 있다. 신에 대한 소명의식과 인간세계의 승부에 대한 집착, 이 두 가지가 인간적 삶 혹은 존재론에 대한 모든 것을 단적으로 설명하는 것은 아니다. 게다가 이 둘 중 하나를 무엇인가에 비해 폄하하는 것은 자칫 편협해질 수 있다고 생각한다. 그렇다면, 강한 영국적인 악센트와 그 귀족지향적인 정취가 물씬 풍기는 영화 〈불의 전차〉는 이 교묘한 줄다리기를 아슬아슬하게 끌어 나간다. 이 영화가 다루고자 하는 것은 정형화 된 두 명의 주인공을 통해 종교적 숭고함과 보다 세속화된 욕망을 갈망하는 두 가지 삶을 대별시키는 것이다. 그렇다고 감독이 특정한 삶에 보다 존엄한 존재론적 가치를 부여하는 것은 아니라고 보인다. 적어도 노골적으로 그렇게 표현하지는 않는다. 하지만 뒤에 보면 그것만이 아니라는 것을 알 수 있다.

앞의 예시문은 저자의 수업을 수강한 학생이 제출한 과제물이다. 〈불의 전차〉를 보고 이 영화에 등장하는 두 명의 주인공에 대하여 학생 나름의 예리한 통찰력을 이용하여 주인공들의 특성을 파악하고 자기 나름의 해석을 드러내고 있다. 특히 두 주인공의 대립적 구도를 통해서 주인공들의 차이를 상세하게 설명해주고 있다. 글 자체에서 보면 일반 강의에서 얻을 수 없는 깊고 넓은 사유를 발견할 수 있다. 주입식 강의에서 얻을 수 없는 생각의 힘을 확인할 수 있다. 체육학과에서 체육철학 수업이 필요한 이유, 또는 이러한 글쓰기 교육의 병행은 분명 사고의 폭을 확대해주고 체육을 보는 안목을 키워줄 수 있다는 장점이 있다. 논리적 글쓰기의 분량을 많이 해서 학생에게 부담을 주어 자신의 머리로 사고하는 것을 방해할 수 있다는 위험도 있다. 차라리 적당량의 분량 A4 한 쪽으로 자신의 생각을 적을 수 있도록 과제를 부과하고 훈련하는 것이 필요하다.

셋째, 문제해결 중심의 수업이다. 체육 혹은 스포츠에 관한 문제에 대한 원인과 대안을 강구하는 수업방식의 활용 또한 생각해 볼만하다. 학생들이 수동적이고 피동적으로만 듣고 있는 수업은 일종의 '죽은 수업'이라 할 수 있다. 그렇다고 기존의 모든 이론중심의 수업을 비난하는 것은 아니다. 적어도 저자의 입장에서 보면 교수 위주의 이론수업은 죽은 수업일 수 있다는 표현이다. 학생들의 호응을 얻지 못하고 교수의 독백과 학생의 반응을 확인하지 못하고 일방적인 강의는 학생들의 입장에서는 별로 도움이 되지 않는다. 최고의 수업은 학생들의 머리를 괴롭히고 생각하게 하는 수업이다. 학생들의 머리를 괴롭히고 자극하여 무엇인가를 생각하도록 만들 수 있는 것은 문제해결 중심의 수업이다. 이 수업방법은 어떤 사태 혹은 문제에 대하여 해결방안과 원인을 생각하도록 하는 데 유용하다. 국내 체육계에는 많은 문제들을 발생시키고 있다. 특히 체육계의 성폭력, 구타문제, 약물복용의 문제, 성차별 등 많은 문제점을 가지고 있다. 이러한 문제에 대하여 학생들이 문제의식을 가지고 해결방안을 스스로 제시하도록 한다면, 학생들은 적극적으로 문제에 참여하고 현실에서 실천할 수 있도록 할 수 있다.

맺음말

체육인문학의 위기를 뚫고 갈 수 있는 길은 외부와 내부에서 찾아야 한다. 외부에서는 건강한 체육이 되기 위해서 위에서 제시한 7가지 문제점에 대한 처방과 치유가 있어야 한다. 근본적인 치유나 대책이 없다면 이 같은 문제들은 반복적으로 나타나며 지속될 수밖에 없다. 체육계열 학과의 학과 특성에 맞게 차별화 전략을 갖고 학과 특성을 최대한 살릴 수 있도록 디자인되어야 한다. 이름만 다르고 교과과정이 같다면 그것도 문제이다. 과도한 형식에 치우친 나머지 내용이 부실해서는 안 된다. 적어도 형식과 내용이 일치해야 한다. 체육학과를 지원하고 미래를 내맡기는 학생들에게 실망을 주어서는 안 된다. 젊은 학생들이 자신의 모든 것을 체육학과에 걸었다면 그것에 대한 보답 내지는 대가를 지불해야 한다.

체육학과의 책무는 운동만 잘하는 학생을 양성하는 것에 있지 않다. 체육학에 대한 종합적 지식과 기능 그리고 반성하는 태도 등 전인교육에 중점을 두고 교육 또는 연구하는 것이 본래의 역할과 기능을 다하는 것이다. 순종하고 운동만 잘하는 학생이 우수한 학생이 아니라 자신의 생각을 자유롭게 표현하고 문제 제기와 비판과 반성을 할 수 있는 학생이 우수한 학생이라는 인식이 우리에게 필요하다. 적어도 체육학을 전공했다고 할 때 이 모든 능력을 가진 학생이라고 말할 수 있어야 한다. 이를 현장에서 실천하기 위해서 필요한 것은 인문교육이다. 인문교육은 인문학적 소양을 키우는 것이다. 인문학적 소양이 풍부한 사람이 어떤 곳에서 누구를 만나도 자유로운 소통과 대화를 할 수 있다.

인문교육은 다른 측면에서 보면 생각하는 체육과 학생 내지는 체육인을 육성하는 교육이다. 그래서 체육문화와 체육인의 사회적 위상이 높아질 수 있다. 그렇기 위해서는 인문교육을 통한 인문정신의 강화가 필요하다. 이를 위해서 현장에서 실천할 수 있는 방법은 인문교육을 강화하는 것이다. 인문교육의 강화를 통해서 건강한 정신과 생각하는 힘을 기르고 비판적 사고와 문제제기를 할 수 있는 대항세력으로서 체육학 전공학생들을 교육해야 한다. 순종하고 예의바른 학생들만 길러내는 것이 체육교육의 전부는 아니다. 체육계 학과 학생은 너무나 착하다. 교수님들이 시키는 일은 뭐든지 한다. 반대 의견도 없고 모든 것이 "예"이다. 순종만이 미덕이 아니라 자신이 속한 조직에 대한 비판과 쓴소리를 할 수 있는 긍정적 반항아를 육성하는 것도 거시적인 차원에서 체육학과를 위해서 절대 필요하다.

합리적 차원에서 검토를 통해서 비판하고 문제제기를 할 때 건강한 체육문화 또는 운동문화가 형성된다. 비판과 성찰 없는 체육은 정체 내지 후퇴할 뿐이다. 우선 생각하는 스포츠, 비판과 성찰하는 학생들을 길러내야 한다. 이러한 학생들이 건강한 체육문화를 만들어 갈 수 있는 커다란 자산이 된다. 침묵하지 말고 문제가 있다면 이를 지적하고 저항하는 학생들이 나와야 한다. 그래야 체육학과의 미래가 있다. 미래의 건강한 체육학과 건전한 체육학 전공학생을 위해서도 체육인문학 그 중에서 체육철학은 무익을 넘어서 유익하고 아주 유익한 학문이며 교과목이다. 인문체육의 위기에 하나의 희망이며 대안이 될 수 있는 것이 체육철학이다.

※ 이 글은 〈체육 인문학의 창〉에 실린글이다. 체육철학자로서 저자가 경험한 공부 과정에서부터 시작하여 현재의 위기 상태에 대한 전반적인 내용을 다루고 있다. 위기의 체육철학에 대한 극복방안에 대하여 알아본 글이다. 저자는 희망의 체육철학이라고 긍정적 입장에서 출발하였다. 현재 체육학은 건강한가? 하는 문제의식에서 체육학 전반의 문제를 다루고 보았고, 체육철학의 생존방식으로 체육철학은 무익한가? 그리고 어떻게 가르칠 것인가에 대하여 알아본 글이다.

| 5장 |
체육계열 학과 명칭의 다양화 문제

무엇이 문제인가?

대학에서 학부제의 도입으로 체육학계열의 다양한 전공 등이 개설되어 왔고 지금도 마련되고 있다. 이 같은 변화는 분명 발전의 한 측면이라고 볼 수 있다. 변화는 발전의 시작이라고 본다면 긍정적인 현상이다. 하지만 변화는 내외적 변화를 의미한다. 지금의 변화는 외적 변화만이 이루어지고 있다. 이와 같은 사실은 학과의 교과과정과 교수 구성을 보면 쉽게 알 수 있다. 학문성과 전문성이 구별되지 못하고 개별종목의 명칭에 따른 학과와 학부제의 전공들이 만들어지고 있다. 이 같은 학과 명칭은 학과의 정체성과 학문적 성격 그리고 교과과정의 구성 등에 종합적이고 총체적인 검토가 요구된다(김동규, 2004; 함정혜, 1996; 김정명, 1994, 1997; 김성국, 1988, 1992; 윤경희, 1992; 정응근, 1987: 김영환, 1984).

현재 한국체육학회의 분과학회 이외에 다양한 학과 명칭과 전공영역이 등장하였다. 골프경영학과, 운동생리정보학과, 동양무예학과 등의 학과 명칭은 학과 정체성과 방향성 그리고 학문성에 관련된 문제점을 가지고 있다. 학생 유치를 위한 기본적인 조건은 다른 학과들의 명칭과는 상대적으로 차별성을 가지고 있어야 한다. 뿐만 아니라 시대감각이 반영된 학과 명칭이 요구되는 것이 현실적이 사항이다. 이런 차원에서 이색적인 학과 명칭은 학생 유치에는 성공할 수 있었지만 이러한 학과들이 학생들의 욕구를 충족시켜줄 수 있는지는 앞으로 두고 보아야 할 과제이다.

대학에서도 경제적 유용성이 중심 기준으로 영향을 행사하고 있다. 학생 유치에 미달하는 학과는 폐과되는 분위기에서 체육계열 학과들은 여전히 많은 경쟁력을 유도하면서 학부제로 기존의 경우보다 많은 학생들을 모집하고 있다. 다른 학과들과 비교하여 볼 때 상대적으로 체육계 학과들의 생존권은 확보되었다. 그 이유는 사회변화와 경제적 성장 그리고 여가시간의 증대 등 다양한 근거들에서 찾을 수 있다. 이러한 변화에서 간과해서는 안 되는 문제는 다양한 학과 명칭으로 인하여 체육학에 관한 혼돈을 초래할 수 있다는 것이다. 이미 체육계 학과의 명칭은 경기지도학과 사회체육학과, 생활체육학과, 스포츠지도학과, 스포츠경영학과, 운동처방학과 등 수 없이 다양한 명칭 등이 생겨나고 있다.

이러한 현상에 대하여, 우리는 학문의 양적 팽창으로 인하여 체육학

---

11) 하버드 총장이었던 Conant는 '미국의 교사교육'이라는 연구에서 운동기능과 신체활동만을 교육내용으로 하는 체육교과를 '기능 중심적 교과'로 규정하고 그러한 교과목은 학문을 하는 대학 교육과정에서 제외시켜야 한다고 주장한다. 즉, 체육학의 지식체계란 운동기능과 신체활동에 관련된 것일 뿐 독특한 이론체계란 존재하지 않기 때문에 대학 및 대학원에서 연구할 가치가 없다는 논리를 전개한 것이다.

12) 체육교육학과(29), 체육학과(43), 사회체육학과(40), 특수체육학과(1), 특수체육교육학과(4), 생활스포츠(2), 스포츠마케팅학부(1), 스포츠경영학과, 스포츠레저학과(3), 생활체육정보(1), 체육레포츠(1), 레포츠과학(1), 레저레크리에이션(1), 스포츠의학(1), 스포츠과학(4), 건강생활학(1), 경기지도학과(1), 스포츠지도학과(1), 스포츠지도자학과(1), 운동생리정보학과(1), 생활체육학과(14), 유도학과(1), 격기학과(1), 운동처방학과(2), 스포츠건강관리학과(1),해양스포츠학과(1), 해양체육학과(1), 항공스포츠학과(1), 스포츠모델(1), 태권도학과(6), 무도학

의 학문적 성장을 자랑할 수 있는 근거가 되는지 의문을 던질 수 있다. 1964년 이후 체육의 학문성에[11] 대한 논의가 진행되었다(Choi, 1992; Henry, 1964, 1978; Gim, 1988, 1989). 40년 지난 지금의 학과 명칭의 다양화는 그 만큼의 학문적 팽창을 가져왔다는 것으로 수용할 수 있는지 의문이다. 그 이유는 아마도 학과의 생존경쟁에서 살아남을 수 있는 일시적인 반응에 의한 것이 아닌가 생각해 볼 수 있다. 이러한 차원에서 체육계열 학과 명칭의 시대적 변천과정을 살펴보고, 체육계 학과 명칭의 다양화의 문제점과 체육계 학과 명칭의 정립이 왜 필요한가에 대하여 알아본다.

어떻게 변화했는가?

국내 대학에서 처음으로 체육계 학과가 생겨난 것은 1945년 이화여자대학교의 체육학과였다. 1946년 서울대학교, 1947년 경북대학교에 체육계열 학과가 생겨났다. 지금은 전국의 130여 개 이상의 체육계열 학과들이 있다.[12] 학과별 분류를 살펴보면 다양하게 나타난다.[13] 체육계 학과 명칭의 변화를 알아보기 위하여, 저자는 세 시기로 구분하였다. 시대구분의 기준은 저자가 글의 편의성과 구체화를 위하여 체육학과가 급

과(1), 국선도(1), 경찰무도(1), 경호학과(2), 경호비서(1), 동양무예학과(1), 골프학과(1), 골프경영학과(2), 골프지도(1) 등이 있다.

13) 미국의 체육계 학과 명칭은 다음과 같다. (1)Exercise and Sport Science, (2)Physical Education, (3)Kinesiology, (4)Exercise Science and Physical Education, (4)Health, Physical Education and Recreation, (5)Health, Kinesiology and Leisurs, (6)Kinesiology and Health Promotion, (7)Physical Education, Recreation and Dance, (8)Physical Education and Sport Studies, (9)Kinesiology and Health Education, (10)Exercise and Movement Science, (11)Human Biodynamics, (12)Health and Human Performance, (13)Health, Physical Education, Recreation and Dance, (14)Health and Physical Education.

변하기 시작한 1980년대를 기점으로 하여 나누었고, 1980-1999년까지의 아시안게임, 올림픽과 연계된 변화를 알아볼 수 있는 시기로 구분하고, 2000년대 이후의 변동에 주목하였다.

첫째, 1980년대 이전이다. 이 시기의 학과 명칭은 체육교육과, 체육학과가 대체적으로 일반적인 체육계열 학과 명칭을 대표하였다. 체육교육과는 사범대학 내의 학과로서 교사양성의 목적을 가지고 만들어졌다. 체육교육과를 설립하게 된 이유는 지덕체의 전인교육을 위하여 체육의 필요성이 인정되었기 때문이다. 지금도 사범대학 내에 체육교육과는 여전히 중등교사를 양성하고 있다. 이와는 다르게 체육학과는 교사양성이 아니라 체육학을 학문으로 연구하는 학과로서 만들어졌다. 이 당시 체육학과는 이공대학 또는 자연대학 내에 속하였다. 이는 체육학을 자연과학으로 분류하였기 때문이다.

국내에 처음 대학 내 체육학과가 들어선 것은 이화여자대학교 체육과이다. 1945년 10월 이화여자대학교에 체육학과가 창설되면서 우리나라에서 본격적인 체육학의 학문적 발달의 계기가 마련되었다. 해방이 되자 이화여자대학교는 전문학교에서 종합대학으로 승격하였다. 1945년 9월 학생을 모집하고 10월말에 개강하였다. 이때 이화여자대학교는 3개 대학 즉, 한림원(문과, 교육과, 체육과), 행림원(의학과, 의학예과, 약학과), 그리고 예림원(음악가, 미술과)으로 출발하였다. 이와 같이 우리나라 최초로 체육과가 창설되었다. 이것은 그 동안 교양과목의 일환으로 행하여 온 체육과목이 우리나라 최초로 고등기관에서 체육학과를 창설함으로써 전공과목으로 승격된 것을 의미하는 것이다(홍양자, 1995).[14)]

둘째, 1980년대부터 1990년대까지의 시기이다. 1986년 아시안게임과 1988년 서울올림픽이 열렸던 시기이다. 이 두 개의 국제적 체육행사를 통하여 참여스포츠로서 생활체육 혹은 사회체육에 대한 관심이 집중되었다. 그래서 엘리트체육 위주의 체육정책이 생활체육과 균등한 발전을 위한 정책으로 마련되었다. 그것이 일명 호돌이 계획이라고 할 수 있다. 이와 같은 사회적 분위기에서 사회체육에 대한 관심이 늘어났고 사회체육의 활성화를 위하여 사회체육지도자가 필요했다. 이들의 양성을 위해서 사회체육학과가 만들어지기 시작하였다.

서울올림픽 유치를 전후해서 우리 사회에서 관람 위주의 체육보다는 참가하는 체육에 대한 관심의 증가로 생활체육에 대한 관심이 높아졌다. 그 여파는 기존의 체육학과와 차별을 갖는 신생 학과로서 사회체육 관련 학과들이 생겨나게 되었다. 대표적인 학과는 1985년 동아대, 1988년 충남대, 한국체육대학교, 1989년 고려대(서창) 등의 사회체육학과와 1990년 한남대의 생활체육학과라고 할 수 있다. 여기서 생활체육과 사회체육의 개념 혼란을 경험하게 된다. 이 두 가지의 표현상의 차이점은 존재하지만 같은 내용을 갖는 용어라고 할 수 있다.

셋째, 2000년대 이후의 시기이다. 2000년대 이후는 1997년 IMF의

---

14) 이 때 학과는 보건, 위생, 생리 중심의 성격이 짙은 학과의 성격을 가지고 있었다. 교과과정은 이론과목으로 물리학, 위생학, 운동생리학, 심리학, 해부학, 구급법, 근육운동학, 유희이론 등이 개설되었고 실기 과목으로 육상경기, 농구, 덤블링, 정구, 배드민턴, 피아노, 포크댄스, 캠핑, 한국무용 등이다. 이론과목은 자연과학 과목 위주로 편성되었으며 실기과목의 경우에는 다양한 스포츠종목은 물론 피아노를 포함한 무용이 함께 교수되었다(홍양자, 1995).

위기를 통하여 경제적 효율성이 사회의 중요성 핵심 잣대가 되었다. 특히 신자유주의가 온 나라에 그 영향을 행사하게 되었다. 대학도 예외가 될 수 없었다. 그 여파로 대학 내에서 효율성이 없는 학과들은 학부제의 도입으로 사려져야 할 운명을 맞이하기도 하였다. 학과의 경제적 효율성을 증대시키기 위한 방안으로 학교 차원에서 성공적인 학생 유치에 주력하게 되었다. 입학생의 수와 취업률, 효율성 등의 잣대로 각 학과를 평가하기 시작하였다. 그 결과 경쟁력이 떨어지는 학과는 폐과되거나 새로운 명칭 변경을 시도하였다. 이 시기에 새로 등장한 체육계열 학과 명칭은 학문성을 대변하기보다는 전문성 위주로 된 학과명으로 개명하거나 신생학과들이 생겨났다. 특히 골프에 관련된 학과들이 많이 생겨났다.[15)]

1997년을 전후로 하여 체육계열 대학에서 스포츠경영학, 스포츠마케팅 등의 학문이 유행하게 되었다. 1996년에 스포츠산업대학원(국민대, 계명대), 스포츠경영학과(남서울대), 스포츠경영전공(단국대, 경희대, 성균관대) 등이 대학에 생겨나는 계기가 되었다. 이러한 분위기는 학생 유치를 위하여 대학들의 실질적 방안들이 현실적으로 반영되었다. 신입생을 위한 다양한 학과 명칭이 생겨났고 그것으로 인하여 어느 정도 학

15) 현재 국내에는 20여개 대학에서 골프관련학과를 개설하고 있다. 골프관련학과 명칭도 다양한다. 골프학과, 골프지도학과, 골프경영학과, 골프시스템학과, 골프캐디학과, 골프레저경영학과, 골프지도경영학과, 사회체육골프과, 골프경기지도과 등 다양하고 세분화 되어가고 있다. 심지어 고등학교에서도 골프관련학과들이 설치되어 있다. 부산골프고등학교(골프과), 울산자연과힉고(골프관리과), 청주농고(골프환경과), 경남정보고(골프학과), 제주관광산업고(관광골프관리과) 등이 있다.(방정은, 2007: 52).

생 유치에 성공하였다. 체육계열 학과에서는 학생 유치의 우위의 고지를 점령하기 위하여 기존의 체육학과와 체육교육과의 명칭에 차별을 두기 시작하였다. 이를 위하여 새로운 학과 명칭이 만들어졌다. 골프지도학과, 골프경영학과, 스포츠경영학과, 운동건강관리학과, 운동생리정보학과, 건강지도학과, 스포츠의학, 여가레크리에이션과, 동양무예학과 등의 다양한 학과 등이 생겨나기 시작했다.

어떻게 볼 것인가?

학과들의 명칭 변화는 체육계만의 문제가 아니다. 새로운 학과 명칭과 이색 학과들은 경제적 측면에서 학생 유치와 시대적 필요성에 의하여 만들어졌다. 특히 자연과학대학의 컴퓨터 공학과 관련된 유사한 학과들이 많이 생겨나고 있다. 학과 명칭만을 보고서는 무엇을 배우는 학과인지를 판단하기 어려워졌다. 수학과, 물리학과, 철학과는 그 명칭만으로도 그 학과에서 무엇을 배우고 가르치는 학과인지를 대충 알 수 있었지만 지금의 학과 명칭인 응용동물학과 법률정보관리학과 등의 명칭만으로 학과 특성을 구분할 수 없게 되었다.

시대적 분위기에 편승해서 체육계 학과 명칭이 다양하게 변화하기 시작하였다. 학과 명칭의 변화 원인을 셋으로 나눌 수 있다. 첫째, 시내에 따른 환경의 변화에서 찾을 수 있다. 급변하는 사회변화는 여가증대와 스포츠산업의 발전, 미디어스포츠의 증가 등의 시대적 환경의 변화에 따른 수요를 요구하게 되었다. 둘째, 학과 자체의 생존전략 차원에서 볼 수 있다. 학과 명칭의 변화는 대학 자체의 자생적인 생존전략의 차원에서 마련되었다. 차이의 존중이 필요하기 때문에 기존의 학과 명칭과는 차별성이 곧 학생 유치의 유리한 고지를 차지할 수 있는 방법이다. 학생 유치의 실패는 학과를 폐지해야 하기 때문이다. 셋째, 국가의 대학 정책의 차원에서 찾을 수 있다. 국가 차원에서 전공계열별 전공학과 수와 인원을 조율하기 때문에 새로운 학과를 명칭을 요구하였다. 이 때문에 새로운 전공계열의 학과 명칭이 필요하게 되었다. 어떻게 보면 새로운 학과 명칭은 체육학자들에 의하여 만들어진 것도 있지만 정책입안자들에 의해서 제도적으로 만들어진 측면도 있다. 이와 같은 다양한 학과 명칭에 따른 몇 가지 문제점을 들 수 있다.[16)]

첫째, 학문성의 문제이다. 체육은 학문성과 전문성으로 구분된다. 현재 체육계 학과 명칭의 다양화는 학문성보다는 전문성 위주에 의해서 비롯되고 있다. 골프지도학과, 태권도학과, 골프경영학과, 동양무예학과 등 학문성의 보다는 전문성에 치중하고 있다. 전문성을 위한 학과는 전문대학에서 설치 운영하는 것이 필요하다. 전통적으로 인정된 학문이 되기 위해서는 고유한 연구대상과 지식체, 독자적인 연구방법 등이 요구된다.[17)] 현행 학과 명칭을 보면 이 세 가지의 학문의 성립조건을 충족시키지 못하는 학과 명칭들이 있다. 과거에 학과의 명칭은 곧 학문성을

---

16) 체육이란 용어가 주는 의미의 혼란 때문이 아닌가 한다. 첫째, 체육이라는 개념 형성 및 정착과정의 역사성 문제이다. 둘째, 체육이라는 개념의 배경이라고 할 수 있는 인간관의 문제이다. 셋째, 체육이라는 용어의 한계성에서 찾을 수 있다(정철수, 1996: 10).

17) 캘리포니아 대학의 Henry(1964)박사는 '체육: 하나의 학문'이라는 글에서 체육을 조직화된 이론적 지식체계를 갖춘 학문(academic discipline)으로 규정하고, 체육 속에는 학교교육기관에서 가르치는 '실제적인 내용'과는 별개의 학문적이고 '이론적인 내용'이 포함되어 있다고 주장한다. Henry의 주장은 많은 체육학자들에게 공감을 주었고, 체육에 대한 학문공동체를 구성하게 되는 계기를 마련케 하였다. 그리고 체육에 대한 순수한 이론적 지식체계를 개발하게 하였다. 그러한 노력으로 학문적 지시과 그것의 실제적 적용과의 관계를 연구하기에 이르게 되었다.

드러내는 것이었다. 하지만 지금은 학과의 명칭과 학문성은 관련성이 없음을 드러내고 있다. 골프지도학과를 들어 설명해보자. 과연 연구대상은 무엇인가 골프지도가 연구대상일 수 있다. 하지만 독특한 지식체를 생산해내지 못하고 있다. 골프지도자를 육성하기 위한 전문가 과정이라고 볼 수 있다. 단기간에 관련 전문가를 양산하는 전문대학의 학과 명칭으로 별 문제가 없지만 4년제 학과 명칭과는 거리가 있는 명칭이라고 할 수 있다.

둘째, 정체성의 문제이다. 학과 명칭의 다양화로 인하여 학과 정체성이 결여되었다고 할 수 있다. 도대체 이 학과에서 무엇을 배우고 가르치는가에 대한 궁금증을 유발한다. 학과 명칭만을 가지고는 학과의 특성을 분간하기 어렵게 되었다. 그것은 학과의 정체성의 위기를 가져올 수 있다는 것이다. 명칭만 다르고 배우는 것이 같다면 우리는 어떻게 받아들여야 할 것인가. 특히 학과 명칭의 다양화에도 불구하고 교과과정이 유사하다는 것이다. 명칭이라는 형식과 내용이 일치하지 않는 것은 큰 문제이다. 형식과 내용이 일치해야 교과목으로서 가치가 있다. 이름만 다르고 내용이 동일하다면 학생을 상대로 한 기만행위라고 볼 수밖에 없다. 정체성을 살리기 위해서는 해당 학문의 전문가가 강의할 수 있도록 기회를 만드는 것이 현실적이다.

예를 들어 체육학과와 사회체육학과의 교과과정을 보면 대체로 유사하다. 다른 점이라면 사회체육개론, 사회체육 프로그램론 등 체육과 사회체육의 명칭만 다를 뿐 내용은 동일하다는 데 문제가 있다. 일부 과목만을 제외하고는 상당히 유사한 점을 가지고 있다. 뿐만 아니라 기존의 체육학의 명칭에 사회체육이라는 말만 바꾸어 사용하는 경우도 있다.

이렇게 되면 대학입학 수능생들의 학과선택에 혼돈을 줄 수 있다. 학과 명칭만을 보고 입학해서 실제로 배우는 것은 기존의 체육학과와 다를 바 없다는 것에 대하여 실망하게 될 가능성이 있다. 물론 학생이 사전에 자신이 진학할 학과가 무엇을 배우는지 확실히 확인한다면 문제가 없지만 그렇지 않고 학과 명칭만을 보고 선택하게 될 경우에 혼돈이 생길 수 있다는 것이다.

셋째, 전문성의 문제이다.[18] 다양한 학과의 신설은 분명히 기존의 체육학과와는 차별성을 가진다. 그래서 나름대로 신설학과에서는 체육학과와 차별화된 과목들을 개설하고 있다. 하지만 이것을 가르칠 수 있는 교수가 부족하기 때문에 기존의 체육학을 전공한 교수들이 가르칠 수밖에 없다. 체육학을 전공한 박사들은 많다. 그러나 새로운 학과에 다른 과목을 강의할 수 있는 박사들은 부족하다는 사실이다. 과목의 명칭만은 그럴듯하지만 실제로 과목명과 강의 내용은 다를 수 있다. 왜냐하면 특정 과목을 전공한 교수가 사실 없기 때문이다. 운동생리정보학, 골프경영학, 건강관리학을 전공한 교수가 과연 있는가. 전국의 체육계열 대학원 석, 박사과정전공을 보면 이러한 전공은 존재하지도 않는다. 그렇다면 어떻게 이들 학과에서 필요한 과목들이 제대로 강의가 이루어지겠

---

18) 체육계열 학과는 전통적으로 그리 큰 인기를 얻지 못해 왔다. 그 이유는 졸업생의 진출이 제한돼 있기도 하지만 체육에 대한 일반인들의 이해가 부족했던 데에서도 찾을 수 있다. 그 만큼 체육은 다른 학문 영역보다 발전을 이루지 못한 미개척 분야 중에 하나이다. 그러나 사람들의 여가 생활이 전보다 더욱·더 늘어나고 다양해지는데서 알 수 있듯이 앞으로의 체육에 대한 관심은 더 높아질 것이며 발전 속도가 빨라 졸업한 뒤에 취업률이 높은 확과 중에 하나가 될 것이다. 그 만큼 체육학 전공에 대한 자부심과 매력이 더욱 더 높아 질것으로 짐작된다(강신복, 1994).

는가 하는 의문을 제기할 수 있다. 물론 기존의 체육학을 전공한 교수들이나 강사들이 성실하고 철저한 강의준비를 통해서 강의할 수 있다고 믿는다. 하지만 그것은 말처럼 쉽지는 않다.

넷째, 학문의 위상문제이다. 체육학과에 대한 과거의 인식들이 체육학과는 공부 못하고 머리 나쁜 학생들이 다른 학과에 진학하지 못하기 때문에 가는 곳이라고 생각했다. 이러한 사회적 인식이 체육학과 진학에 걸림돌 작용을 한 것이 사실이다. 다양한 학과 명칭은 일종의 체육학과에 대한 사회적 인식으로 인한 열등감의 발로라고 볼 수 있다. 그렇다고 명칭만을 바뀌어서 열등감에서 벗어날 수 있다고 생각하는 것도 짧은 생각에 지나지 않는다. 근본적인 문제를 해결하는 것이 순서이다. 지금부터라도 체육의 학문성과 전문성을 높이기 위한 노력에 박차를 가해야 한다. 우선적으로 체육에 대한 학문의 자신감을 체육을 전공자들이 가질 필요가 있다. 자신감 회복을 위해서 학과의 명칭보다는 학문의 사회적 공헌이나 학문적 발전을 위한 노력이 요구된다.

이대로 좋은가?

지금 다양한 체육계 학과 명칭이 생겨나고 있다. 이름만 다르지 내용은 대동소이하다는 것이 일반적인 생각이다. 물론 체육계 학과 명칭의 문제는 학과 자체의 생존권이 달려 있는 문제이기 때문에 쉽게 다룰 수 있는 문제가 아니다. 하지만 체육계 학과 명칭의 다양화는 그 자체로 문제를 가지고 있다. 물론 학과 명칭의 다양화는 학생 유치에는[19] 일단 성공하였지만 학생들의 욕구를 충족시키는 데 성공하였는지에 대해서는 답을 유보해야 한다. 뿐만 아니라 학문의 정체성과 학문성의 문제를 해결해야 할 과제다. 결국 체육계열 학과 명칭의 다양화는 학문으로서의 체육학의 정체성 혼돈을 가져올 수 있다.

학과 명칭을 결정하는 데 있어 우선적으로 요구되는 것은 학문의 정체성이다. 정체성 확보 이후에 다른 학과와 차별화가 가능한 새로운 학과 명칭이 가능한 일이다. 그러나 현재 학과 명칭의 다양화는 이와 같은 순서를 거치지 않고 단지 학생 유지를 위한 과잉된 생존주의 차원에서 학과 명칭에 성형을 가했다는 비난에서 자유롭지 못하다. 학과 명칭은 학문성과 전문성을 고려한 명칭이 적합한 명칭임에도 불구하고 잘 지켜지지 않고 있다. 지금과 같이 전문성을 위주로 한 학과 명칭은 학생을 유치하는 데 유리하지만 학문성을 논하는 데 더욱 혼란스럽게 만들 수 있다. 폐과 위기에 직면한 학과들은 과잉된 생존주의 때문에 살아남기 위한 몸부림의 일환으로 학과 명칭을 학생들이 선호하는 취향에 맞추어 변경하고 있다. 이러한 현상은 단기간에 유리할지 몰라도 장기적인 안목에서 경계해야 할 사항이다.

예를 들어 운동생리정보학과라는 명칭을 보면 과연 운동생리정보학이라는 학문이 존재하느냐 하는 것이다. 체육학의 하부 학문을 보아도

---

19) 소프트 파워는 곧 유혹의 힘이고, 유혹의 힘은 다름 아닌 매력이다. 유혹하는 힘, 즉 매력이 경쟁력이고 국력인 시대다. 국제 정치적인 면뿐만 아니라 국내 외 시장에서도 소프트 파워는 계속 그 중요성이 부각되고 있다. 뿐만 아니라 남녀문제, 기업문제, 정치문제, 심지어는 학교가 학생들을 모집하는 과정에서도 유혹의 전략은 생존의 필수 요소가 되어가고 있다. 이제 유혹은 시장에서 가장 강력한 키워드가 되었다. 매력이 있어야 팔리기 때문이다. 결국 매력 있는 기업, 매력이 넘치는 나라를 만드는 일은 이제 생존의 문제다(정진홍, 2007: 214).

20) 체육계학과 명칭 정립의 필요성에 대하여 정철수(1996)와 전태원(1997)은 다음과 같이 제시하고 있다. 첫째는 체육의 학문성, 둘째는 체육의 정체성, 셋째는 체육의 학적체계에서 그 이유를 찾고 있다.

운동생리학 또는 스포츠정보학은 존재하지만 운동생리정보라는 학문은 연구된 적이 없다. 이 학과의 교과과정을 보면 운동생리정보라는 과목은 존재하지도 않는다. 어떻게 이와 같은 학과의 명칭이 생겨났을까? 그 이유는 이 학과의 대학 내의 성격과 학과 신설에 따른 제도적인 문제를 들 수 있다. 여러 가지 복합적인 문제로 인하여 이 학과의 명칭은 생겨난 것이다. 그러나 이러한 명칭은 학문의 정체성을 발견할 수 없다. 운동생리학이라는 학문 자체가 발전하고 있지만 생리정보라는 말은 여전히 납득이 가지 않는다. 문제는 성형 이후(학과 명칭 변경)의 정체성을 어떻게 확보할 것인가에 대한 문제가 남는다.

변화를 발전의 징후라고 할 수 있다면 지금의 체육계열 학과 명칭의 다양한 변화는 분명 체육학이란 학문의 확장과 발전의 한 현상이라고 볼 수 있다. 그러나 현재 학과 명칭의 변화가 진정으로 체육학의 학문적 발전을 가져오고 있는지에 대해서는 답을 유보해야 한다. 우선 변화는 내외적 변화를 요구한다. 그러나 지금의 변화는 외형과 형식(무늬)만 변하는 외적변화만을 가져왔다. 이와 같은 변화는 내용(교과과정)은 같으나 외형(학과 명칭)만 다른 모습이라고 할 수 있다. 체육계 학과 명칭의 다양화는 시대적 흐름에 따른 변화라고 볼 수밖에 없다. 이러한 변화에 대하여 긍정적인 시각을 가지고 있지만 명칭에 따른 학문성과 전문성 그리고 정체성을 위한 노력이 필요하다는 것을 망각하지는 말아야 한다. 이러한 문제들을 해결하기 위해서 우선적으로 체육계열 학과 명칭의 정립이 요구된다.[20]

※ 이 글은 2004년 한국체육철학회 추계학술대회에서 발표한 내용을 수정하고 보완한

것이다. 현재 국내에서 다양한 체육계 학과 명칭이 생겨나고 있다. 과연 학과 명칭의 다양화를 어떻게 보아야 하는가의 문제의식에서 시작된 글이다. 긍정적 측면보다는 비판적인 입장에서 문제가 있음을 지적하였다.

| 6장 |

체육 개념의 논리적 검토

체육 개념의 문제는 체육을 정당화하거나 학문적으로 체육을 연구하기 위해서 일차적으로 필요하다. 학문공동체에서 의사소통을 원활하게 유지하기 위해서는 개념에 대한 정립이 절실하다. 이런 차원에서 국내외에서는 체육 개념에 대한 연구들이 진행되어 왔다. 외국의 경우 체육의 학문화 운동 이후에 개념과 정체성 연구가 진행되었다.

지금까지 한국 체육 개념 정립에 대한 시대적 필요성에도 불구하고 간간히 진행되어 왔지만 세밀하게 연구되지 못한 한계가 있다. 그 이유는 체육연구에서 자연과학적 연구가 급증하면서 상대적으로 체육의 개념과 변천과정을 연구하는 인문학적 연구가 미흡하였기 때문이다. 그 결과 한국 체육 개념이 현대사회의 특징과 흐름을 제대로 반영하지 못하고 있을 뿐만 아니라 학교체육의 부실화와 체육학의 실제적인 패러다임의 형성에 상당한 한계를 가지게 되었다. 이러한 결과는 우리 토양에 맞는 체육 개념이 없이 대부분을 수입한 체육(학)이 되고 말았다.

이 글은 한국의 체육학 연구에서 일차적으로 필요한 개념에 대한 명확한 정립과 한국적 체육 개념이라는 우리 신체문화에 적합한 개념의 정립이 요구되기 때문이다. 현대 한국사회에서 체육학의 지평은 단지 외국의 체육 개념의 일방적 도입과 적용이 아니라 보다 실제적이고 현실적인 개념의 정립이 무엇보다도 필요하다는 인식은 급증하고 있다.

하지만 현실은 반대로 이러한 인식을 충족시키지 못하고 있다. 뿐만 아니라 학계의 늦은 대응 또한 학교 밖의 현실의 급속한 변화를 따라가지 못하고 있다. 적어도 시대적 흐름을 반영하여 건강, 여가, 참살이 등에 대한 새로운 개념 적용의 가능성을 열어두는 것이 필요하다. 시대의 흐름을 포용하지 못하게 되면 결국 학과의 지원자가 적어지게 된다. 그 결과 외부로부터 외면 받게 된다. 결국, 이러한 시대적 추세를 반영하지 못한 체육인문학과 체육교육은 학교체육 및 생활체육의 확고한 목표인식과 개념의 취약성에 따라 체육학 분야에서 체육인문학의 지평과 자리매김의 한계에 직면하고 있다.

현재의 한계를 극복하고 우리 토양에 적합한 개념을 정리하기 위하여 체육의 개념 정립은 필요하다. 이를 위하여 각 시대별로 체육 개념을 정립하는 과정이 요구된다. 시대 변화에 밀접한 관계 맺음을 통해서 형성된 체육 개념은 그 당시 시대상황의 반영과 그 결과에 의해서 만들어졌다고 할 수 있다.

근대에 처음으로 체조가 국내에 소개된 이후로 체육에 관련된 근대 체육의 최초의 근거는 고종 32년(1895년 2월 2일)에 전 국민에게 내린 교육조서에서 찾아볼 수 있다. 그 해 소학교령 8조와 9조에 교과목으로 체조가 포함되면서 체육은 3육(지육, 덕육, 체육)의 하나로서 의미를 갖기 시작했다(나현성, 1985). 이처럼 이미 체육의 중요성에 대하여 자각하고 있었음을 알 수 있다. 1894년에서 1945년까지는 일본을 통해서 수입된 근대체조 중심의 체육에서 1945년 해방 이후에 미군정하에서 신체육이라고 명명되었던 미국 체육이 수입되어 지금까지 이어지고 있다(손환, 2002; 한왕택, 1999; 이철희, 이달원, 1995; 이학래, 1990, 2000; 나영일, 1996; 노희덕, 1991, 1971, 1969; 이래화, 1989; 김현덕, 1987; 나현성, 1985; 조정환, 1982; 김오중, 1973). 이러한 변화과정에서 체육의 개념 정립이 우선적으로 요구된다.

이 글의 목적은 체육이 국내에 수입된 이후부터 각 시기별로 체육의 개념 변화의 추이를 내포와 외연에 따라서 살펴보는 데 있다. 궁극적으로 한국 체육학의 정체성을 추구하는 데 필요한 기초적인 자료를 제공하는 데 글의 초점을 맞추었다.

이 글에서 사용한 방법은 한국 체육 개념의 변화 추이를 전반적으로 논의하기 위해 기술적 자료의 체계적 분석과정인 문헌연구를 이용하였다. 지금까지의 체육의 개념에 관련된 문헌들을 수집한 후, 내용별로 분류작업을 실시하였다. 체육 개념의 1차적 자료인 제1기(1894년 1945년)에서 제4기(1980년 이후)에 이르는 학자들과 관련된 서적, 정부간행물, 자료 등을 수집하였다. 두 번째로 한국 체육 개념에 관련된 논문 및 도서를 중심으로 내용의 적합성과 신뢰성을 바탕으로 이 글의 목적에 부합하는 내용을 재구성하였다.

개념변화 추이 연구에서 요구되는 것은 시대구분이다. 시대구분은 연구의 효율성을 높이기 위하여 일정한 기준을 가지고 구분되어진다. 이 글에서는 나영일(1996)이 사용한 시대구분을 이용하였다. 그는 시대별 특징을 중심으로 체육학자를 중심으로 체육학의 발전을 4기로 구분하여 정리하였다. 제1세대의 체육학자들에 의하여 소개되어진 체육의 개념에서 제2기 해방 이후 1960년대의 미국 및 서구에서 유학하고 온 학자들에 의해 소개되기 시작한 체육의 개념, 제3기의 1961년에서 1980년까지의 체육, 마지막으로 1980년 이후의 제4기의 체육학의 변천으로 구분하여 탐구하였다.

이 글 또한 나영일의 시대구분에 의존하고 있다. 그의 시대구분은 한국의 체육학을 학자들의 연구유형에 따라 구분하였기 때문에 한국의 체육학 전체상을 규명하는 데 유용하다. 그의 연구와 이 글의 차이는 연구대상과 내용에 있다. 나영일의 경우 학자들의 특성을 범주화하였고, 이 글은 시기별 학자들이 정의하고 있는 체육 개념에 초점을 맞추고 있다는 점과 체육 개념을 외연과 내포라는 분석틀을 사용하여 한국 체육 전체상을 재검토한다는 점에서 차별성을 갖는다.

이 글의 한계는 논리학의 내포와 외연을 각 시대별로 적용했다는 데 있다. 어떤 사상이 내포와 외연에 따라 변화되고, 시기가 확연하게 구별되지 않는다고 볼 때 이 글에서 각 시기별로 구분한 것이 일정부분 한계가 있다. 그럼에도 불구하고 각 시기별로 한정해서 당시에 존재하고 통용되었던 체육 개념의 형태분석은 한국에서의 체육 개념을 알 수 있는 토대로 마련하는 계기가 될 것이다. 분명 체육 개념이라는 것은 보편성을 가지는 명칭으로 존재해야 한다. 하지만 급변하는 시대에 따라서 체육 개념의 외연은 계속 확장하고 있다. 내포와 외연은 시대변화에 따라서 새롭게 규정되고 있다.

이론적 분석 틀 : 내포와 외연

개념이 일정한 존재를 지시한다면, 개념의 표징은 존재의 속성을 지시한다. 개념의 이러한 표징의 전체를 개념의 내포라고 한다. 예를 들어 생명을 가졌으며 언어에 의하여 상호의사를 소통하며 도구를 제작 사용하여 생산을 할 줄 아는 이성적 동물인 것 등등은 사람이라는 개념의 공통적인 표징이요, 이러한 징표의 전부가 곧 사람이라는 개념의 내포이다. 그리고 이 개념이 지시하는 대상의 전체, 즉 이 개념을 사용할 수 있는 대상의 전 범위를 이 개념의 외연이라 한다. 황인종, 백인종, 흑인종 등등 사람이라는 개념이 적용되는 전 범위가 곧 사람이라는 개념의 외연이다(박종홍, 1987).

내포는 한 개념이 의미하는 내용, 개념의 내용, 한 개념이 함축하는 속성을 지칭한다. 이에 비하여 외연은 한 개념이 가리키는 대상의 집합을 의미한다. 예를 들어 강아지의 외연적 규정은 어린 개들의 집합이라면, 내포적 규정은 귀엽고, 작고, 예쁜 동물이라고 할 수 있다. 또 다른 예를 들어보면 프랑스인의 외연적 규정은 프랑스어를 하며, 프랑스 국적을 가진 사람이라고 한다면 내포적 규정은 규칙을 잘 지키지 않는 민족, 사유가 자유로운 민족, 자기 민족문화에 긍지를 가지고 있는 민족이라고 할 수 있다(이정우 역, 1996).

내포와 외연을 통해 체육 개념을 연구하려는 이유는 첫째로 개념을 논리적으로 규명하는 데 있어서 필요하기 때문이다. 둘째로 기존연구와 자료에 대한 논리적 검토과정을 통해서 개념을 좀 더 명확하고 분명하게 할 수 있다는 장점이 있기 때문이다. 논리학의 내포와 외연을 체육의 경우에 적용하면, 체육의 내포적 의미는 위생차원에서의 신체활동, 보건교육으로서 체육, 생활체육이라는 것, 계획적인 신체활동을 통한 교육이라는 것, 평생을 즐길 수 있는 것, 신체와 신체활동으로 구성되어지고, 신체활동을 통한 사람됨을 지향에서 찾을 수 있다. 반면에 외연적 의미는 체조, 체육, 생활체육, 체육교육, 평생체육, 사회체육 등의 개념에 적용되는 전 범위의 체육을 들 수 있다.

체육 개념의 논리적 검토

한국에서 체육 개념의 추이를 고찰하기 위하여, 이 연구는 한국이라는 시간과 공간에서 행해졌던 체육 전체를 대상으로 1기에서 4기까지로 구분하여 알아본다. 제1기는 제1세대의 체육학자들에 의하여 소개되어진 체육의 개념을, 제2기는 해방 이후 1960년대의 미국 및 서구에서 유학하고 온 학자들에 의해 소개되기 시작한 체육의 개념을, 제3기는 1961년에서 1980년까지의 체육을, 마지막으로 1980년 이후의 제4기의 체육 개념으로 나누어 분석한다.

1. 제 1기 체육 개념(1896~1945)의 논리적 검토

1896년 당시의 체육에 대한 일반인의 인식은 거의 몰이해에 가까운 것이었다. 이런 몰이해에 대항하여 애국계몽 운동가들은 서구의 근대문화를 적극적으로 수용하여 문명을 개화해야 한다고 생각하였다. 또한 개항 이후 일본제국주의 침략 야욕이 점차 노골화 되었다. 이에 대처하기 위한 부국강병책으로써 체육을 인식하게 되었다. 이 시기의 체육은 진화론적 세계관에 입각한 사회교육의 하나로서 당시에 받아들여졌다(나현성, 1985; 이학래, 2000, 1986; 이인숙, 1992; 김영환, 권욱동, 김창우, 1994; 유근직, 1999, 2001, 2005). 문헌에 나타난 최초의 체육 용어는 다음과 같다.

> 한국에서 체육이란 용어는 1897년 일본 유학생 원응상이 '교육에 대한 국민의 애국 사상'이란 기고문에서 다음과 같은 그의 견해를 피력하고 있다. "변화가 되는 효응이 있기 때문에 체육론이 일어나고, 신체를 연습으로 변화함을 득하는 운동은 생활의 요소이므로 사람의 신체가 운동을 그치면, 사람의 신체는 사하니..."라고 하여 체육을 지육론, 덕육론, 미육론과 함께 사육으로 체육을 주장했다. 또한 전술한 신채호, 박문식, 이창원, 그리고 이기 등 민족 선각자들에게서 사육론을 표방하는 가운데 체육이란 용어를 사용하였고, 1906년 김기정, 한상우, 신봉휴, 현양운 등 30여 명이 결성한 한국 최초의 근대적 체육 단체의 이름이 대한체육구락부라고 하였다(한왕택, 1999).

이 시기의 체육은 학교체육, 운동회, 사회체육단체의 체육활동으로 나눌 수 있다. 학교체육은 식민지 교육 전형으로 실시되었다. 억압과 통제 그리고 관리 위주의 병식체조가 학교체육의 주된 내용이었다. 운동회는 외국인들이 설립한 학교를 중심으로 연합운동회 형식으로 행해졌다. 각 학교의 운동회를 통해서 계몽운동과 지역민의 친목과 화합을 가져올 수 있었다. YMCA를 비롯한 사회체육단체는 체육교육을 통해서 스포츠를 보급하였다. 학교에서는 일본의 식민지 지배 정책에 의하여 순종하는 식민지 인간을 육성하는 차원에서 체조 중심의 교육이 강화되었고, 각종 구락부와 사회체육단체는 신체활동이 주는 즐거움의 체험을 경험하고 저항의지를 강화하는 스포츠를 보급하였다.

한국에서 체육이라는 용어가 정착해 사용되기 이전에 체육의 의미로서 가장 많이 사용된 개념은 체조였다. 체조는 구한말 학부에서 나온 학교 관제에 의해서 각 학교의 교과목의 하나로서 채택되었다. 또한 1905년 일본과 을사보호조약이 체결되자 국내의 민족 운동가는 각종 교육단체를 결성해 구국교육운동을 전개했다. 그들은 각 단체의 기관지에 논설을 게재해 국권회복을 도모하기 위한 하나의 방법으로 체조의 필요성을 강조했다(손환, 2002; 유근직, 1999, 2001, 2005; 이학래, 1999, 강동항, 1997).

일본은 조선을 지배하기 위한 도구로서 체조교육을 실시하였다. 병식체조를 학교에서 교육한 것은 순종하는 신체, 식민지적 인간육성을 위한 전략적 차원이라고 볼 수 있다. 하지만 학교 밖에서는 저항과 독립의 의미를 담고 있었던 스포츠와 운동경기를 통해서 간접적으로 독립과 저항의지를 표출하였다. 특히 일본과의 대결에서 반드시 승리한다는 필승의식은 바로 일본에 대한 저항의지의 표출이었다. 이러한 대립적인 체육활동은 체육 개념의 외연을 확장하는 계기가 되었다. 신체활동, 스포츠. 운동경기, 병식체조, 황국식민화 체조, 라디오 체조 등으로 나타나게 되었다.

요약하면, 제1기는 1894년 갑오경장 이후에서 1945년 해방까지의 기간이다. 일본에 의해서 주도된 식민지체육으로 순종하는 식민지 인간을 육성하려는 체육 정책에 대항하여 민족주의 스포츠가 확산된 시기이도 하다. 지배와 저항의 대립적인 체육의 모습을 찾아볼 수 있다. 특히 건강한 삶을 위한 체육의 필요성이 제기되었던 시기이며, 체조를 중심으로 한 위생과 보건차원에서의 체육이 실시되었다. 제1기의 체육의 개념을 형성하는 내포적 의미는 위생과 보건으로서의 체육이라고 볼 수 있다. 체육 개념의 외연은 체조, 병식체조, 황국식민화 체조, 보건체조 등이다.

2. 제 2기 체육 개념(1946~1960)의 논리적 검토

제2기는 한국이 일본의 36년간의 지배로부터 해방을 맞이한 이후부터 1960년까지의 기간이다. 전체주의적 지배논리에서 벗어나 민주주의 사조가 유행하기 시작하였다. 체육 역시 식민지 체조중심의 교육에서 벗어나 민주시민의 양성을 목적으로 체육교육의 성격이 변화하게 되었다. 체육교사 양성을 위한 사범대학에서 체육과가 신설되었고, 체육에 대한 체계적인 연구의 필요성이 요구되어서 한국체육학회가 학문의 장으로 출발하였다. 학회의 발족으로 명실상부의 학문의 발전이 시작되었다. 해방 이후의 미 군정기에서 체육의 실상은 다음 글에서 확인된다.

> "건국 이후 홍익인간의 이념을 교육이념으로 하는 새로운 교육이 시작되면서 체육의 목적도 바뀌었다. 체육은 "원만한 환경 밑에 신체활동을 통하여 신체 각부를 고르게, 튼튼히 발달시키고 굳세고 아름다운 정신과 건정한 사회적 성격을 기르며 위생생활을 습관화하여 민주적 시회생활에 자기의 최선을 다 발휘할 수 있는 능력을 가지게 한다."고 하여 신체적, 사회적, 지적, 정서적 목표와 함께 안전, 레크리에이션 교육의 지도를 배양하는 가일층 구체적인 목표를 지향하였다. 이에 따라 우리의 체육은 일제하의 식민지 체육에서 새로운 민주체육으로 전개하여 나가게 되었다"(노희덕, 1999).

위의 글에서 확인할 수 있는 사실은 체육을 통하여 신체적, 사회적, 지적, 정시적 목표를 강조하고 있다는 것과, 새로운 민주체육으로 전개하여 나가게 되었다는 내용은 체육 개념의 내포적 의미가 교육으로서의 체육의 성격을 드러내고 있음을 알 수 있다. 이전 시기의 위생과 보건교육이라는 내포적 성격과 비교할 때 제2기는 교육이라는 특성이 많이 나타나고 있다. 단순히 건강과 위생 그리고 보건 차원이 아니라 이제는 민주시민을 육성하기 위한 교육으로서 체육을 강조하고 있다.

체육 개념의 외연적 의미는 사회 환경의 변화에 따른 다양한 형태의 체육으로 나타난다. 특히 1955년 2월 5일 체육(Physical Education)지 창간사에서 초대회장인 이병위는 "체육의 진정한 가치를 재인식하는 동시에 체육과학의 체계를 확립하여 유효 적절한 이론과 방법을 생각하고 실천해야만 이 나라의 체육문화를 이룩할 수 있다고 지적하고 있다." 이와 같이 체육과학과 문화에 대한 인식이 나타나기 시작한다. 체육이 단지 신체활동이라는 차원을 넘어서는 과학과 문화로서 체육을 바라보게 되었음을 알 수 있다.

요약하면, 제2기 체육 개념은 1945년에서 1960년까지의 기간에 사용된 개념이다. 이 기간 동안에 체육은 대학에서 학과가 개설되었다. 학문적으로 한국체육학회가 설립되고 〈체육〉 학회지를 발간하였다. 해방 이후의 짧은 기간에 체육에 대한 사회적 관심을 반영하여 변화하기 시작하였다. 이 기간에 나타난 체육의 내포적 정의는 '계획적인 신체활동을 통한 교육'이라는 교육으로서의 체육 개념이 지배적으로 작용하였다. 체육의 외연은 체육교육, 체육과학, 체육문화라는 용어로 확장되어 사용하였다.

3. 제 3기 체육 개념(1961~1980)의 논리적 검토

국내적으로 1961년 군사혁명에 의하여 정권을 획득한 혁명정부는 체력은 국력이라는 구호 아래 체육발전을 위한 획기적인 행정을 펴나갔다. 정부는 국제 스포츠경기의 경쟁력을 강화하기 위해서는 대한체육회의 체육발전 사업으로 1961년부터 국고에서 재정지원을 하기 시작하였다. 또한 1962년에는 한국 체육발전의 기틀을 다지게 했던 국민체육진흥법이 제정 · 공포되었다. 이 법은 정부차원에서의 강력한 시행을 위하여 1966년에 시행령이 제공 · 공포됨으로써 체육의 날과 체육주간이 실시되는 등 현재까지도 체육의 발전정책의 기본이 되고 있다(이정학, 2007; 이학래, 2003, 2000; 노희덕, 1999; 이종원, 1997; 박세혁, 1997; 한광걸, 1983).

국외적으로 1971년 유럽공동체문화협력회의에서의 'Sport for All'에 관한 유럽 협력 원칙이라는 소책자에 "어떤 나라가 사회적, 문화적인 목적에 공헌하고 있는가, 아닌가를 결정하는 것은 슬로건이나 캠페인이 아니라 미래의 스포츠 계획과 방향을 모색하기 위하여 국가의 노력이나 자금이 얼마나 투입되고 있는가에 있다"라고 밝히고 있다(한양순, 1989). 1975년 3월 20일에 열린 스포츠장관회의에서 'Sport for All 헌장'이 채택된다. 이는 현대사회에서 스포츠에 대한 새로운 가치와 철학을 부여하게 되는 계기가 되고, 모든 국가는 이를 정치적 목표로 삼아야 한다고 규정하고 있다. 이후 세계 각국은 체육 · 스포츠 활동을 국민의 기본권으로 인정하고 평생교육과 여가선용의 차원에서 사회체육활동을 적극적으로 추진하고 있다.

1970년대에 시작된 농촌 중심의 새마을 운동이 전국적으로 확산되면서 새마을 조기축구회 등을 중심으로 하는 동호인 조직의 활동이 활성화되고 새마을 조기체육회를 모체로 하여 한국사회체육진흥회가 발족되었다(김달우, 2000). 제3공화국 박정희 정권은 체육정책을 통하여 국민통합을 시도하였다. 그 대표적인 행사가 바로 '박스컵'이며 이를 통해 국민들이 정치에 무관심하게 하였다. 이는 우민화 정책이며 국민통합의 장치였다. 1980년 12월 19일에 스포츠과학연구소가 신설되어 우리나라 스포츠과학의 산실이 되었다.

요약하면, 제3기는 1960년대에서 1980년대까지의 체육을 말한다. 이 시기는 사회체육에 대한 관심의 고조로 인하여 사회체육으로서 체육의 개념이 강조되었다. 특히 외국에 유학하여 체육으로 박사학위를 받은 학자들이 입국하여 체육에 대한 학문적 관심이 높아지게 되었다. 또한 실기 차원에서도 사회체육이라는 현장 중심의 체육을 강조하였다. 이런 맥락에서 당시 체육의 내포적 의미는 제2기와 구분되는 사회적 활동이라는 것과 모두를 위한 체육을 지칭하는 것으로 나타난다. 체육의 외연은 사회체육, 생활체육, 스포츠, sport for all 등이다.

4. 제 4기 체육 개념(1981~현재)의 논리적 검토

1980년 이후의 우리 사회는 경제적 성장과 문화의식의 증대로 다양화 변화 현상을 맞이하게 되었다. 체육 또한 사람들의 다양한 요구를 충족시키기 위한 사회분위기와 전두환 정권의 정치적 의도에서 야구, 축구, 씨름 등의 프로스포츠화를 시도하였다. 이러한 경기들은 정치적 목적을 위해 도구화되었다는 비판이 있지만 당시 대중들의 프로스포츠에 대한 관심 또한 반영되었다. 프로스포츠의 등장과 함께 관람스포츠가 넘쳐났지만 이와 더불어 참여스포츠의 인구 또한 증가하여 어린이에서 노인까지 전 생애 동안에 평생체육의 형태로 발전하기 시작하였다.

체육에 대한 명칭 또한 1960년에서 1980년대와 마찬가지로 스포츠가 체육학 연구의 중심 분야로 확고히 다져지기 시작하였다. 기존의 체육교육보다 스포츠과학이라는 명칭으로 이해되기 시작하였다. 이외에도 체육과 스포츠에 관련된 다양하고 새로운 명칭이 급부상하고 있다. 따라서 이 당시의 체육은 다양한 스포츠에 관련된 것과 평생체육에 관련된 여가 관련 분야가 활발히 발달하고 있다고 보여진다. 이 시기 발표된 연구논문에서도 평생체육에 대한 관심을 엿볼 수 있다(정당체, 2006; 김민섭, 2003; 김현덕, 2001; 원영신, 1994; 문동규, 1993; 박성회, 1992; 채승한, 1986; 이태웅, 1985; 박순철, 김범식, 1983).

평생체육에 대한 관심의 증가는 대학교의 학과 명칭에도 영향을 미치고 있다. 국내 대학의 경우에는 체육계열 학과의 공식적인 명칭으로 사용되는 '체육학', '체육교육과' 에서 '레저스포츠학과', '스포츠경영학과' 등 수많은 학과들로 명칭이 변화되기 시작했음을 알 수 있다. 이와 같이 체육과 관련한 명칭은 현재까지 뚜렷하게 통일되어 있지는 않으나 크게 체육, 스포츠, 레저, 생활스포츠 등의 영역에서 이해되어지는 명칭을 사용하고 있다. 명칭의 다양화 현상은 체육에 대한 다차원적인 인식과 사회적 수요의 증가라고 해석할 수 있다.

학문으로서의 체육을 살펴보면, 그 분과학문 간의 분화 현상이 나타나고 있다. 그것은 사회적 관심과 수요에 따른 체육의 영역의 확산이라고 할 수 있다. 체육과학은 자연과학, 인문과학, 사회과학으로 연구영역이 분류되어 체계적이며 과학적인 연구가 진행되어 왔다. 특히 응용학문으로서의 체육학은 모든 인접분야와 학제 간 연구를 수행하며 사회적 기여를 하고 있다. 자연과학에서 건강증진과 체력향상 그리고 운동처방 등의 학문적 발전을 가져왔으며, 인문사회과학 분야에서 사회체육과 평생체육의 중요성과 활성화 방안이 연구되어 왔다. 하지만 체육학 내의 자연과학

연구가 급증하면서 인문사회과학 분야가 위축되는 경향을 최근에 보여주고 있다. 그 주된 이유를 과학에 대한 지나친 강조에서 찾을 수 있다.

체육학 분야에서 기술 및 과학을 지나치게 강조하는 것에 대한 반발도 적지 않다. 1980년 이후 체육학에 있어서 스포츠과학화라는 슬로건 아래 모든 연구와 방향이 과학주의라는 패러다임을 가지게 되었다. 이는 체육학 그 자체의 연구초점과 방향성이라는 관점에서 벗어나고 있기 때문에 대체 개념으로 등장하였다. 질적, 경험적 관점에서의 중요성이 간과되고 있다는 비판을 바탕으로 현대의 체육은 새로운 인간교육이라는 관점에서의 Somatic education (정응근, 오정석, 박현우, 1992; Shin, Hyun Kun &, Lee, Chul Won, 1996; Lee, Jeong Hak, 1996; 신현군, 1999; Lee, Hyung Il, 1998; 여인성, 2001;) 등과 같은 새로운 전환기를 맞이하고 있다. 또한 스포츠산업의 거대화와 스포츠와 미디어의 결합으로 인하여 스포츠의 산업적 측면에서의 스포츠 산업 관련 학문의 세분화 및 전문화가 이루어지는 시기이다.

결국, 제4기는 1980년대 이후의 체육에 해당하는 시기로 1986년 서울 아시안게임과 1988년 서울올림픽, 2002년 월드컵이 개최되어 스포츠위상을 전 세계에 과시하였다. 이 시기에서 체육 개념의 내포적 의미는 레저 활동으로서의 스포츠와 스포츠산업 그리고 스포츠복지 등의 개념을 포함하였고, 새로운 인간교육의 관점에서 Somatic education으로서 체육 개념이 변화하고 있다. 체육의 외연적 의미는 레저스포츠, 스포츠경영, 스포츠복지, 스포츠산업 등으로 나타나고 있다.

5. 요약

앞에서 한국에서 체육이 수용된 시기부터 지금까지의 개념을 내포와 외연에 차원에서 한국 체육 개념 추이에 대하여 4기로 구분하여 알아보았다. 각 시기에 따라서 보건체육, 체육교육, 사회체육, 평생체육으로서 체육의 내포와 외연이 변화해 온 것을 확인 할 수 있었다. 하지만 현재와 미래사회의 흐름에 비추어 볼 때 다문화와 다가치가 공존하는 사회에서 특정한 체육만이 지배와 확산이 이루어지기는 어렵다고 판단된다. 이보다는 다양한 체육의 개념으로 존재 할 것으로 보인다. 위생, 교육, 사회, 평생, 건강, 레저, 복지, 관광 등 다양의 개념의 확산으로 우리 사회를 지배할 것이다. 개인의 취향과 기호에 따라서 선택하고 즐기는 것이 체육의 본래의 개념이라고 한다면, 항상 결과와 유용적인 것만을 추구하는 것은 체육의 다양화 현상에서 살아남기 어려울 것이다.

한국 체육 개념의 존재 여부는 체육이라는 용어 자체에서 거부감을 행사하고 있다. physical education이라는 체육에서 창조적 전이과정을 거쳐 우리식 체육이라는 명칭에서 정체성을 찾을 수 있을 것이다. 수입 의존에서 독립하여 창조적 전이를 통하여 우리 토양에 절실하게 필요한 체육으로 지속할 수 있도록 힘을 써야 한다. 체육은 교육개념으로서의 체육만이 아니라 학문의 명칭으로서도 존재한다. 그렇기 때문에 한국에서의 체육 개념은 교육과 학문 명칭을 아우르는 상징적 의미를 가지며, 열린 개념으로서 체육 개념은 계속 진화할 것이다.

결론

이상과 같이 논리학의 내포와 외연의 개념을 가지고 한국에서 행해졌던 모든 체육 개념을 고찰하였다. 한국에서 체육에 관련된 최초의 근거는 고종 32년(1895년 2월 2일)에 발견된다. 전 국민에게 내린 교육조서에서 소학교령 8조와 9조에 교과목 내에 체조를 포함하면서 체육은 3육(지육, 덕육, 체육)에 포함되기 시작하였다. 이후에 체양, 신체교육 등의 명칭을 간혹 사용한 경우가 있다. 해방 후 대학에서 체육학과가 개설되면서 체육이란 명칭이 정립되었고 지금은 체육에 관련된 다양한 명칭들이 등장하고 있다.

이 글은 체육 개념의 역사를 4기로 구분하여 알아보았다. 제1기는 체육학자들에 의하여 소개되어진 체육 개념의 내포적 의미는 위생과 보건의 의미가 강하게 나타나고 있다. 체육의 외연적 의미는 체조, 위생, 보건체조 등이다. 제2기 해방 이후 1960년대의 미국 및 서구에서 유학한 학자들에 의해 소개되기 시작한 체육이다. 이때 체육의 내포적 정의는 '계획적인 신체활동을 통한 교육' 이라는 교육으로서의 체육 개념이 지배적이다. 체육의 외연적 의미는 체육교육, 체육, 신체육 등으로 나타난다.

제3기의 1961년에서 1980년까지의 체육이다. 제3기에서 체육의 내포적 의미는 사회적 신체활동이라는 것과 모두를 위한 스포츠를 지칭한다. 체육의 외연은 사회체육, 생활체육, 스포츠, sport for all 등이다. 마지막으로 1980년 이후의 체육 개념으로 제4기에서 체육의 내포적 의미는 레저 활동으로서 체육과, 산업으로서 체육, 복지활동으로서 체육 등으로 체육 개념이 정립되고 있는 과정이다. 체육의 외연적 개념은 평생체육, 레저스포츠. 스포츠경영, 스포츠복지, 스포츠산업 등이다.

한국 체육 개념의 추이는 위생과 보건으로서의 체육, 체육교육으로서의 체육, 생활체육으로서의 체육, 평생체육으로서의 체육으로 변화되어 왔을 뿐만 아니라 지금도 변화가 진행 중이다. 하지만 지금까지의 체육의 개념은 외국에서 직간접으로 수입해서 사용한 개념이라는 것에 주목할 필요가 있다. 시대의 상황과 밀접한 관계를 맺고 변화되어 왔음을 이 글을 통하여 확인할 수 있었다. 하지만 한국의 현실을 반영한 개념이기 보다는 세계적 추세(미국의 추세)에 따른 개념이라는 것을 알 수 있었다. 따라서 한국 체육이라는 것이 따로 없을 뿐만 아니라 굳이 정의한다면, 단지 신체적, 교육적, 의도적, 인간형성, 즐거운 활동이라는 내포적 의미를 가지며, 보건체육, 체육교육, 사회체육, 평생체육 등 외연적 의미를 가지는 것으로 잠정적 결론을 맺을 수 있다.

이 글을 종합해볼 때 현재와 미래의 체육 개념은 시대의 요구와 현실 반영에 의하여 결정되어질 것으로 보인다. 지금 한국사회의 구조적 특성은 레저와 산업, 복지, 관광, 모험 등의 복합적 개념으로 나타나고 있다. 미래 역시 현재와 격리된 채로 움직이는 것이 아니기 때문에 현재와 연속적인 관계에서 지속한다면 다양한 체육 개념으로 나타날 것이다. 따라서 한국 체육 개념은 다른 나라의 체육과 구별될 수 있는 한국형 체육이 아니라 다양한 체육현상을 포괄하는 열린 개념으로서의 체육이라고 할 수 있다. 닫힌 개념이 아니라 모든 것을 포용할 수 있는 열린 개념으로서의 체육은 지속적 성장을 하게 될 것이다.

※ 이 글은 2008년 9월 30일 한국체육학회가 발행한 〈한국체육학회지〉 제47권 제5호에 발표한 것이다. 논리학의 내포와 외연을 활용하여 한국의 체육개념을 네 시기로 구분하여 검토하였다

2부 확장

7장. 영화, 미래스포츠를 말하다.

8장. 장자의 조화와 스포츠의 팀워크

9장. 스포츠의 힘: 이해와 활용

10장. 학생선수의 생활세계: 공부, 운동, 여가

11장. 행산의 체육사상을 탐하다.

12장. 체육철학의 연구윤리와 연구진실성

13장. 스포츠콘텐츠와 스포츠인문학의 만남

| 7장 |

영화, 미래스포츠를 말하다

영화는 현대사회를 대표한다. 영화와 스포츠는 현대문화의 대표라고 해도 과언이 아니다. 너무나 친숙한 문화가 바로 영화와 스포츠이다. 둘의 공통점은 접근이 용이하다는 점이다. 특히 영화는 시각언어로 구성되어 있기 때문에 영상언어에 익숙한 세대에게 친숙한 문화하고 할 수 있다. 영화적 상상력은 현대사회의 문제의식과 대안 그리고 미래의 모습을 펼쳐낸다. 우리는 현재 체육학이라는 울타리 안에 있기 때문에 미래스포츠의 모습을 그려 본다는 것은 아주 제한적이다. 일정한 거리두기를 통하여 제3자의 입장에서 체육 혹은 스포츠를 볼 때 객관적 시선을 유지한다.

이 글의 목적은 스포츠영화라는 텍스트를 통하여 현대스포츠의 특성과 미래스포츠의 지향과제에 대하여 알아보는 데 있다. 스포츠영화는 현대스포츠를 재현하고 있기 때문에 현대스포츠의 특성을 찾아내기 쉬운 장점을 가지고 있다. 특히나 영화는 재현이라는 특성을 가지고 있어서 현대스포츠의 특성을 그대로 나타내어 보여준다. 스포츠영화 역시 현실의 스포츠에서 발견되는 실화를 바탕으로 제작되었기 때문에 현대

스포츠의 특성을 잘 반영하고 있다. 이런 차원에서 스포츠영화는 좋은 텍스트가 된다.

이 글이 필요한 이유는 좁은 시각에서 벗어나서 거시적인 시각에서 현재스포츠를 바라보는 데 그 이유가 있다. 특히 영화적 상상력을 통해서 미래스포츠의 지향 과제를 밝히는 데 영화가 유용한 도구가 되기 때문이다. 현재 체육학을 연구하는 입장에서 미래스포츠를 제시할 수도 있지만 상상력은 탁월한 영화감독들이 그려낸 미래스포츠를 한 번 찾아보는 데도 용이하다. 도출하기 어려운 참신한 생각들을 스포츠영화 속에서 만날 수 있다는 이유에서 영화는 좋은 텍스트가 된다. 매일 보는 책과 논문 속에서 미래스포츠를 어느 정도는 찾을 수 있지만 보다 확연한 미래스포츠를 영화는 어떻게 말하고 있는 가를 밝혀냄으로써 미래스포츠의 지향과제를 찾을 수 있다는 이유에서 연구의 필요성을 찾을 수 있다.

스포츠영화와 새로운텍스트

지금 한국에서 상영되고 있는 영화는 아주 많지만 그 중에서 스포츠영화라고 말할 수 있는 영화는 얼마나 될까? 아마 얼마 되지 않을 것이나. 왜냐하면 스포츠를 소재한 한 영화들을 모두 스포츠영화라고 할 수 없기 때문이다. 그렇다면 스포츠영화란 무엇인가? 단지 스포츠를 소재로 하여 만들었다고 모두 스포츠영화라고 하기에는 무엇인가 좀 부족하다. 단순히 스포츠에서 소재를 빌려왔을 뿐 스포츠의 문제에 대한 문제의식이 부재 상태에서 스포츠영화의 범주에 집어넣을 수가 없다.

그럼에도 불구하고 특정 스포츠를 소재로 하여 제작된 영화를 홍보 차원에서 스포츠영화라고 불러지고 있다. 적어도 진지한 스포츠에 대한 문제의식과 고민이 들어있어야 한다. 또한 대안이나 혹은 해결 방안을 모색하거나 아니면 문제를 제기할 수 있어야 한다. 구지 스포츠영화와 스포츠영화가 아닌 것을 구별 짓는 것은 비생산적인 일일 수 있다. 하지만 진짜와 가짜의 구별은 필요하다. 그 이유는 엄격히 스포츠영화를 구분하고 진짜 스포츠영화가 사라지는 것을 막기 위함이다.

최근의 영화를 예를 들어 설명해보자. 영화 〈1번가의 기적〉은 복싱을 소재로 하여 재개발 지역의 주민들의 삶에 대한 아픔을 그려낸 영화이다. 한국의 현실을 유감없이 드러내었다. 복싱 그 자체의 문제를 보여주기보다는 힘겨운 일상의 삶의 이야기를 하기 위하여 소재를 복싱에서 빌려온 것뿐이다. 복싱과 재개발 지역주민과 일치하는 것은 가난과 헝그리 정신이라는 공통분모이다. 이들이 가난에서 벗어나기 위해 몸부림치는 삶의 치열함을 엿볼 수 있다. 감독이 아마 여기에서 착안하여 복싱을 소재로 빌려온 것이라고 보여진다.

이외에도 이 영화는 다른 영화에서 많은 아이디어를 차용하고 있다. 클리트 이스트우드가 감독한 영화 〈밀리언 달러 베이비〉에서 많은 아이디어를 빌려온 것 같은 이야기 전개가 눈에 익숙하다. 안락사에 대한 문제라든가, 가난 때문에 죽음을 선택할 수밖에 없는 문제 등이 양쪽 모두에서 발견된다. 가난한 동네와 부자 동네에 대한 사회의 차별적 시선, 약자에게 함부로 대하는 권력과 가진자의 횡포를 영화에서 보게 된다. 아파트와 단독주택의 차이, 거주개념이 아니라 투기개념이 되어 버린 한국적 상황은 아주 상세하게 나타내었다. 스포츠의 문제를 얘기하기

보다는 삶의 문제의식을 제기하기 위한 소재로 스포츠를 사용했을 뿐이다.

유한한 세상살이를 생각하면, 그냥 재미있게 살면서 남에게 피해를 주지 않고 살 수 있을 것 같은데 현실은 그렇지 않다. 가진 사람은 더 가지기 위하여 분주하다. 아파트를 거주가 아니라 투기를 목적으로 더 많이 소유하려고 하기 때문에 문제가 된다. 이로 인하여 주택은 부족하게 된다. 주택이 많이 건설되는 데도 불구하고 수요에 비하여 공급이 부족하여 신도시 개발은 계속되는 악순환이 되풀이되고 있다. 1가구 1주택이면 주택문제를 자연히 해결될 것 같은데 시장경제 구조에서 1가구 다주택이 형성되기 때문에 이 같은 모순은 해결되지 않고 되풀이된다. 단지 우리에게 필요한 것은 몸을 편하게 쉴 수 있는 작은 공간이다. 최소한 인간의 존엄성을 지켜줄 수 있는 공간이면 되는데 현실은 그 작은 공간마저도 마련하지 못한 사람들이 있다.

이 영화에서 보여주는 것은 스포츠의 문제이기보다는 우리 삶의 실제 모습을 그려내고 있다. 이 점에서 스포츠영화의 범주에 집어넣을 수가 없다. 왜냐하면 스포츠를 소재로 하여 현실을 얘기하고 있기 때문이다. 스포츠는 영화의 소재일 뿐 주제가 되지 못했다. 소재로 스포츠를 말하고 있지만 그 속에서 얻는 지혜는 무궁하다. 복싱의 문제를 직접적으로 다루지 않고 있지만 복싱에 상징적 의미를 부여해서 재개발 지역 주민의 삶과 힘겨움에 대하여 상세하게 보여주고 있다. 이 때문에 이 영화는 한국적 현실을 인식하는 데 유용한 도움이 된다.

이외에도 스포츠에서 아이디어를 빌려 온 많은 영화들이 있다. 이들 모두 스포츠영화라고 할 수 없다. 진짜 스포츠영화와 가짜 스포츠영화

양자를 구분 짓을 수 있는 것은 '스포츠에 대한 문제의식'과 소재와 주제의 사용 여부이다. 운동선수의 문제, 승리의 문제, 상업주의의 문제, 스포츠에이전트의 문제, 지도자와 선수의 관계 문제 등 스포츠에 내재하는 많은 문제들이 있음에도 불구하고 이런 문제를 중심으로 영화를 만들어내는 영화는 제한적이다. 단순히 스포츠를 소재로 하여 스포츠 외부에 다른 얘기를 그려내고 있는 부분이 많다.

스포츠라는 친근한 소재를 통해서 흡입력을 강하게 작용하여 사람들을 끌어들이기 위한 전략에서 스포츠가 영화의 소재로 등장하고 있다. 그럼 진짜 스포츠영화란 어떤 것인가. 이에 대하여 예를 들어 알아보자. 영화〈불의 전차〉는 스포츠영화의 대표적 작품이다. 1924년 파리올림픽을 재현했을 뿐만 아니라 승리의 의미를 생각하게 만든 영화다. 실존인물에 대한 이야기를 재현하여 승리를 지향하는 상황에서 승리란 무엇인가에 대한 문제의식을 잘 제시하고 있다.

결국 현재 국내에서 볼 수 있는 스포츠영화는 대개 시뮬라크로의 재현이다. 복사와 복사한 것을 다시 복사하는 가짜가 넘쳐나고 있다. 가짜와 진짜를 구분할 수 없는 가짜가 진짜로 인식될 정도이다. 스포츠영화 또한 스포츠영화라고 불리는 작품 중에는 스포츠에서 소재만 빌려온 경우가 흔하다. 진짜 스포츠영화와 가짜 스포츠영화가 혼합되어 있어 일정한 잣대를 제시하지 않고는 분간하기 어렵다. 스포츠에 대한 진지한 고민과 갈등을 담아내고 있는 스포츠영화가 우리에게 필요한 이유가 여기에 있다. 가짜만을 보고 가짜가 진짜인지 착각할 수 있기 때문이다.

가짜가 아니라 진짜 스포츠영화를 구별하기 위해서는 철학이 필요하다. 철학은 보이지 않는 것을 볼 수 있게 하는 힘을 가지고 있다. 철학이라는 안경을 쓰고 스포츠영화를 바라보았다. 이 안경은 다른 안경과 다르게 비판, 성찰, 논리적 사유가 압축된 안경이다. 안경 때문에 안경을 쓰지 않았던 때와는 분명 스포츠는 다르게 보였고 볼 수밖에 없다. 기존의 안경들은 과학이라는 상표가 붙은 안경으로 실증주의와 객관성 그리고 보편성을 강조하는 안경이었다. 이 때문에 눈에 보여 지는 것만을 믿고 볼 수 있다. 하지만 철학이라는 안경은 눈에 보여 지지 않는 것까지도 볼 수 있다. 일종의 투시경 같은 기능을 가졌다. 철학이라는 안경은 여러 종류가 존재하지만 저자는 직관을 통해 사유할 수 있는 안경을 선호한다.

철학이라는 안경을 쓰고 스포츠영화를 바라보았다. 안경을 쓰지 않아서 보지 못했던 많은 부분들이 안경을 쓰면서부터 보이기 시작했다. 그 보이는 것을 말하는 것이 이 글의 내용들이다. 이 내용들은 과학이라는 안경을 쓰고는 볼 수 없는 미지의 세계에 대하여 철학이라는 안경을 쓰지 않고서는 다가서기 어려운 세계이다.

이 글의 목적은 스포츠영화의 내용해석을 통하여 현대 스포츠의 특성과 미래스포츠의 지향에 대하여 알아보는 데 있다. 이를 위하여 철학의 눈으로 현대스포츠의 특성을 분류하고 미래스포츠의 과제를 밝히는 순서로 진행한다. 우선, 철학의 눈으로 스포츠영화와 현실을 보면, 대략 세 가지 정도의 특성으로 나타난다. 빠름, 쾌락, 자본이라는 키워드가 그것이다.

영화, 현대스포츠를 말하다

대표적인 스포츠영화 〈익스트림 OPS〉, 〈블루 칩〉, 〈컵〉, 〈그들만의 리그〉, 〈슈팅 라이크 베컴〉 등을 선정하여 그 영화 속에 나타나는 특성을 찾아본다. 이들 스포츠영화 속에 나타나는 현대 스포츠의 특성은 빠름, 쾌락, 자본이라고 할 수 있다. 이 세 가지 키워드는 현대 스포츠의 특성을 단적으로 표현하는 단어이다. 너무나 빠름만의 지향하고, 자극적이고 위험과 안전의 경계 선상에서의 쾌락을 추구하고 자본의 논리가 지배하는 스포츠는 느림과 여유라는 인문학적 가치를 만날 수 없다. 영화 속의 현대스포츠는 모두 빠름과 쾌락, 자본만을 추구한다. 거기에는 사람이 없고 단지 기계만이 자리를 잡고 있을 뿐이다.

1. 빠름중심의 스포츠

〈불의 전차〉라는 영화는 스포츠에서 빠름보다는 의미를 찾는 것이 더 중요함을 보여준다. 승리 혹은 빠름을 위한 무한 질수는 우승과 명예를 얻을 수 있지만 아름다운 패배를 생각할 때 그 빛을 발하고 만다. 왜냐하면 추악한 승리라고 볼 수 있기 때문이다. 특히나 아브라함의 경우는 당시에 존재하는 규정을 어겨가면서 승리를 한다. 개인 코치를 두면 안 된다는 규정을 지키지 않는다. 자신의 승리만을 위해서 정당한 절차를 생략하고 결과에만 집중한다. 결과는 승리하였지만 내용은 추악함을 드러내고 있다.

세상은 너무나 빠름만을 추구한다. 인터넷 속도, 배달 속도 이 모든 것이 빠름에 의해서 좌우된다. 그래서 사람들은 기다림이라는 단어를 잃어버리고 좀 더 빠른 인터넷 서비스를 요구한다. 빠름만이 생존할 수 있음을 단적으로 보여준다. 빨리 빨리는 한국인의 특성이라고 외국인들은 지적한다. 뭐든지 빠름만을 지향하다 보니까 내용이 부실하게 된다. 빠름 때문에 의미와 보람은 사라지고 있다.

사람들은 시간에 쫓기며 살고 있다. 다들 시간이 없다고 한다. 길거리의 지나가는 사람을 유심히 관찰하면 무표정이고 아주 빠르게 움직인다. 갈 길이 바쁘기 때문에 빠르게 움직이는 것이다. 개입할 틈을 발견하지 못한다. 시간에 쫓기며 살고 있기 때문이다. 여기서 말하는 시간은 생존하기 위해 몸부림치는 시간이다. 그렇기 때문에 자신만의 시간을 갖기가 어렵다. 한 잔의 차를 마실 시간도 사치라는 생각이 지배적이다.

빨리 빨리 만들고 팔아야 한다는 생존논리가 지배적으로 작용하고 있다. 무한 경쟁이라는 허구를 우리 내면에 심어 놓고 노력만 하면 누구나 자신이 원하는 지위와 일을 할 수 있다고 말하지만 현실이 그렇지 않다. 기회가 균등하지 않은 상태에서 노력만 하면 된다는 말은 착취와 구속을 정당화하는 것 밖에 안 된다. 빠름을 말하는 것은 조급증을 나타내는 말이다. 빠른 시간 내에 무엇인가를 만들어내야 한다는 강박관념이 지배하게 된다. 그 결과 삶은 더욱 황폐화된다. 현실에 바탕을 둔 빠름의 성향은 스포츠에서도 그대로 재현되고 있다.

누가 얼마나 빨리 달릴 수 있는가, 측정하는 운동경기에서 빠름은 승패를 나누는 열쇠이다. 과연 신기록이라는 것이 의미가 있는 것인가. 1896년 아테네 올림픽 100미터 기록에 사용된 초시계와 지금 올림픽에서 사용하는 측정 장비는 동일하지 않다. 현재 계측장비의 발달 때문에 과거에는 도저히 측정하지 못했던 시간까지도 측정할 수 있게 되었다.

기록은 동일한 조건의 상태에서 기록되는 것이 아닌 데도 불구하고 사람들은 기록에만 매달린다. 그 이유는 사람들의 초미의 관심과 광고를 위한 자본의 논리가 작동하고 지배하고 있기 때문이다.

측정 장비, 공간상태 등 여러 가지 상황변수가 존재함에도 불구하고 오직 신기록에 매달리는 것은 과잉된 집착이라고 할 수 있다. 기록만을 추구하는 과정에서 체험하게 되는 의미와 보람을 잃게 된다. 다양한 의미부여와 보람을 찾을 수 있는데 기록만을 생각하는 것은 이런 것들을 모두 놓치게 된다. 그럼에도 불구하고 현대 스포츠의 핵심은 기록에 있다. 빠름의 지향은 과잉된 육체를 양산하는 도핑과 맹목적 기록추구 그리고 쾌락추구와 연결된다. 내적보상이든 외적보상이든 그 보상은 쾌락과 직접 만난다.

2. 쾌락중심의 스포츠

〈익스트림 OPS〉라는 영화는 극한스포츠, 모험스포츠라는 쾌락의 절정을 간접경험하게 한다. 이야기 구조는 단조롭지만 현기증이라는 놀이의 특성이 잘 반영된 익스트림 스포츠가 영화 내내 관객을 자극하고 있다. 안정성이 보장되지 않은 위험과의 줄타기는 쾌락의 극치를 보여준다. 현대 스포츠 역시 현기증이라는 놀이의 특징이 잘 반영하고 있다. 이는 아주 확연히 예언할 수 있다. 과정이 생략되고 쾌락이 제일가치로 나타난다. TV의 리모컨을 생각해보자. 재미없으면 빠르게 채널이 돌아간다. 살아남기 위해서 재미있어야 한다. 그래서 우리는 쾌락을 지향할 수밖에 없다.

쾌락을 추구하는 삶의 모습은 다양하다. 일시적인 쾌락을 얻기 위해 마약과 알코올 중독이 늘어나고 있다. 그 이유는 쾌락에만 몰두하기 때문이다. 또한 삶의 과정에서 사람들은 죽음의 공포에서 일시적으로 벗어나기 위해 잡담, 술, 영화, TV, 인터넷에 빠진다. 일시적인 지루함과 언젠가는 죽어야 한다는 죽음의 공포에서 벗어나기 위해서다. 스포츠 역시 쾌락을 추구하는 모습이 잘 나타난다. 어떻게 보면 자아를 찾는 것이 아니라 자아를 상실하는 스포츠라고 할 수 있다. 그 주된 이유는 쾌락만을 추구하기 때문이다. 예를 들어 골프를 친다고 할 때 골프 그 자체에 몰입한다면 참 자아를 찾을 수가 있을 것이다. 하지만 쾌락을 찾기 때문에 내기골프를 치게 된다. 그 결과 승리에 대한 강박관념이 의식을 지배하게 되어 자아를 상실하게 한다.

쾌락은 여러 가지로 구분할 수 있다. 육체적 쾌락이 있고, 정신적 쾌락, 종교적 쾌락, 영적쾌락 등 그 구분을 찾아보면 다양하다. 쾌락은 인간존재의 근원적 지향성이라는 것을 부인하지 못한다. 아무리 금욕적인 생활을 하고 있는 종교지도자 역시 쾌락을 추구하고 있다. 그 쾌락이 종교적 쾌락이라는 약간의 차이를 가질 뿐 인간 모두가 쾌락을 지향하면서 살고 있다.

하지만 문제가 되는 것은 자아를 상실하는 자극적인 쾌락을 탐닉하는 데 있다. 스포츠가 지금 존재하는 이유는 바로 덕(사람됨)을 얻을 수 있었기 때문이다. 탁월성이라는 덕을 형성하는 데 유용하고 그 가치를 인정받아 왔다. 하지만 현재는 교육적 가치보다는 일상탈출, 쾌락 그 자체를 위하여 스포츠를 소비하고 있다. 그런 과정에서 쾌락 가치가 충돌하여 관중석에게 물병을 던지는 선수가 나오고, 심판에게 거세게 항의

하는 선수가 나오고, 관중에게 욕을 하는 선수가 등장하는 것이다. 과열된 경쟁에서 생존하기 위한 몸부림의 결과로 나타난다. 그 이면에는 자본이라는 돈의 논리가 작동하고 있다.

3. 경제중심의 스포츠

〈블루 칩〉이라는 영화는 미국 대학스포츠를 비판한다. 돈만 있고 사람이 없다는 것을 강조한다. 영화는 미국 대학스포츠의 타락이 돈 때문이라고 말한다. 승리를 위해서는 우수한 선수가 필요하다. 하지만 우수한 선수들은 자본의 힘에 의하여 다른 대학으로 진학하고 만다. NCAA 규정에는 자본을 통해서 선수영입을 금지하고 있지만 그것을 지키는 학교는 많지 않아 보인다. 학교, 동문회는 끊임없이 승리를 강요한다. 이에 침묵할 수 없기 때문에 결과를 보여주어야 한다. 승리를 해야지 운동부의 존재의미를 찾을 수 있기 때문이다.

운동부를 운영하기 위해서 막대한 자본이 투자된다. 어떤 결과물도 생산하지 못하는 곳에 과연 누구 자본을 투자하겠는가. 지속적인 후원을 받기 위해서는 그에 합당한 결과물을 보여줘야 한다. 그런 압박과 강박 관념에서 감독은 우수한 선수를 영입하기 위해서 노력한다. 앞의 영화에서 등장하는 '해피프로그램' 이란 돈 세탁 프로그램을 통해서 우수한 선수영입에 나선다. 돈만 주면 올 선수는 많다. 돈이 문제다. 돈만 있다면 우승은 어렵지 않다. 영화는 학교의 승리를 위해서는 학생으로 수준미달인 이들에게도 대학입학의 기회를 준다. 단지 운동만 잘하고 우승만을 기대한다. 그들에게 그 무엇을 바라지 않는다.

이 영화에서 상징적 의미를 가진 문장이 있다. 돈이 대학스포츠를 타락으로 이끌고 있다는 현실적인 개탄의 소리이다. 영화 속 주인공은 돈이 문제라는 말을 쏟아 붓는다. 돈의 영향을 받지 않는 것은 지금 세상에는 없다. 하지만 그 정도가 지나치게 되면 돈의 노예가 되고 만다. 이 영화에서도 미국대학 농구대회에서 승리하기 위해서는 만연되고 있는 부정선수 즉 돈으로 매수한 선수들의 문제를 말하고 있다.

NCAA의 규정에 따라서 선수를 영입하게 되면 경기 결과는 분명하게 갈린다. 우승이라는 현실에서 그 만큼 돈의 유혹에서 벗어나지 못한다. 그 돈의 위력은 선수들의 기량을 향상시키는 촉진제로 작용한다. 우리 현실에서도 프로스포츠 시장규모가 상상을 초월한다. 선수들의 연봉은 일반 회사원이 평생을 벌어도 벌지 못하는 액수를 자랑한다. 자본의 영향에서 자유로울 수 있기 위해서는 승리에 대한 강박관념에서 벗어나야 한다. 하지만 승리를 버릴 수는 없다. 그렇기 때문에 막대한 자본을 투자하여 경기력을 향상시키고 기량이 탁월한 선수를 영입한다.

〈컵〉이라는 영화는 월드컵 축구의 문제를 다룬다. 티베트 사원에서 어린 스님들이 축구월드컵을 구경하기 위하여 돈을 걷는다. 이후에 그 돈을 가지고 TV를 빌려와서 함께 관람한다. 이 과정에서 주지스님과 동사승들과의 갈등이 발생한다. 브라질의 호나우도와 머리 모양이 비슷하다고 브라질을 응원하는 모습은 압권이다. 자국의 선수들이 출전하지 않았지만 그래도 월드컵축구에 열광하고 빠져드는 것은 자본에 의한 축구가 세계를 지배하고 있음을 말하는 것이다. 자본에 의하여 좌우되는 것이 스포츠이벤트가 있다. 야구월드컵과 축구월드컵이 자본에 의하여 영향을 받고 있다.

FIFA 회원국들은 자본에 의해서 움직인다. 극단적인 상업주의가 월드컵축구에서 지배적으로 나타나고 있다. 하나의 거대한 이벤트에 불과할 정도로 그 본래의 역할을 상실하고 있다. TV 중계권료와 스폰서십을 통해 벌어들이는 막대한 예산에 대한 집행은 투명하지 않다. 이 때문에 많은 문제를 가지고 있다. 투명한 행정이 우선적으로 요구된다. 그럼에도 불구하고 이를 지켜지지 않고 집행부의 이익을 위해 대회가 개최된다.

이런 맥락에서 FIFA는 거대한 마케팅 회사에 비유될 수 있다. 이 조직의 투명성은 마피아와 다르지 않다. 처음의 의도에서 크게 벗어나고 있다. 이를 경계하고 본래의 취지로 돌아가려고 노력하는 것이 필요하다. 이를 위해서는 감시와 압력 그리고 대항력과 견제력을 가져야 한다. 앞에서 빠름, 쾌락, 자본의 특성은 현대사회의 특성이다. 영화 속의 현대스포츠의 문제에 대한 대안을 상상해보자.

영화, 미래스포츠를 말하다

미래를 확정적으로 말할 수 없다. 내일이 바로 미래이기 때문에 가까운 내일에서부터 먼 2030년의 미래까지 미래개념은 넓다. 미래스포츠는 미래사회에서 나타날 수 있고 사람들이 행해질 수 있는 스포츠를 지칭한다. 과연 어떤 모습을 한 스포츠가 미래에 나타날 수 있는가. 상상력을 동원하여 그려낼 수 있다. 하지만 우리의 상상력은 곧 한계를 만나고 만다. 그렇기 때문에 무한한 상상력을 주는 영화라는 장르가 필요한 것이다. 영화는 인간의 무한한 상상력의 세계로 인도한다. 그 세계는 영상언어로 표현하는 특성을 가지고 있다. 그 상상력의 날개는 스포츠영화 속에서도 유감없이 발휘된다. 영화에 등장하는 스포츠를 보면 미래스포츠의 특성을 간접적이나마 알 수 있다. 다음에서 빠름, 쾌락, 자본을 넘어서는 미래스포츠의 특성을 알아보자.

1. 예술지향의 스포츠

〈리멤버 타이탄〉이라는 영화는 인종차별의 벽을 넘어서 예술로 승화된 팀을 보여준다. 차별과 갈등만이 만연된 지역사회에서 한 고등학교 미식축구 팀을 상생과 조화를 통한 아름다운 모습을 현실에서 실현한다. 거기에는 훌륭한 지도자가 있었기 때문에 가능하였다. 코치와 선수들은 승리를 향하여 팀의 단합이 필요함을 서서히 깨달아 간다. 그 결과 우승하게 된다. 우승의 비결은 화합과 조화에서 찾을 수 있다. 예술은 바로 조화와 화합차원에서 체험할 수 있다. 스포츠가 아름다울 수 있는 것은 팀워크라는 화합이 가능하기 때문이다.

지나치게 승패와 기록만을 추구하는 생활스포츠에서 이제는 벗어나야 한다. 승리의 기쁨은 한 순간에 불과하다. 하지만 심미체험은 한 평생 동안 잊지 않고 오랫동안에 간직된다는 장점이 있다. 신기록이라는 맹목적인 기록추구와 승리만을 위해 기계처럼 운동하는 것에서 벗어나서 참 나를 찾는 스포츠를 생각해 봐야 한다. 미래사회에서 사람들이 지향하는 가치는 의미와 보람 그리고 성취가 될 것이다. 이러한 가치를 보여주는 것 중에 하나가 예술지향스포츠이다.

지금보다 더 아름다움을 추구하는 스포츠가 많아진다면 비도덕적 문제는 자연스럽게 사라질 것이다. 현대 스포츠는 승리와 결과지상주의가 짙게 깔려있는 모습에서 조금도 벗어나지 못하고 있다. 아름다운 스포츠는 지속적 성장을 보장받을 수 있다. 숫자와 결과에 집중하기보다는 의미와 보람을 포함하는 아름다운 스포츠를 지향해야 한다.

2. 체험지향의 스포츠

〈쿨러닝〉이라는 영화는 더운 지역에 살고 있는 사람들이 결코 경험하지 못한 겨울스포츠인 봅슬레이에 참가하는 모습을 보여준다. 비록 백인 중심의 동계올림픽에 자메이카 국가대표가 참가하여 꼴찌를 하게 된다. 그들에게 승리보다는 참가했다는 데 의미를 더 둘 수가 있다. 특히 봅슬레이를 체험한다는 것은 그들에게 큰 의미를 갖게 한다. 눈을 볼 수 없는 자메이카에서 겨울스포츠를 체험한다는 것은 불가능하다. 그럼에도 불구하고 봅슬레이에 도전하는 것은 체험지향스포츠가 필요함을 간접적으로 알 수 있게 한다.

체험지향스포츠는 관람스포츠에서 벗어나 직접 체험하면서 스포츠의 의미와 보람을 성취할 수 있는 스포츠를 말한다. 기록에 대한 강박관념에서 벗어나 체험지향스포츠에서 스포츠문화의 의미를 확장할 수 있다. 미디어스포츠로 대변되는 관람스포츠에서 벗어날 수 있는 것은 체험스포츠라고 할 수 있다. 몸으로 직접 느끼고 경험하는 것이 필요하다. 직접 해보고, 땀의 의미를 찾을 수 있는 스포츠, 그것은 체험하는 자만이 맛볼 수 있다.

일명 스포츠의 참맛이라고 하는 것은 직접 행함으로써 알게 되는 체험지의 극치를 말한다. 백 번을 구경하는 것보다 한 번 참여해보는 것이 스포츠의 참맛을 잘 알 수 있게 한다. 해보지 않고 스포츠의 맛을 논하는 것은 곤란하다. 직접 참가해봄으로써 그 종목 특유의 맛을 체험할 수 있다. 예전보다는 많은 사람들이 참여하여 스포츠를 즐기고 있지만 조금 더 체험의 의미와 성취를 할 수 있는 체험지향스포츠를 하는 사람들이 늘어나야 할 것이다.

3. 평등지향의 스포츠

차별하는 스포츠가 학교체육, 운동경기 등에서 나타나고 있다. 우리 학교체육에서도 이분적인 시각에서 남자 따로 여자 따로 구분하여 수업이 이뤄지고 있다. 지금은 통합체육교육을 위해 노력하지만 아직도 학교체육에는 성차별 부분이 남아있다. 심지어 성차별이 없을 것 같은 미국도 남녀차별을 없애기 위해 학교체육에서 차별금지법 타이틀 IX을 운영 중에 있다.

영화 속의 차별은 〈그들만의 리그〉와 〈슈팅 라이크 베컴〉에서 발견된다. 두 번째 영화의 주인공인 인도계 소녀의 경우처럼 여성으로서 축구선수가 되려는 욕망과 인도계 영국인들의 가부장적인 권력과 충돌이 생긴다. 아직도 세계에는 여자라는 이유만으로 스포츠참가나 혹은 관람조차도 금지당하는 나라가 존재한다. 세계 곳곳에 종교적 이유 때문에 차별하는 혹은 차별받는 스포츠가 아직도 해결되지 않고 존재하고 있다. 아랍계 여성들은 축구경기를 구경조차 할 수 없도록 법으로 정해놓았다.

양성평등의 스포츠의 시작은 서로를 구분 짓기보다는 서로의 차이를 인정하는 것에서 시작된다. 이것은 남성스포츠이고 저것은 여성스포츠가 아니라 개인의 취향에 맞는 스포츠를 선택하면 된다. 남자/여자 구분은 일종의 구별 짓기와 권력남용 때문에 생겨난 것이다. 남성 중심의 스포츠는 여성에 대한 차별을 가지고 있다. 장비에서 경기규칙까지 스포츠세계의 모든 부분에서 차별적 요소가 존재한다.

단지 여자라는 이유로 스포츠에서 피해를 보지 않아야 한다. 남성과 여성이라는 이분법적 시선에서 벗어나 차이를 인정하고 배려와 존중을 받을 수 있을 때 실현 가능하다. 스포츠영화 속의 차별은 다름을 인정하지 않는 데서 시작되고 있음을 알 수 있다. 양성평등의 시각이 필요한 이유도 여기에 있다. 특히 우리 사회가 요구하는 양성평등이 스포츠에서 시작하여 사회 전체로 전이될 때 스포츠가 우리 사회에 아직도 존재하고 있는 성차별 의식을 사라지게 하는 역할을 할 수 있을 것이다.

4. 생태지향의 스포츠

〈익스트림 OPS〉라는 영화는 생태 그대로의 모습을 보여준다. 눈이 쌓인 산속에서 스키를 타는 모습, 자연환경을 그대로 이용하여 스포츠를 즐기는 장면들이 곳곳에서 보여진다. 개발되지 못해도 자연환경을 그대로 사용하는 스포츠를 엿볼 수 있다. 생태지향의 스포츠 모습 그대로이다. 스포츠의 지속적 성장은 생태계를 파괴하고 개발하는 데에서 찾기보다는 보전에서 찾을 수 있다.

생태지향스포츠는 환경을 배려하는 스포츠라고 할 수 있다. 보전과 배려가 전제되지 않는 스포츠시설은 비판의 대상이 되고 만다. 적어도 생태의지가 반영된 스포츠시설에 대한 정당성을 확보할 수 있다. 비생산성이라는 특성을 가진 스포츠가 생태계를 파괴하고 있다. 어떻게 보면 생태는 우리가 후손에게 물려주어야 하는 재산이다. 그럼에도 불구하고 생태계의 보금자리는 인간의 유희를 위하여 개발되고 있다.

특히 스포츠는 비생산적인 것이라는 인식이 지배적이고 단지 스포츠를 위해서 자연을 파괴하는 일은 금지되어야 한다. 그렇기 때문에 골프나 스키 등과 같은 환경파괴의 문제를 슬기롭게 해결해야 한다. 해결하기 위한 단서는 친환경적 스포츠에서 찾을 수 있다. 최소한 환경파괴를 유지하고 땅의 인문 지리적 역사를 바탕으로 보전과 개발의 엄격한 잣대를 들이대야 한다.

스포츠의 지속성장의 길은 생태 문제를 지혜롭게 해결할 때 가능하다. 생태계 문제를 해결보다 파괴에 앞장선다면 스포츠는 금지당할 개연성이 아주 높다. 생태계를 최소한 파괴하고 기존시설을 효율적으로 이용할 수 있는 지혜가 필요하다. 그렇지 않으면 스포츠는 지속적 성장의 길을 보장 받지 못한다. 우리는 친환경적 시설을 증축하거나 이용하는 생태의지를 가져야 한다.

생태계를 파괴하는 것이 아니라 우리 모두가 공존할 수 있고 지구를 보존할 수 있는 스포츠여야 한다. 스포츠의 지속적 성장 또한 생태 혹은 환경문제와 필연적 관계를 가진다. 현명한 해결만이 스포츠를 성장하게 한다. 적어도 스포츠시설을 증축하기 위해서는 환경파괴는 필연적이다. 필요하다고 자꾸 경기장만을 짓는 것은 만사가 아니다. 기존의 경기장을 잘 활용하는 지혜가 그래서 필요하다. 최소한의 환경파괴와 환경평가서, 땅의 역사에 대한 엄격한 검토를 통해서 경기장이 건설된다면 환경피해를 최소화할 수 있다. 개발만이 능사가 아니다. 보전이 더욱 필요하다. 환경은 한번 파괴되면 그것을 재건하는 데 너무나 오랜 시간이 필요하기 때문이다.

논의

앞에서 영화를 통해 현대스포츠의 특성과 미래스포츠의 과제에 대하여 알아보았다. 현대스포츠의 특성은 빠름, 쾌락, 자본이라는 특성을 찾을 수 있었다. 이와 같은 특성은 현대스포츠만의 특성이라기보다는 사회일반의 특성이라고 할 수 있다. 스포츠는 사회의 거울 내지는 작은 사회라는 이유 또한 그 근거가 될 수 있다. 이러한 특성은 학교체육에서 잘 드러난다.

이제까지 학교에서 체육과학만을 가르치고 배워왔다. 빠름, 쾌락, 자본에 충실한 노예로서 실용성 있는 체육과학만을 배웠다. 체육이 학문이 되기 위해서는 오직 과학만이 필요하다고 생각되었다. 여기에 인문, 공부라는 말을 꺼낼 수도 없었고 눈치만 보고 있을 수밖에 없었다. 이미 헤게모니는 과학이 가지고 있었기 때문이다. 그 결과 경기력과 체력 그리고 건강, 기록 등은 이전보다 월등이 향상되었다.

하계 올림픽 4회 연속 10위 안에 기록되는 것을 봐도 과학의 승리를 엿볼 수 있다. 하지만 과학만능주의는 외형적인 성장을 가져왔지만 내면적 성숙을 찾지 못했다. 그 결과 사람됨의 문제는 여전히 해결하지 못했다. 오직 운동만 잘하면 된다는 생각이 지배적이다. 그래서 사람됨은

별로 중요하지 않다고 말한다. 학생들의 기능은 탁월하지만 예의 없는 선수들과 학생들이 늘어나게 되어 사람됨에 대한 공부의 필요성이 차츰 증가하게 되었다. 공부라는 말은 몸과 마음을 닦는 것이다. 수행, 치심 등의 의미를 담고 있다. 몸만 키우지 말고 가슴도 함께 키우는 체육공부가 우리에게 절실히 필요하다. 체육과학과 더불어 체육공부가 이제라도 시작되어야 한다.

스포츠, 우리에게 무엇인가. 과연 스포츠는 누구를 위해 만든 것인가. 상류층만의 전유물이 아니라 운동하는 사람이 진짜 주인이다. 예를 들어 보자. 개인 집에 소장된 많은 책들은 과연 소장자의 책인가. 물론 직접적인 소장자의 재산이지만 내가 말하고자 하는 것은 진정한 소유자는 누구냐 하는 것이다. 책을 읽지 않는다면 그것은 그저 장식품에 지나지 않는다.

스포츠 역시 하지 않으면 관람용에 불과하다. 읽히지 않는 책들은 과시하기 위한 장식품에서 벗어나지 못한다. 역으로 그것은 지적인 열등감을 벗어나기 위한 것을 상징적으로 보여주는 일일 수도 있다. 자신의 집에 책 한 권이 없다고 해도 책을 소유하지 않은 것이 아니다. 책을 소유한다는 것은 읽는 다는 것을 말한다. 자신이 살고 있는 지역 도서관에는 책이 넘쳐난다. 도서관에서 빌려서 책을 읽었다면 그 책은 그의 책이 되는 것이다. 이처럼 스포츠도 진짜 스포츠를 소유하기 위해서는 해봐야 한다.

스포츠를 소유하는 것도 기록과 결과에 의하여 승리하는 것에 있지 않다. 스포츠에서의 의미와 보람 그리고 성취에 대한 체험을 가질 때 진짜 스포츠를 소유하게 되는 것이다. 책을 소유하는 것과 같이 스포츠를 소유하는 것도 이와 같은 논리이다. 구경만 하고 직접 할 생각이 없다면 그것은 스포츠에 노예가 되는 일을 재촉하고 있는 것에 지나지 않는다. 스포츠와의 관계에서 우리는 노예가 아니라 주인이 되어야 한다.

스포츠는 인간을 위해 존재하는 것이기 때문에 인간을 위해 존재해야 한다. 인간이 재미있게 살기 위하여 인위적으로 만든 것이 스포츠이다. 직접 할 때 스포츠는 내 것이 된다. 하지만 스포츠를 한다고 모두 내 것이 되는 것은 아니다. 빠름, 쾌락, 자본의 논리에서 벗어나 참 자아를 찾는, 자아를 실현하는 스포츠가 될 때 스포츠의 노예가 아니라 주인이 되는 것이다. 주인이 되는 스포츠는 예술, 체험, 평등, 생태지향의 스포츠이다.

결론

이상과 같이 스포츠영화라는 텍스트를 한정하여 미래스포츠가 지향해야 할 특성에 대하여 알아보았다. 스포츠영화라는 것은 스포츠의 문제의식을 주제로 사용한 영화라는 조작적 정의에서 시작하여 국내에서 일반인들에게 잘 알려진 영화를 선정하여 분석하였다. 이 과정에서 연구대상으로 삼은 스포츠영화 선정에 대한 의구심을 가질 수 있다. 연구자의 주관적 선정이기 때문에 이 영화들을 어떻게 스포츠영화 전체를 대변할 수 있냐는 비판이 있을 수 있다.

대표적인 스포츠영화라고 할 수 있는 영화를 선정했기 때문에 이 문제는 어느 정도 수용할 수 있다. 그 결과 현대스포츠의 특성은 빠름, 자본, 쾌락 등으로 나타났다. 이러한 토대 위에서 미래스포츠의 지향과제를 스포츠의 지속적 성장과 인간화를 위한 스포츠라고 가정하였다. 이 두 가지 입장에서 미래스포츠의 과제는 생태, 평등, 예술, 체험 등 네 가지의 특성으로 나타났다.

앞에서 가짜와 진짜를 말한 것은 무엇이 진짜인가를 알아보기 위한 것이었다. 그 예를 영화를 가지고 설명했지만 영화에만 한정된 것이 아니라 우리 주변의 모든 것에 해당한다. 비유라는 방식을 통해서 저자가 말하고자 의도한 것은 진짜스포츠를 하자는 말이다. 모두가 스포츠를 하고 있지만 과연 진짜스포츠를 하고 있냐는 의구심을 가질 수 있다. 가짜스포츠와 진짜스포츠를 구별 짓는 기준도 여기서 찾을 수 있다. 진짜스포츠를 체험하지 못하고 스포츠를 안다고 착각할 수 있다. 앞의 영화들은 빠름, 쾌락, 자본의 지배에서 벗어나라고 우리에게 경고하고 있다. 진짜스포츠를 해보라고 거듭 말하고 있다. 그 진짜스포츠는 생태, 평등, 체험, 예술 등의 특성을 가지고 있을 것이다.

※ 이 글은 2007년 12월 8일 한국체육철학회 추계학술대회(한국체육대)에서 발표한 글이다. 영화속의 스포츠를 통해서 우리가 지향해야 할 미래스포츠에 대하여 살펴보았다.

| 8장 |

장자의 조화와 스포츠의 팀워크

지금 한국 체육계는 성폭력, 선수폭력, 죽음 등 다양한 이슈를 만들어 내고 있다(KBS 시사기획, 2008; 손석정, 2007). 그 동안 수면 아래에 잠재되어 있었던 것들이 일순간에 드러나고 있는 것이다. 이러한 문제의 책임을 특정한 어느 개인에게 돌릴 수 있는 문제는 아니다. 여러 이유가 있겠지만 우선적으로 지도자의 코칭철학의 부재에서 찾을 수 있다. 지도자가 승리만을 최고의 목표로 선수보다는 승리에 무게를 두어 운동을 시키기 때문이다. 이 때문에 지도자들은 승리를 위해 팀워크가 필요하다고 주장하며 합숙생활을 선수들에게 강요하고 있다. 그렇다면 그들이 합숙생활에서 얻고자 하는 팀워크란 무엇인가에 대하여 알아보자.

팀워크의 사전적 의미는 “운동팀 구성원 간의 협동 동작 · 작업, 또는 그들의 연대.”이다(두산동아백과사전, 2007). 앞의 사전에서 좀 더 찾아보면, 팀워크는 “팀의 성원이 공동의 목표를 달성하기 위하여 각 역할에 따라 책임을 다하고 협력적으로 행동하는 것을 이르는 말이다. 집단적인 스포츠 종목에서는 팀원이 협력해서 공격하거나 방어하지 않으면 안 되므로, 팀워크가 크게 중시된다.”

경기에서 승패를 좌우하는 것 중에 하나가 팀워크이다. 개인기가 아무리 뛰어나도 팀워크가 살지 못하면 경기는 승리하기 어렵다. 특히나 팀플레이를 주로 하는 구기 종목에서는 팀워크가 승패에 크게 영향을 미친다. 이 때문에 시합 전후로 감독들이 늘 강조하는 말은 대개가 팀워크이다. 팀워크가 무너지게 되면 경기에서 패하게 된다고 누누이 선수들에게 강조한다. 하지만 저자는 이러한 의미의 팀워크가 오래된 편견을 가지고 있음을 장자의 조화 개념을 통해 검토해보려고 한다.

팀워크에 대한 일반적인 오해는 그 본래의 뜻에서 찾을 수 있다. 일사분란하게 선수들이 하나가 되어 경기를 해야 한다는 의미가 너무나 강하게 지배하고 있다. 이는 분명히 선수들의 동일화나 획일화를 지칭하고 있음을 확인할 수 있다. 이러한 팀워크의 이해는 아주 잘못된 생각이라는 것을 장자를 읽으면서 재차 확인하게 되었다. 장자의 조화는 동일화가 아니라 다양성의 공존과 조화를 의미한다. 얼굴이 다른 것처럼 선수 개개인의 개성과 능력에 차이가 있기 때문에 동일화를 요구하는 것은 무리이다.

지도자들이 선수들에게 동일화를 요구하기 때문에 나타나는 부조리는 폭력이다. 폭력이 사라지지 않고 운동선수의 생활세계에 남아 있는 것은 바로 동일화라고 할 수 있는 팀워크를 강조하기 때문이다. 운동선수 개인의 창의적 운동이나 생활은 운동부의 특성상 조금도 허용하지 않는다. 그 이유는 팀워크에 부작용을 줄 수 있다고 믿기 때문이다. 모든 것을 함께 해야 한다는 생각이 지배적이다. 그 결과 합숙소 생활과 단체행동을 강조하게 된다. 합숙소의 폐단은 이미 신문지상에서 이미 논의된 적이 있다. 하지만 아직도 합숙소 생활은 체육계에서 유지되고 있다.

> 인권위는 2003년 충남 천안초등학교 축구부 합숙소 화재 참사 뒤 교육부가 합숙 훈련을 금지했지만, 아직도 절반 이상의 학생들이 합숙 훈련을 하고 있다며 실효성 있는 학습권과 인격권 보호를 위해 실질적인 정책 마련을 권고했다고 말했다(한겨레신문, 2007년 12월 7일자).

위 글에서 확인할 수 있는 사실은 합숙생활이 아직도 지속되고 있다는 내용이다. 천안 초등학교축구부 화재사고와 스포츠에서의 성폭력 사건에서 제기된 근원적인 사고의 진원지는 바로 합숙소이다. 그곳에서 선수의 개인생활이 팀을 위해서 희생되고 허용되지 않는다. 심지어 여자고등학교 학생들의 일률적인 머리 모양, 승리에 대한 투혼을 보여주는 어느 남자고등학교의 삭발모습에서 싸움을 앞둔 전사들의 모습을 본다. 아무리 자발적인 행위라고 하지만 팀워크를 위한 보이지 않는 힘의 행사에서 비롯되었다고 본다.

현재 국내 학원스포츠에서 프로스포츠까지 선수들의 차이를 인정하지 않으려는 경향은 빈번하다. 그 이유는 팀워크가 깨질 수 있다는 선입견이 크게 작용하기 때문이다. 항상 동일하게 움직여야 한다는 논리가 깊게 각인되어 있다. 이런 여파는 운동선수의 문화에서도 나타난다. 대학의 경우 선배가 수업에 들어가지 않기 때문에 후배 차원에서 수업에 들어갈 수 없는 논리이다. 기준이 선배와 동료가 되어야 하기 때문에 조금도 벗어나지 못하고 눈치를 보고 행동하는 경우라고 하겠다.

특히 동일화된 행동들은 구기 종목에서 발견된다. 축구 경기에서 특정한 선수의 특정한 행위를 용납하지 못하는 것이 국내 축구의 현실이다. 외국의 경우 선수들의 두발이나 선수들의 행동이 달라도 문제가 안 된다. 하지만 이 땅에서 다름은 용납하지 못한다. 건방지다는 것이 그 이유이다. 하지만 인간의 욕망은 다양하기 때문에 하나만을 강요하는 것은 잘못이다. 동일함을 강조하기보다는 다양함 속의 조화를 추구하는 것이 필요하다. 선수들의 욕망을 억제하고 통제하는 것보다는 자연적인 표현과 표출할 수 있는 공간을 마련하는 것이 더 현실적이다.

인간은 표현하려는 강한 욕망을 억압당하면 할수록 불만과 스트레스는 커질 수 있다. 일단 특성이 강하다는 것은 개성과 독창성이 다른 선수와 차이가 있다는 것을 말한다. 다른 것을 못 보는 것이다. 한 선수가 머리를 삭발했으면 다른 선수도 삭발해야 한다는 사고가 이를 단적으로 말해주는 것이다. 선수 한 명 한 명의 포지션에 따른 역할이 다양하고 조화로울 때 승리할 확률이 높다. 포지션의 특성을 무시하고 획일화를 강요하는 것은 기계적인 행위만을 가져오게 된다.

이 글의 목적은 단체경기에서 지배적으로 통용되고 있는 팀워크에 대한 재해석을 하는 데 있다. 현재 체육계는 선수폭력, 성폭력이 발생하는 곳으로 합숙소로 지목하고 합숙생활을 제한하고 있다. 합숙소 생활은 승리에 필요한 팀워크를 높이기 위해서 행해지고 있다. 하지만 지도자들은 팀워크에 대해 한쪽 측면만을 이해하기 때문에 체육계에 문제들이 발생했음을 규명한다. 이 글이 갖는 한계는 장자의 관련된 2차 자료에 근거하고 있다는 점과 이 글의 결과가 체육계 전체에 적용하고 일반화하는 데 한계가 있음을 밝힌다.

이 글에서 활용하는 연구방법은 장자(莊子)의 조화개념을 분석 틀로 삼아서 단체 운동종목에서 강조하고 있는 팀워크를 재해석하는 방법이다. 장자철학에서 조화 개념에 대한 선행연구의 검토를 통하여 조화가 무엇을 지칭하는지를 밝히는 작업을 우선적으로 실시한다. 이후의 순서는 장자의 조화개념을 장자라는 텍스트를 중심으로 살펴보고, 이후에 스포츠의 팀워크에 대한 재해석을 시도한다. 기존의 팀워크 해석에 대한 재해석을 통해서 장자의 조화개념이 스포츠의 팀워크를 이해하는 데 유용한 점을 알아본다. 이를 위해서 장자의 철학, 특히 조화개념에 대한 철저한 이해를 바탕으로 스포츠의 팀워크를 재해석하고자 한다.

장자의 조화개념

조화는 도가만이 사용하는 단어는 아니다. 和와 同을 구별하는 것은 유가와 도가가 공유하고 있다. 論語 〈子路〉편에 "君子和而不同, 小人同而不和"라는 말이 있다. 군자는 조화를 이루되 같지 않으며, 소인은 같게 할 줄 알되 조화를 이루지 못한다. 이 말이 함의하고 있는 것은 조화를 중시하지만 그 가운데 다름이 있음을 알 수 있다. 같음만을 중요히 하다보면 잊게 되는 것이 조화이다. 조화로운 가운데 차이를 인정할 수 있는 토대가 필요하다. 조화를 위해 같음만을 강조하는 것은 소인의 행위일 뿐이다.

장자의 조화개념에 대한 선행연구를 정리하면, 장자의 조화개념은 몇 가지로 요약할 수 있다. 혼연일체, 다양성을 온전히 실현, 몸으로 어우러진 축제의 한마당, 개성과 창의성의 실현, 음과 양의 조화 등이다(莊子, 심재권, 2008; 기세춘 역, 2007; 김시천, 2004; 강신주, 2003; 박소정, 2001; 박원재, 1996; 이강수, 1997; 조민환, 1991). 이하에서 좀 더 상세하게 알아보자.

첫째, 혼연일체라는 의미이다. 〈장자〉 2장에 "音聲相和"라는 문장이 나온다. 성은 모든 소리이고 음은 그 소리들 가운데 일정하게 질서 잡힌 소리이다. 팔 음도에서 이 여덟 개 음은 그 사이에 있는 모든 소리 가운데 한 질서 안에 선택된 소리이다. 여덟 개의 음이 모든 한 소리를 내는 것이 아니라 여덟 개의 독특한 음을 내지만 질서에 의해서 조화로운 하나의 소리로 연결된다. 획일화된 한 음의 소리가 아니라 여러 음이 조화되어 한 소리를 내는 것과는 차원이 다르다(박소정, 2001; 이강수, 1997).

소리는 카오스라고 할 수 있는 혼돈의 세계이고, 음은 질서의 세계를 말한다. 즉 음은 코스모스의 세계에 해당한다. 다양한 악기의 소리가 질서를 가질 때 아름다운 음이 생성된다. 질서가 없는 소리는 아름다운 음이 아니라 소음이 된다. 소리는 허한 곳이며, 음은 채운 곳이다. 소리는 난세(亂世)에 해당하고, 음은 치세(治世)를 뜻한다. 무위는 음에서 혼돈스런, 허한 세계로 가는 행위이고, 유위는 혼돈스런 허한 곳에서 다시 한 일정한 질서로 채워 놓는 방향으로 가는 행위이다(조민환, 1991; 심재권, 2008; 박소정, 2001).

둘째, 몸으로 어우러진 축제의 한 마당이다(김시천, 2004; 강신주, 2003). 계속 반복되는 이야기이지만 팀워크는 우리말로 풀어서 설명하면 몸으로 함께 어울림을 의미한다. 조화는 내면적 조화와 외면적 조화로 구분된다. 전자는 인간 정감의 조화를 의미하고, 후자는 다양성의 조화를 말한다. 욕망의 조화가 바로 몸의 평화를 유지하는 데 도움이 된다. 선악, 시비, 미추에 따른 욕망의 발동이 아니라 이에 동요되지 않는 마음이 요구된다. 음과 양의 조화를 통하여 인간 내면의 정감을 조화시키는 것이다. 음과 양 어느 한쪽이 강할 때 조화는 깨지고 만다. 그 결과 피해를 보게 된다.

> 和는 매우 초기부터 同과 구별되는 개념으로서 획일화나, 단일화가 아닌 다양한 것들의 조화를 의미하는 개념이었다. 다양한 것들이 相反相成하여 어우러짐으로써 개별적으로 보면 각각의 사물들의 성질과 기능이 더욱 잘 살려질 수 있고 전체적으로 보면 활기찬 생성변화가 이어져 나갈 수 있다(박소정, 2001).

앞의 인용문에서 다양성의 조화를 강조함을 알 수 있다. 획일화와 단일화만을 강조하는 同은 분명 和와는 다르다. 同과 和 모두 화합을 추구하고, 전체의 효율성을 높이기 위해 필요하다. 그런데 어떤 화합을 추구하느냐에 따라 다른 결과를 가져올 수 있다. 강압과 통제에 의한 획일화와 단일화를 통한 화합은 순간적일 뿐 지속적이지 못하다. 반면에 다양성의 조화는 지속적인 화합을 가져온다. 그 동안 우리는 같음과 조화를 잘못 인식하고 있었다.

셋째, 다양성의 조화이다(기세춘 역, 2007; 박소정, 2001; 박원재, 1996; 이강수, 1997). 다름 속의 같음을 찾는 것이 다양성의 조화이다. 여기서 화(和)는 다시 인화와 천화로 나뉜다. 인화는 사람과의 조화를 말한다. 전쟁에서 승리하는 데 꼭 필요한 것은 천시와 지리 이외에 인화를 들고 있다. 이 중에서 가장 중요한 요소는 바로 인화이다. 아무리 좋은 무기와 전략을 가지고 있어도 내부의 군인들이 조화를 이루지 못할 때 전투력은 상실되고 전투에서 패할 가능성이 높다. 이 때문에 인화를 제일 중요하게 평가하는 것이다.

천화는 자연과 인간의 조화이다. 인간이 자연과 조화를 이루는 방법은 내면을 집중하는 일에서 시작된다. 장자는 이것을 전일이라고 한다. 전일의 방법은 내면을 집중하는 행위이다. 이는 자신의 본성을 회복했다는 것으로 볼 수 있다. 전일의 방법을 통해서 인간과 자연과의 조화가 가능하며, 자연의 도와 인간의 덕이 하나 될 때 조학가 달성된다.

넷째, 개성과 창의성의 실현을 말한다(박소정, 2001; 박원재, 1996; 이강수, 1997; 조민환, 1991). 대립과 갈등, 옳고 그름을 따지는 시비 다툼이 멈추게 되는 것이 자연의 몫으로의 조화이다. 저 마다의 특징과 개성을 살려 낼 수 있는 자유로운 창작과 연주를 의미한다. 예를 들어 시나위의 연주를 들 수 있다. 지휘자가 없어도 조화를 추구한다. 또한 사람과 사람의 조화는 음식의 맛을 내는 것이다. 음악은 조화롭게 연주하는 경우와 마찬가지다. 음악은 연주하는 것은 각 악기가 악기 나름의 소리를 내면서 전체에 맞추어 연주하는 것이다. 다양성을 온전히 실현하는 것으로 모두의 저 마다 개성의 창의성을 실현하는 것이다.

다섯째, 음과 양의 조화이다(박원재, 1996; 이강수, 1997; 조민환, 1991). 동아시아의 사유에서 세상의 모든 물질은 음과 양의 조화에서 만들어진다. 하늘과 땅의 힘이 만나 지상의 모든 피조물이 생성되고 성장 가능하다. 음의 기운만으로 혹은 양의 기운만으로 생명체 또는 물질을 생성하지 못한다. 그렇기 때문에 음과 양의 조화가 필요하다. 동물과 식물에서 보면, 암컷과 수컷이라는 음과 양이 있다. 당근의 경우를 보자. 하늘의 태양 빛에 의한 광합성 작용과 땅 힘에 의해서 당근이 성장한다. 어느 한 가지 기운만으로 생성되지 않는다. 세상의 이치는 음과 양의 조화에서 비롯된다.

이상과 같이 장자에서의 조화는 유가에서 말하는 질서가 아니라 오히려 "해체한 상태와 질서 지어진 상태와의 조화"(심재권, 2008)라고 할 수 있다. 질서를 해체했지만 이는 무질서의 질서에 해당한다. 질서가 없다는 것은 그 만큼 자연스러운 상태에 도달했다는 것이다. 그것이 질서의 실체가 된다는 말이다. 팀워크에 적용하면, 팀워크가 질서 잡힌 상태의 조화가 아니라 그 팀워크가 해체되어 일종의 중립상태로서의 허(虛)에 도달하게 될 때 나타난다.

기(氣)가 분산된 상태를 조화라고 한다. 유가와는 완전히 반대 개념이라고 할 수 있다. 왜 해체 하냐면 다시 또 다른 질서를 위해서 필요하기 때문이다. 하나의 전술로 질서를 잡아 팀워크를 이룬 것은 코스모스이다. 반대로 이 전술을 무효화해서 다시 허로 돌아오면 카오스가 된다. 이 상태에서 다시 질서를 잡으면 코스모스가 되고, 다시 해체하면 카오스가 되는 과정을 거치게 되어야 장자가 말하는 조화로서의 팀워크를 실현할 수 있게 된다.

코스모스와 카오스를 왕복하는 것이 도이다. 팀워크를 이루었지만 동일한 패턴으로만 플레이하면 정석적이긴 하지만 융통성 없는 경기가 되고 만다. 팀워크가 있으면서도 상황에 따라 그 패턴을 깨기도 하여 즉흥적인 연기를 잘해야 응용력이 생긴다. 패턴과 즉흥성이 조화를 이루어야 진짜 조화이다. 정형화된 전술에 따른 경기가 승리하기는 어렵다. 그 이유는 즉흥성이 부족하기 때문에 조화로운 경기를 할 수 없기 때문이다.

앞의 내용을 요약하면, 유가의 조화는 오직 코스모스적인 조화를 의미한다. 반면에 도가적 조화는 코스모스와 카오스가 조화를 이루는 것이다. 이점에서 도가에서 말하는 조화와 유가에서 말하는 조화와는 차이를 가진다. 이는 항상 도(道)의 체(體)인 허성을 바탕으로 해석하고 카오스(虛)를 바탕으로 해야 질서도 비질서(무질서 아님)까지 포함해서 조화롭게 된다(심재권, 2008). 결국, 장자의 조화 개념은 혼연일체, 다양성을 온전히 실현, 몸으로 어우러진 축제의 한 마당, 개성과 창의성의 실현, 음과 양의 조화를 말한다. 각자 자기 자리를 찾음으로써 어우러지도록 하는 것이다. 위에서 정리한 장자의 조화개념을 가지고 스포츠의 팀워크를 재해석 하는 데 적용해보자.

장자의 조화와 스포츠의 팀워크

장자가 음악에 비유하여 설명하는 조화개념이 스포츠라는 비일상 세계에 적용하는 것은 무리한 일일 수 있다. 적용대상이 다르기 때문에 양자를 동일하게 처리하는 것은 위험하다는 비판을 예상할 수 있다. 그럼에도 불구하고 장자의 조화개념의 비판적 검토를 통해서 스포츠의 팀워크를 재해석하려는 이유는 양자의 소통에 도움을 주는 유사성이 있기 때문이다. 그 유사성은 조화와 동일함이라는 개념의 차이에서 찾을 수 있다. 화(和)는 조화를 뜻하고 동(同)이라는 것은 같음을 뜻한다. 양자 모두 하나 됨을 강조하는데 그 하나 됨이 어떤 하나 됨이라는 과정상의 차이가 있기 때문에 저자는 이것을 주목하게 되었다.

미식축구 경기를 할 때, 강조하는 말이 'one for all' 이다. 이 말은 모두가 하나 되는 팀워크를 추구해야 승리할 수 있음을 함의하고 있다. 지금까지 미식축구에서 11명선수 전체가 하나(one)를 추구할 때 경기에서 승리할 수 있다는 생각이 선수들이나 코치들에게 아주 당연하게 인식되어 왔다. 이런 생각이 구기 특히 단체경기에서 특히나 강조된다. 전체가 하나 될 때 승리할 수 있다는 생각이다. 하지만 이는 정당화하는 데 문제가 있다. 전체가 하나 된다는 것은 전체 선수가 동일화와 획일화를 의미하는 것이 아니라 개인의 차이를 존중하고 다양성의 조화를 의미하는 것이다. 장자의 조화개념에서 우리가 얻을 수 있는 교훈은 바로 전체가 하나 되는 다양성의 조화라는 말이다. 이것은 스포츠에서 필요한 팀워크라고 할 수 있다.

이러한 예는 단체경기의 팀워크에도 적용된다. 축구의 경우 11명이 획일화하여 하나의 팀플레이만 강조하는 경우와 11명이 질서를 유지하는 가운데 팀플레이를 하는 경우가 같게 보이지만 차원이 다르다. 강제와 강압에 의한 질서 잡인 팀워크가 아니라 자율과 창조적 행위 속에서 팀 승리를 위해 조화를 추구하는 경우다. 팀워크를 유지하는 것이 장자의 화 개념에서 얻을 수 있는 시사점이다. 팀워크를 어떤 과정을 통해 형성하는 것이 중요하다. 단지 승리를 위한 팀워크는 그 과정이 생략될 가능성이 높다. 수단과 방법을 가리지 않고 팀워크를 높이는 것은 강압의 사용이다. 강압에 대한 공포를 조성해서 팀을 위해 선수들에게 자신을 희생하도록 강요한다.

생각하는 축구는 개성과 창의성을 강조한다. 그 창의적 플레이는 다른 선수의 다양성과 조화를 형성할 때 완성되고, 팀워크를 살릴 수 있다. 개성이 강한 선수의 특성을 실현하게 하는 것이 팀워크에 도움이 된다. 단체경기에서 동일화만을 강요할 때, 선수들은 생각 없이 기계적인 경기만을 하게 한다. 개인의 특성을 살리면서 전체가 조화를 이룰 때,

경기에서 승리할 수 있다. 승리만을 위하여 획일화와 동일화만 강요하게 되면 선수들은 운동기계처럼 행동하게 된다. 적어도 선수들의 특성을 고려하여 선수들의 잠재력을 극대화시킬 수 있는 방법을 찾아내야 한다. 상황에 따라 적극적으로 대처할 수 있는 요령은 바로 다양성의 조화이다.

우리에게 필요한 팀워크는 서로의 재능을 살려주면서 화합을 가져올 수 있게 하는 팀워크이다. 승리만이 중요한 것이 아니라 선수 개인의 인격의 발달이라는 것에 무게를 두어야 한다. 팀을 위해 개인의 희생을 요구하기보다는 개인의 능력을 발휘할 수 있는 기회를 주어야 한다. 전체가 함께 어울리는 공동의 장을 만들려는 노력이 그래서 필요하다. 조화를 중심으로 하는 팀워크는 강제에 의한 것이 아니라 자발적인 자유의지에 의해서 형성되는 팀워크이다.

현장에서 지도자들이 갖는 팀워크에 대한 오해는 합숙소 생활을 강요하는 경우로 나타난다. 개성과 창의성 그리고 다양성의 조화를 인정하지 않고 동일함만을 강요하는 과정에서 획일화된다. 생각 없는 운동을 하는 기계로 만든다. 선수 자신을 잊고 팀만을 위해 희생만 강요하게 된다. 이러한 현상은 팀워크에 대한 오해에서 생긴다. 팀워크의 대한 이해를 잘못하여 획일화와 동일함을 추구하기 위해서 선수들에게 합숙소 생활을 강요하게 된다.

팀워크를 위해 합숙소 생활은 필수적이라고 말한다. 함께 잠자고 먹고 하는 과정에서 동료애와 팀 정신을 높을 수 있다는 믿음은 바로 팀워크에 대한 오해에서 비롯된 것이다. 체육계 성폭력, 합숙소 화제사건, 폭력 등의 문제는 바로 합숙소에서 발생한 사건이다. 합숙소 생활이 부정적인 면만을 가지고 있지 않고 긍정적 측면도 어느 정도 가지고 있기 때문에 지금까지 지속되고 있다. 하지만 팀워크를 유지하기 위한 방안이라면 다양성의 조화를 형성하게 하는 것이 필요하다. 합숙소 생활은 다양성의 조화보다는 동일함을 강요하는 가운데 획일적 생활만을 하게 만들기 때문이다. 이러한 근거는 최근의 연구된 중학교 축구선수의 합숙생활에 관한 연구의 결과에서 잘 나타나고 있다.

> 합숙생활의 장점으로는 팀워크와 몸 관리를 들었으며 단점으로는 개인 시간이 없고 아직 단체생활이 낯설다는 의견도 있었다. 합숙소에서의 체벌은 아직도 공공연히 존재하고 있고 체벌을 가하는 사람은 감독, 코치, 선배의 순이었다(신동열, 2006).

위의 글에서 합숙생활이 팀워크와 몸 관리에 도움이 된다는 긍정적 인식을 확인할 수 있다. 하지만 합숙생활을 통해서 형성된 팀워크는 폭력과 위계적 생활에서 비롯되었다는 것을 위의 연구결과에서 확인된다. 합숙생활에서 경험하는 권력에 대한 순종에 길들여진다는 것과 각종 스트레스를 경험하게 된다는 것이다(신동열, 2006; 류태호, 이주욱, 2004; 강신욱, 1998).

스포츠 팀워크의 재해석

코칭 목적을 선수 혹은 승리 중 어디에 비중을 두느냐에 따라서 지도방식에 차이를 가진다. 현재 지도자는 생존권이 보장되지 않은 상태에서 선수보다 승리에 중점을 두고 선수를 지도하게 된다. 승리 중심의 지도방식은 승리에 대한 강박관념으로 나타난다. 그 결과 수단과 방법을 가리지 않고 승리에 몰두하게 되어 선수의 인권을 고려하지 않는다. 아래의 인용문은 코치가 스포츠의 목적을 어디에 두어야 하는지를 잘 말해주고 있다.

> 코치들이 자주 지적하는 스포츠의 목표는 세 가지이다. 첫째, 팀의 승리, 둘째, 참가자들이 재미를 느낄 수 있도록 하는 것, 셋째, 참가자들에게 다음과 같은 발달이 일어나게 하는 것이다. 신체적으로 스포츠 기술들을 배우고, 신체조건을 개선하며, 좋은 습관을 발달시키고, 부상을 방지하며, 심리적으로 자신의 감정을 통제하고 자기존중감을 발달시키도록 하고, 사회적으로 경쟁적 맥락에서 협동과 적절한 행동의 기준들을 배우도록 하는 것이다(김병준, 김설향, 문익수 외 역, 2007).

앞의 인용문에서 발견할 수 있는 사실은 학원스포츠에서 적어도 선수가 우선이고 승리는 차선이 되어야 한다는 것이다. 한국의 현실은 승리가 우선이고 선수는 차선이 되고 말았다. 그 결과 합숙생활이라는 특수한 운동문화를 가지게 되었다. 승리하기 위해 팀워크가 필요하고 팀워크를 향상시키기 위해서는 합숙생활이 절대적으로 필요하다는 인식이 코치들에게 지배적이다. 동일화와 획일화는 강조하는 팀워크를 형성하기 위하여 실시되는 합숙생활에서 얻는 것은 승리이지만 잃게 되는 것은 선수들의 인권이다.

합숙생활의 궁극적 이유는 승리에 필요한 팀워크를 강화하기 위함이다. 하지만 국내에서 합숙생활은 긍정적인 면보다 부정적인 면이 더 부각되고 있다. 왜냐하면 합숙생활은 비도덕적 행위와 연관되기 때문이다. 합숙생활에서 성폭력과 선수폭력 등이 빈번하게 발생한다. 이러한 사건은 팀워크에 대한 잘못된 이해로 획일화와 동일함을 강조하는 팀워크에서 찾을 수 있다. 다양성의 조화를 통한 팀워크가 필요한 이유도 여기에 있다.

경기의 효율성을 높이는 방법 중에 하나가 팀워크이다. 특히나 팀플레이를 강조하는 단체 경기에서 승리의 제일조건으로 팀워크를 말한다. 팀 효율성을 높이기 위해서 작동하는 것이 팀워크이다. 팀워크를 유지하고 지배하는 기초는 팀 정신이다. 팀 정신을 강화하기 위해서 합숙생활을 강조한다. 하지만 합숙생활은 획일화만 강조할 때 선수 개인의 창의적인 행동과 경기에 도움이 되지 않는다. 지배와 복종만을 가르치는 합숙생활은 어린 나이의 선수들에게 좋지 않은 경험만을 하게 한다.

지도자는 코칭방법에서 중점을 두는 것이 승리전략이다. 이를 위해서 팀워크를 강조하고 유지한다. 이를 위해서 초, 중, 고등학교에서 합숙생활을 하게 한다. 합숙소는 선수들이 집단생활을 하는 곳으로 같이 동거하게 하여 서로 간의 이해를 하게하고 팀워크를 살리는 데 있다. 합숙소 생활에서 어느 정도의 팀워크는 살릴 수 있다고 본다. 지금까지 합숙소 생활을 통해서 전국대회 우승을 한 팀들을 볼 때 어느 정도 효과가 있음을 알 수 있다.

하지만 최근에 벌어진 일련의 합숙소와 관련된 사건은 긍정적인 면보다는 부정적인 면들이 더 많이 발생하였다. 천안초등학교 합숙소 화제사건과 합숙소에서 농구감독의 성폭행 등과 같은 사건은 합숙소가 잘못 운영되고 있다는 것을 단적으로 증명해보인다. 지도자의 절대 권력은 합숙소에서 군왕노릇을 하게 만들었다. 이 문제를 해결하기 위한 대안들이 아래와 같이 제시되고 있다.

> 문화관광부와 교육인적자원부, 대한체육회는 18일 성폭력 가해자 영구 제명 선수 접촉 및 면담 가이드라인 제시 성폭력신고센터 설치 여성 지도자 20% 할당제 등 체육계 성폭력 대책을 내놓았다. 이들은 또 초등학교 합숙훈련을 전면 폐지하고 중고교의

경우 1회 합숙훈련을 2주 이내, 학기당 2회 이내로 제한하도록 하는 한편 체육지도자들에 대한 성폭력 예방 교육을 의무화하기로 했다(한겨레신문, 2008년 2월 28일자).

앞의 글에서 합숙생활에 대한 피해를 줄이기 위한 제도적 장치만을 제시하고 있다. 하지만 보다 적극적인 대책은 합숙생활을 통해서 강화하려고 하는 팀워크에 대한 올바른 이해에서 찾아야 한다. 합숙소 생활을 통해서 팀워크를 높이는 경우는 선수들을 강압과 획일화하는 통제방식을 통해서 전체가 하나가 될 수 있는 동일화를 추구하기 때문에 나타나는 결과이다. 이곳에서 개인보다는 전체에 중심을 두기 때문에 개인 존중과 인권은 찾아보기 어렵다. 서로를 존중하는 가운데 개성과 창의성이 발휘되고 경기력을 증대시킬 수 있다. 하지만 지도자들의 코칭방법에서 다양한 방법을 찾기보다는 지금까지 자신들이 배워온 방법을 답습하고 단기간의 훈련효과를 보기 위하여 획일화할 수 있는 방법으로 팀워크를 유지하는 경우가 많다.

팀워크를 살리는 길은 획일화를 통한 팀워크가 아니라 조화가 발휘될 수 있는 팀워크이다. 선수들 모두의 개성을 살리며, 그들이 가지고 있는 잠재력을 극대화할 수 있는 팀워크를 강조해야 한다. 선수의 희생과 헌신을 통해서 얻게 되는 팀워크는 일시적 효과는 있지만 지속적으로 유지되지 못한다. 왜냐하면 타율과 강제의 결과이기 때문이다. 팀은 살 수 있지만 선수는 희생당하게 된다. 팀도 살고 선수는 살 수 있는 팀워크는 선수들 간의 조화를 통한 팀워크이다. 같음만을 추구하기보다는 조화를 통한 팀워크를 살리는 것이 이상적일 뿐만 아니라 현실적이라고 할 수 있다.

팀 스포츠에서 강조되는 것은 하나 됨이다. 하나가 된다는 것은 선수 모두가 동일한 행위를 의미한다. 그렇기 때문에 특별난 개인 선수의 개인기 중심의 화려한 경기를 기대하기는 어렵게 되었다. 국내에서 펠레나 마나도나 같은 개인기가 탁월한 선수가 나오지 못하는 이유는 선수 개인의 문제이기보다는 개인기보다는 팀워크를 강조하는 분위기 때문이다. 개인의 희생을 통해서 팀을 살려야 한다는 정신이 깊게 개입되어 있다. 여기서 하나 됨은 획일화된 통일을 의미하지 않는다. 전체가 하나 되는 것만을 강조해왔기 때문에 선수의 개성과 창의성을 살려주지 못한 한계가 있었다. 강압과 강제에 의한 팀워크가 아니라 자율과 협력을 통한 팀워크는 개인과 팀 전체의 무서운 힘을 발휘하게 한다.

훈련방법을 생각할 때, 80년대 군사훈련을 연상시키는 훈련방법에서 탈피하고 선수들의 의식변화를 수용해야 한다. 과거의 훈련방법을 되풀이하는 것은 지도자들이 노력하지 않는 다는 것을 입증하는 것 밖에 안 된다. 모든 것이 변화를 시도하고 있다. 선수들의 생각과 분위기에 따라서 훈련방법도 변화를 추구해야 한다. 동일함만을 강요하지 말고 다양성의 조화를 추구하는 것이 선수들의 활력과 팀워크를 형성하는 데 도움이 된다. 선수들의 개성과 창의성을 무시하고 획일화만을 강요하는 것은 시대에 역행하는 일일 수 있다.

요약하면, 스포츠에서의 팀워크는 승리를 위해 절대 필요한 요소이다. 승리를 향한 지도자의 전략은 팀워크를 극대화하는 방법 중에 하나이다. 하지만 우리가 경계해야 할 것은 팀워크를 극대화 하는 과정에서 어떤 희생을 경험해서는 안 된다는 것이다. 지도자의 성취와 선수의 성취가 함께 이뤄지는 구조가 이상적이며 이를 현장에서 실현될 수 있도록 구조와 분위기를 바꿔나가야 한다. 어느 한쪽의 일방적인 희생을 전제로 한 팀워크는 사실상 위험하다. 대부분 경우 선수들의 희생과 헌신을 통해서 팀워크를 유지하려고 한다. 이를 경계하고, 진정한 팀워크는 지도자와 선수가 공존할 수 있는 팀워크이다. 각자의 개성과 창의성을 발휘하고 성취할 수 있는 한에서 팀워크가 형성되어야 한다.

결론

장자의 조화개념을 통해서 스포츠의 팀워크를 재해석해보았다. 지금까지 팀워크는 조화가 아니라 같음만을 강요했기 때문에 개인이 희생을 통해서 얻게 되는 경기력에 크게 도움을 주었지만, 개인을 살리면서 경기력을 향상시키는 데는 크게 영향을 미치지 못했다. 물론 같음만을 가지고도 우승을 할 수 있지만 선수들의 능력을 극대화할 수 있는 방법은 같음이 아니라 조화라는 것을 알 수 있다.

장자의 조화개념은 선수 상호 간의 이해와 존중 그리고 배려 속에서 다양성의 조화라는 팀워크로 해석된다. 불신과 반복 그리고 복종만을 강조하는 팀워크는 강제와 강압이 없이는 붕괴될 가능성이 높다. 그렇게 되면 강제력은 또 다른 강제력을 가져오게 된다. 승리하기 위해서는 팀워크가 필요한데 그 팀워크는 강압과 강제에 의해서 형성된 동일화이기 때문에 강압과 강제가 사라지면 곧 붕괴되기 쉽다. 그러므로 또 다른 강압이 발생하게 한다.

강제의 연결고리를 끊고 민주화된 의사소통을 도입하고 강압이 아닌 대화로 문제를 해결하고 강제가 아닌 자율에 의한 팀워크를 형성하는 것이 현 시대에 맞는 선수 훈련방법이라고 할 수 있다. 동일하고 획일화된 코칭방법을 변하게 하여 시대흐름과 선수들의 의식에 적용하여야 한다. 자기주장과 표현이 강한 세대에 맞게 개성과 다양성을 인정하고 조화를 추구하게 되면 획일화에 의해서 형성되는 팀워크보다는 더 큰 힘을 발휘하게 된다. 문제는 짧은 시간 안에 좋은 결과를 가져와야 하기 때문에 지도자들이 기다리지 못한다.

그 결과 강압은 운동선수의 생활세계에서 사라지지 않고 지속되는 명분을 얻게 된다. 다른 방법으로 선수들의 팀워크를 유지할 수 없기 때문에 그만큼 대안을 찾기가 어려워진다. 강압만을 사용해도 손쉽게 팀워크를 유지할 수 있기 때문에 다른 방법은 조금도 생각하지 않는다. 그렇기 때문에 합숙생활은 군대의 병영생활 혹은 전쟁에서 전사와 같은 긴장상태로 싸움만을 준비하는 생활의 반복만이 지속된다. 선수들의 자율과 창의성을 키워주면서 선수들 사이의 조화를 형성하게 하는 것이 지속적 팀워크를 가질 수 있는 장점이 된다.

경기력의 극대화를 위한 스포츠의 팀워크를 장자의 조화개념에 맞추어 해석한다면, 선수들의 다양성의 조화를 추구하는 일이다. 선수들의 개성과 창의성을 살릴 수 있는 팀워크를 강조하는 이유도 여기에 있다. 선수들의 신체적, 정신적, 사회적 발달을 가져오는 것이 팀워크를 살리는 길이라는 인식의 전환이 필요하다. 특히나 다름을 아주 싫어하는 운동문화에서 자신의 표현 욕구를 실현할 수 있도록 기회를 제공하는 것이 지도자의 또 다른 숙제이다.

※ 이 글은 2008년 11월 30일 한국체육학회가 발행한 〈한국체육학회지〉 제47권 제6호

에 발표한 것이다. 스포츠 팀워크의 재해석과 운동부 합숙소 문제를 연관시켜 그 해결방안에 대하여 알아보았다. 그 재해석의 아이디어는 장자의 조화개념에서 얻었다. 개성과 창의성의 조화와 획일화와 동일화와 대조해서 문제에 접근하였다. 합숙소 해결은 무조건 합숙소 생활을 금지하는 것이 아니라 합숙소의 존재이유를 찾아서 그 이유를 충족시키는 것이다. 합숙소는 팀워크를 목적으로 한다. 팀워크는 동일화가 아니라 조화라는 것을 제시하였다.

| 9장 |
스포츠의 힘: 이해와 활용

이 글은 힘에 대한 연구 분야에서 귀한 업적을 남기고 지금은 고인인 된 고범서 교수(2002)의 '파워: 힘에 대한 연구'에서 아이디어를 얻었다. 그는 앞의 책에서 힘의 균형적 사용의 중요성을 역설하고, 힘에 대한 올바른 이해를 통하여 힘이 남용되고 악용되는 것을 막아야 한다고 거듭 강조한다. 특히 그는 제도적 장치를 통해서 힘의 남용과 악용을 견제할 수 있는 대항력을 갖추어야 한다고 주장한다. 이러한 힘에 대하여 그는 외향적 힘으로 물리적, 경제적, 정치적, 국제적 힘을 규정하고, 내향적 힘으로 존재론적 힘, 심리적 힘, 혼의 힘, 정신적 힘 등으로 분류하고 그 독특한 힘에 대하여 탐구하고 있다.

그의 책에서 얻은 힘에 대한 이해를 바탕으로 저자는 스포츠의 힘이란 과연 무엇인가에 관심을 집중하였다. 앞의 다양한 힘과 비교하여 스포츠의 힘이 가지는 차이점은 과연 무엇일까, 이들 영역의 힘들과 스포츠의 힘은 별 차이가 없을까. 분명 스포츠의 힘은 경제적 힘이나 정치적 힘, 매스미디어의 힘과는 다른 차원의 힘을 가지고 있지 않을까. 이러한 의문은 스포츠의 힘에 대한 연구를 통하여 구체화하였다. 대개 스포츠의 힘이 무엇인가를 일반인들을 대상으로 묻게 되면 대다수가 스포츠의 물리적 힘, 근력을 말한다. 이러한 오해를 없애는 것은 스포츠의 힘에 대하여 이해를 하도록 하는 것이다. 이외에도 스포츠에서 남용되고 악용되는 힘에 대하여 알아보고, 스포츠의 힘의 긍정적 및 적극적 활용 방안을 찾아본다.

이 글이 필요한 이유는 스포츠의 힘에 대한 정확하지 못한 이해 때문에 힘의 악용과 남용하는 일들이 생겨나고 있기 때문이다. 스포츠를 통해서 체력을 연마하여 조폭의 행동대장이 되거나 조직을 확장하여 세를 늘리고, 아니면 타인을 괴롭히는 일에 사용한다든가, 또는 지역사회 갈등을 조장하는 문제를 발생시킬 수 있다. 따라서 스포츠의 힘에 대한 긍정적 차원에서 어떻게 이해하고 활용할 것인가에 대한 연구는 필요하다. 이 부분에 대한 사회학적 연구는 현상적인 부분에서 어느 정도의 성취를 이뤄내고 있지만 근본적인 힘이라는 실체에 대한 규명은 아직 없었다고 본다. 철학적인 입장에서 볼 때, 스포츠가 정화, 통합, 평화에 기여하고 있는가. 스포츠의 힘은 무엇인가에 대한 실체는 발견하는 것이 우선적으로 필요하다.

스포츠의 힘은 체력과 같은 신체적 힘을 연상할 수 있지만 이 글에서 다루고자 하는 힘은 보이지 않는 힘을 말한다. 눈으로 확인할 수 없는 스포츠의 힘에 대하여 찾아보는 것이다. 2002년의 대한민국을 하나로 만들 수 있었던 힘의 실체는 과연 무엇이었을까. 주말이면 학교운동장이나 한강 고수부지에 나와 운동하는 사람들은 어떤 스포츠의 힘에 이끌려 운동을 하게 되었을까, 올림픽이나 월드컵축구에 열광하는 이유는 어디에 있을까. 이 모든 궁금증을 찾아내서 그 궁금증을 해소하는 것은 스포츠의 힘을 이해하는 일이다.

이 글의 목적은 스포츠의 힘에 대한 이해와 활용에 대하여 알아보는 데 있다. 이를 위하여 스포츠의 힘을 개인적, 사회적, 국가적 힘으로 구분하여 각각의 문제를 설정하였다. 연구문제는 스포츠의 개인적 차원의 힘은 무엇이고, 정화장치로서의 역할을 할 수 있는가? 둘째, 스포츠의 사회적 힘은 무엇이고, 통합장치의 역할을 수행하는가? 셋째, 국가적 차원에서 스포츠의 힘은 무엇이고, 과연 평화를 유지하는 데 유용한가? 이러한 문제에 대한 해답은 스포츠의 힘에 대한 올바른 이해에서 시작된다. 힘은 일방적인 행사를 할 경우 위험성이 높다. 힘은 힘으로 견제할 때 힘의 남용과 악용을 제한할 수 있고, 잘못된 일에 힘을 사용하지 못하게 할 수 있다. 힘에 대한 대항력이 그래서 필요한 것이다.

이 글은 문헌을 이용하였다. 우리말로 스포츠철학하기 차원에서 힘이라는 말에 주목하였다. 힘은 다양한 의미를 가지고 현실에서 활용되고 있다. 특히 우리가 스포츠에서 경험하게 되는 자기정화, 사회통합, 국제평화의 근거가 어디에 있을까 하는 문제의식을 가지고 시작하였다. 이러한 현상의 근거를 우리 말의 '힘'이라고 보고 연구를 진행하였다. 따라서 힘과 스포츠의 힘에 해당하는 철학, 역사, 사회학 관련 문헌을 수집하고 분석 고찰하고, 스포츠의 힘에 대한 사례를 찾아서 분류하여 개인적, 사회적, 국가적 차원으로 범주화하였다. 연구의 절차는 스포츠의 힘을 이해하기 위하여 스포츠의 외향적 힘과 내향적 힘으로 구분하여 살펴보았다. 스포츠의 힘에 대한 활용 방안을 모색하기 위하여 세계의 구성요인을 개인, 사회, 국가라고 인식하고 이 기준에 따라서 개인적 힘, 사회적 힘, 국가적 힘으로 구분하여 알아보았다.

스포츠의 힘: 이해

스포츠의 힘에 대한 긍정적 이해를 위해 외향적 힘과 내향적 힘으로 구분하여 알아본다. 내향적 힘은 힘의 실체가 확연하게 보이지 않지만 그 힘의 존재를 부인하기는 어렵다. 예를 들어 군사력, 경찰력과 같은 물리적 힘 또는 정치적 권력이나 경제적 힘과 같은 외부적 힘을 말한다. 반면에 내향적 힘은 심리적 힘, 정신적 힘, 혼의 힘과 같은 내부적 힘을 말한다(고범서, 2002).

1. 스포츠의 외향적 힘

스포츠의 힘의 외향적 부분은 물리적 힘을 증강시키는 것에 몰두한다. 이 힘은 눈으로 확연히 확인할 수 있는 힘이다. 이러한 힘에 대해 이해하기 위한 적절한 예가 스포츠과학의 힘이다. 특히 승리와 기록 경신을 위한 과학적인 훈련방법과 훈련장비에서 볼 수 있다. 스포츠생리학, 스포츠심리학, 운동역학, 트레이닝 방법론 같은 예는 인간 신체의 물리적 힘을 증강시키는 것에 대한 연구와 적용이다. 올림픽이나 월드컵 축구에서 좋은 기록은 결국 스포츠과학의 힘이라고 역설한다. 그것은 인간의 신체를 과학적인 통제와 관리를 통하여 물리적 힘을 향상시킨 결과이다. 대표적인 경우가 역도이다. 역도의 경우 순발력과 물리적 힘의 증가를 통해서 승리를 하게 되는 대표적인 경기이다. 무거운 무게를 들어 올릴 수 있는 힘은 체력을 강화하는 과학적인 트레이닝의 결과이다.

베이징 올림픽 역도에서 세계신기록을 수립한 장미란의 경우 스포츠과학의 힘의 결과이다. 체계적인 훈련과 과학적인 분석을 통해서 힘을 분산을 막고 집중하여 연습하였기 때문에 가능했다. 하지만 과학의 힘에 의한 스포츠의 외향적 힘만으로 달성할 수 있었던 것이 아니라 정신적 힘, 혼의 힘, 종교적 힘이 장미란 선수의 내면에서 힘을 키웠기 때문에 세계신기록을 달성할 수 있었다고 볼 수 있다. 외향적 힘과 내향적 힘의 조화와 균형의 결과라고 봐야한다. 어느 한쪽 힘에 의한 결과라고 평가하는 것은 불확실하다.

앞의 경우는 물리적 힘의 긍정적 활용을 통하여 얻게 된 성과이다. 하지만 물리적 힘을 잘못 사용하면 타인에게 상해를 입히거나 싸움에서 활용될 수 있다. 무도인과 싸움꾼의 차이는 물리적 힘의 사용에 따라서 구분된다. 물리적 힘을 악용하는 경우는 싸움꾼에 불과하다. 힘을 부정적으로 사용했기 때문이다. 무도인은 물리적 힘과 정신적 힘의 조화와 균형으로 자신의 행위를 도덕적 행위로 승화한다.

이처럼 힘의 부정적 측면은 힘을 악용하고 남용하는 데서 찾을 수 있다. 군사적 힘의 악용은 제국주의 시대의 식민지 건설에서 나타난다. 군사적 힘이 약한 국가는 강대국으로부터 식민지 지배를 받게 되었다. 단지 힘이 없다는 이유 때문에 식민지 국가로서 지배를 받아야 했다. 힘의 악용과 남용은 스포츠에서도 발견된다. 기록과 승리를 위한 스포츠과학의 힘의 경우이다. 스포츠과학의 힘의 결과라고 할 수 있는 도핑이나 과잉된 훈련 방법에 의해서 선수 개인의 신체적 항상성의 붕괴 내지는 피로누적 그리고 사망에 이르게 할 수 있다. 대표적인 스포츠과학의 남용은 도핑물질의 개발이다. 신기록과 승리에 대한 집착은 인간 자신의 자연적인 힘이 아니라 약물에 의한 물리적 힘에 의존하게 하였고 또한 이를 남용하게 만들었다.

스포츠에는 긍정적인 측면만 나타나는 것이 아니라 병리현상과 일탈이 존재한다(이래화, 1993; 정준영 역, 2001; Eric Dunning, 1999). 이러한 현상은 스포츠의 힘에 대한 남용 내지 악용에서 그 원인을 찾을 수 있다. 신기록과 승리하기 위한 명분으로 과잉된 신체를 양산하는 약물과 지나친 훈련 그리고 체벌을 빙자한 폭력, 폭력화 된 훌리건과 같은 응원단의 행위를 정당화한다. 물리적 힘의 강화를 위한 스포츠과학의 남용은 경기에서 좋은 결과를 얻을 수 있지만 선수의 생명과 인권은 상실 내지는 도구화될 위험성이 높다. 이러한 현상의 결과는 모두 스포츠의 힘 중에서 외향적 차원의 힘을 추구하기 때문이다. 이를 예방하거나 막을 수 있는 또 다른 힘에 대하여 알아보자. 그것이 스포츠의 내향적 차원의 힘이다.

2. 스포츠의 내향적 힘

눈에 보이는 것보다 보이지 않는 것은 더 중요하다. 스포츠의 힘의 경우에도 눈으로 확인할 수 있고 또한 확인되는 물리적인 힘이다. 기록과 승리를 위한 신체에 가해지는 훈련은 결국 보이는 힘의 증강을 의미한다. 하지만 눈으로 확인할 수 없는 힘의 존재에 대한 탐구와 이해도 필요하다. 그 힘은 바로 내향적인 차원의 힘이다. 대표적인 예가 정신적 힘이다. 정신적 힘을 다음의 글에서 확인해보자.

> 정신은 혼의 작용과 지능의 작용을 포괄하며, 나아가서는 가장 넓고 가장 심오한 예술적 및 윤리, 종교적 세계와 무의식의 세계까지 포괄하는 가장 넓고 가장 높은 형성적 원리이다.....정신은 혼의 작용까지 포함한 여타의 모든 인성적 요소들을 통어한다. 정신은 인성의 가장 깊고, 가장 넓고, 가장 높은 요소로서 인성의 최종, 최고의 통어력이다. 이

같은 정신적 힘의 작용은 인성의 통어력으로써의 정신적 힘과 자아초월적인 정신적 힘이다(고범서, 2002).

인성의 통합적인 정신적 힘은 인격 통합의 역할을 수행한다. 인간 각자의 생득적 가능성을 실현하는 힘을 가지고 있다. 이를 자아실현의 힘이라고 명명할 수 있다. 개인이 가지고 있는 잠재력을 현실화할 수 있는 힘은 정신적 힘이다. 자아는 항상 비존재라는 장애를 만나게 된다. 그 장애를 극복하는 것은 정신적 힘이다. 그래서 자아가 비존재를 넘어서 실현하게 된다. 결국 스포츠에서 선수들이 직면하는 슬럼프, 고원을 만나게 된다. 이러한 것은 선수들의 잠재력을 실현하는 데 장애가 되는 것들이다. 장애를 이겨내는 것은 정신적 힘뿐이다. 물리적 힘으로 자아를 방해하는 비존재를 해결할 수는 없다. 이러한 비존재는 개인에게만 존재하는 것이 아니라 사회, 국가차원에서도 존재한다.

예를 들어 자기정화, 사회통합 그리고 국가평화 등은 눈으로 확인할 수 없지만 힘의 존재를 부정할 수는 없다. 힘이라는 실체가 있기 때문에 감정의 정화와 사회통합 그리고 국가평화가 기능하고 역할을 한다. 그것을 물리적 힘으로 가능하게 할 수 있지만 일시적일뿐 지속성을 얻을 수 없다. 이러한 힘은 기록과 승리보다도 더 큰 차원의 힘을 발휘한다. 개인보다는 사회나 국가 차원에서 발휘되는 힘이다. 개인에게 한정되는 물리적 힘보다는 사회나 국가에서 통용될 수 있는 화합과 조화의 힘이다. 그 힘은 결국 인간의 삶과 스포츠의 존재 의미를 규명하는 것이 된다.

지금까지 스포츠의 힘을 외향적 차원과 내향적 차원으로 구분하여 알아보았다. 힘의 사용에 따라서 긍정적 측면으로 활용할 수 있는 반면에 잘못 사용하면 부정적 측면으로 사용될 수 있다. 힘의 이해와 활용 차원에서 힘의 성격을 파악하고 힘의 저항과 견제가 필요하다. 힘을 통제하는 것은 외향적 힘보다는 내향적 힘이다. 내향적 힘의 하나인 정신적 힘은 인성의 모든 것을 통제할 수 있는 능력을 가지고 있다. 정신은 통제하고 조절할 수 있기 때문에 정신적 힘에 대한 활용이 필요하다.

이러한 맥락에서 스포츠의 힘을 함부로 남용과 악용하면, 권력의 횡포와 물리적 파괴력으로 이용될 수 있다. 그것은 스포츠가 정치나 경제적 도구 내지는 수단이 사용될 때 나타 날 수 있다. 그 피해는 그대로 시민들이 당한다. 이를 예방하기 위해서는 힘의 남용과 악용에 대한 견제와 저항이 필요하다. 그래서 스포츠의 힘이 긍정적으로 활용되어 인류의 화합과 평화 그리고 국가발전에 활용될 수 있음에 주목하는 것이다. 이를 위해서는 스포츠의 힘에 대한 긍정적 활용이 필요하다. 만약 스포츠의 힘을 잘못 사용하면 정치적 도구 내지는 조폭의 싸움에서 타인을 괴롭히는 것으로 작용할 수 있기 때문이다. 작게는 타인에게 피해를, 사회적으로 질서의 파괴를, 국가차원에서는 갈등과 대립을 가져올 수 있다.

스포츠의 힘: 활용

힘은 보이지 않는 실체이며 어떤 대상을 움직이게 하는 근원을 의미한다. 힘은 물리적인 힘이 있고, 공권력과 같은 정치적 힘이 있다. 여기에 경제적 힘, 사회적 힘 등 무수히 많은 힘들이 존재한다. 이 장에서는 스포츠의 힘의 세 가지 차원에 대하여 고찰한다. 특히 중점을 둔 사항은 스포츠의 힘에 대한 이해를 넘어선 활용이다. 저자는 스포츠의 힘의 긍정적 측면을 강조하는 차원에서 세 가지로 규정하여 보았다. 세 가지로 구분한 근거는 세계의 구성요소를 개인, 사회, 국가로 인식하기 때문에 이에 근거하여 적용한 것이다. 첫째, 개인적 힘으로 정화장치를 들 수 있고, 둘째, 사회적 힘으로 통합장치 그리고 셋째, 국가적 힘으로 평화장치를 말 할 수 있다.

1. 개인적 힘: 정화 장치

스포츠가 개인의 감정을 정화하는 정화장치가 될 수 있는가? 이 문제를 해결하기 위해서는 언론에 보도된 아주 늦은 이야기지만 미국 버지니아 공대 사건을 생각해볼 필요가 있다. 버지니아 공대의 총기사건은 가해자 조승희를 포함해서 33명의 생명을 잃었다. 우리에게 아직도 생생하게 기억되는 이유는 한인 3세 교포학생이 사건의 당사자이기 때문이다. 한인이라는 이유 때문에 대통령은 미국 정부를 상대로 사과의 말을 할 수밖에 없었다. 약소국 대한민국은 이 사건으로 인하여 어떤 피해가 올지 두려워했기 때문이다. 이런 사실을 두고 현대판 사대주의라는 비판의 목소리가 높다.

여하튼 이와 같은 희대의 사건이 가능한 것은 잠재된 개인의 폭력성이 정화되지 않고 반사회적으로 나타났기 때문이다. 개인이 사회생활을 하면서 만나게 되는 각종 스트레스, 우울증, 짜증과 같은 나쁜 감정들이 정화되지 않고 오랫동안 유지되면 사회적 문제를 발생시킬 가능성이 높다. 총기 소지가 자유로운 미국의 특성 때문이라고 치부하기에는 뭔가 문제가 있다. 미국만의 문제가 아니라 국내에서도 가능한 일이기 때문이다. 그 가능성을 우울증에서 찾을 수 있다. 우울증이란 무엇인가. 다음의 글에서 확인해보자.

> 우울증은 개인적, 사회적으로 막대한 손실을 초래한다. 개인적으로는 흥미상실, 의욕 저하, 무기력감, 대인관계 단절 등 부정적인 정서, 사회적 체험을 한다. 우울증이 장기간에 걸쳐 지속되면 골밀도가 낮아지고, 고혈압이 생기며, 관상동맥질환의 가능성이 높아지는 등 신체적 문제도 발생한다. 직장에서는 결근이 늘고 생산성도 저하되는 문제가 초래된다. 무엇보다도 심각한 것은 우울증이 자살을 유발한다는 것이다(김병준, 2006).

우울증은 과잉된 스트레스에 그 원인을 찾을 수 있다. 스트레스를 적절하게 정화시키지 못하고 쌓여서 나타나는 것이 우울증이다. 우울증이 무서운 것은 자신의 감정을 스스로 조절하지 못하는 데 있다. 현대사회의 무서운 질병이 암, 에이즈가 아니라 우울증이라고 할 수 있다. 우울증은 자살이라는 개인의 죽음만이 아니라 불특정 다수의 생명을 잃게 할 수도 있다. 우울증은 스트레스를 극복하지 못했을 때 직면하는 불쾌한 정서 상태를 말한다. 특히 우울증이란 세로토닌 호로몬이 감소되는 현상이다. 뇌에서 생성되는 이 물질은 우리의 저항력에 가장 귀중한, 암세포를 죽이는 특수한 T세포들을 강하게 하는 물질이며 우리 마음을 기쁘게 해주는 엔도르핀을 다량 배출 혹은 소량 배출하는 데 영향력을 끼친다. 그래서 우울증에 매우 효과 있는 치료방법 가운데 하나가 바로 운동이라 하겠다.

우리가 건강을 생각할 때 신체적 건강만을 생각하게 되지만 건강은 신체적, 정신적, 사회적, 영적 건강을 모두 포함한다는 사실이다. 그 중에서 현대인에게 필요한 것은 정신건강이다. 정신건강은 우리에게 아주 중요한 건강임에도 불구하고 관심이 적은 편이다. 정신건강은 운동을 통해서 유지 및 관리가 가능하다. 왜냐하면 스포츠 혹은 운동을 하면 카타르시스를 통해 나쁜 감정이 정화되어 건강한 정신을 유지할 수 있기 때문이다(이정학, 2000; 황정현, 2007; Menninger, 1960; Lorenz, 1966; Ardrey, 1966). 스포츠가 나쁜 감정들을 자연적으로 정화해주기 때문에 정신건강의 증진에 효과가 있다. 이 때문에 스포츠 혹은 운동은 일종의 감정의 정화장치라고 할 수 있다. 예를 들어 물은 스스로 정화하는 자정작용 능력을 가지고 있기 때문에 어느 정도 오염이 돼도 정화될 수 있다. 이처럼 인간 역시 감정을 스스로 정화할 수 있는 능력을 가지고 있다. 그것을 극대화시키는 것이 스포츠라고 할 수 있다.

이처럼 우리의 나쁜 감정을 정화할 수 있는 정화장치가 필요하다. 스포츠 혹은 운동이 최고의 정화장치라고 말 할 수 있는 이유는 스트레스, 불안, 우울증은 운동을 통해 정화시킬 수 있기 때문이다. 이러한 나쁜 감정들을 정화시킬 수 있다면 약물복용과 의학의 힘을 빌리지 않고도 분명 정신건강을 유지하고 도움을 받을 수 있다. 우리는 정신건강을 위해서 감정의 정화장치로서의 스포츠와 운동을 생각해보자.

누구나 집에 정수기를 한 대씩 가지고 있다. 물이 오염되었기 때문에 더 이상 물을 먹기 어렵게 되었기 때문이다. 좋은 물을 먹기 위해 정수기를 설치하는 것처럼, 건강한 정신을 갖기 위하여 운동이라는 감정의 정화장치가 필요하다. 돈이 들지 않는 감정의 정화장치로서 운동을 하는 것은 자신의 건강을 위하여 정수기를 설치하는 것과 같다. 좋은 물을 생각하는 것처럼 건강한 정신을 생각해야 한다면 말이다. 비유가 적합한지는 모르겠지만 정수기가 필요한 것처럼 나쁜 감정을 정화시킬 수 있는 정화장치가 우리에게 필요하다.

이상과 같이 개인의 감정의 정화장치로서의 스포츠가 그 역할을 할 수 있는가에 대하여 알아보았다. 급격한 사회발전과 이에 따라서 나타나는 무한경쟁으로 인하여 반게 되는 스트레스와 우울증과 같은 나쁜 감정은 약물과 의학의 힘에 의하여 치료받을 수 있겠지만 스포츠를 통하여 나쁜 감정을 정화하고 정신건강을 유지할 수 있다. 그렇기 때문에 예방차원에서 스포츠 활동을 권장할 만하다. 기쁜 마음으로 스포츠를 하다보면 나쁜 감정은 저절로 사라지고 만다. 이와 같이 정화장치로서의 스포츠의 역할은 스포츠가 가지는 개인적 힘의 특성이라고 할 수 있다. 그 실체는 보이지 않지만 스포츠를 통해서 감정을 정화할 수 있다는 사실만으로 스포츠의 개인적 힘은 정당화될 수 있다.

2. 사회적 힘: 통합 장치

사회적 힘은 국가를 통합할 수 있는 힘이다. 국가는 통합되어야 발전할 수 있을 뿐만 아니라 온 국민의 조화와 화합을 통하여 경제, 문화, 교육, 정치를 개혁하는 힘을 발휘할 수 있다. 통합되지 못한 국가는 반복과 갈등 때문에 서로 간의 발전의 발목을 잡을 수 있다. 인류가 만들어 놓은 제도적인 것 중에 통합할 수 있는 힘을 가지는 것으로 종교와 스포츠가 대표적이다. 종교는 화합을 이루는 통합의 힘을 보여주지만 종교 간의 갈등과 대립 때문에 종교전쟁이 발생하고 그 피해 규모도 크다. 이에 비하여 스포츠의 경우는 종교에 비하여 상대적으로 분쟁과 갈등의 원인이 되기보다는 통합하는 데 더 기여를 하고 있다는 것을 알 수 있다. 그 만큼 화합과 통합할 수 있는 힘을 입증하는 것이다. 그렇다면 스포츠가 최고라고 말하는 것은 아니다. 축구 역시 축구전쟁과 같은 부정적인 현상도 있었기 때문이다.

스포츠의 화합과 통합의 힘은 월드컵축구에서 찾을 수 있다. 특히 2002년 한일월드컵에 참여한 국내 응원단을 연상시킬 수 있다(이순형, 2005; 권순용, 김방출, 2003; 신동민, 2003; 이동연, 2002). 전국을 붉은색으로 만든 붉은 악마는 한국을 하나로 만드는 화합과 조화의 힘을 보여주었다. 나이, 학력, 지역 간의 경계를 허물고 모두가 하나가 될 수 있었던 힘을 발휘하였다. 세계가 놀라게 만든 힘은 바로 스포츠를 통해서 형성되는 통합의 힘이다. 강제성이 없이 자발적 참여로 많은 인원을 한 곳에 응집시킬 수 있는 힘이었다. 다른 여타의 장치에서 찾아볼 수 없는 화합과 통합의 힘이다.

스포츠가 사회적 기여를 할 수 있는 부분이 공동체형성과 분할과 갈등을 통합할 수 있는 부분이다. 우리사회는 지역갈등, 세대갈등, 남녀갈등 등 무수한 갈등과 차별이 존재한다. 그 갈등과 차별의 벽을 허물고 함께 어울려 살 수 있게 하는 것 중에 하나가 스포츠이다. 함께 스포츠를 하는 과정과 함께 스포츠를 보는 과정에서 일체감과 하나라는 우리의식을 형성하게 된다. 그 이유는 하나라는 공동된 목표의식을 가지고 그것의 실현을 위해 직간접적으로 헌신하고 집중을 하기 때문이다. 다른 여타의 제도의 장치에 의해서 할 수 없는 일을 스포츠가 쉽게 성취하고 있다. 이러한 사례를 다음에서 확인해보자.

헤어(Geoff Hare)와 던시(Hugh Dauncey)는 1998년 프랑스 월드컵에서 프랑스 팀의 우승이 사회에 미치는 영향을 분석하면서 1980년대 말 이후 프랑스 축구팀의 선전이 한 민족으로서 프랑스에 대한 감각을 공고하게 하는 데 크게 기여했다고 분석한다. 마찬가지로 우리 선수들이 중요한 국제시합에서 승리를 거두었을 때 대통령이 감독이나 선수들에게 직접 전화를 걸거나 축전을 보내는 것은 국민의 관심을 끌기 위해서 사회통합에 기여한 데 대한 감사를 함축하고 있는 것이기도 하다(정준영, 2003).

물론 스포츠의 사회적 힘이 부정적으로 사용될 측면도 간과할 수 없다. 국가주의 체육정책에서 나타나는 측면이 바로 그것이다. 스포츠로 국가를 지배하는 것이다. 박정희 정권과 전두환 정권에서 볼 수 있는 체육정책이 바로 스포츠의 사회적 힘의 부정적 사용의 예이다. 스포츠가 정치의 수단과 도구가 된 경우이다. 당시 정권의 정치적 전통성을 입증하고 국민단합과 국가홍보라는 정치적 목적을 위해 스포츠를 효율적으로 이용하였다(이욱열, 2004; 황병주, 2002; 이종원, 2000; 김종희, 1999). 거기에는 바로 스포츠의 사회적 힘이 잠재되어 있다는 것을 당시 정치인들은 잘 알고 있었다. 그래서 당시 정치인들은 스포츠가 가지고 있는 사회적 힘을 악용하였다.

앞의 예들은 개인적 차원의 힘을 잘 사용한 사례이고 힘의 남용과 악용한 경우 공격성을 키우고 상대 선수들에게 폭력을 사용하는 경우도 있다. 이러한 예는 스포츠영화에서도 발견된다. '리멤버 타이탄(Remember The Titan, 2000)' 이라는 영화가 그 대표적인 경우이다. 이 영화는 1970년대 미국에서 있었던 실화를 재현한 영화이다. 당시 미국은 인종차별의 문제가 극에 달해 있었다. 백인들은 자신들의 편안하고 행복한 삶을 위해 필요로 했던 노동력을 확보하기 위하여 아프리카에서 노예사냥을 통하여 흑인노예를 수입하였다. 그 결과 노동력으로부터 해방되었지만 흑인들에 대한 인종갈등의 문제에 직면하게 되었다.

이 영화는 한 지역의 고등학교 미식축구 팀을 통하여 인종차별의 문제를 어떻게 해결할 수 있는지를 보여준다. 미식축구의 특성상 팀원 전체가 하나가 되지 못할 때 경기에서 승리하기 어려운 특성이 있다. 적어도 흑인과 백인으로 구성된 팀이 하나의 팀이 되기 위해서는 선수 간의 소통이 필요하다. 감독은 팀의 화합을 위하여 강제로 선수들 간의 인적조사를 하게 만든다. 그 과정을 통하여 서로 간의 관심과 소통을 가능하게 한 것이다. 흑인선수와 백인선수가 함께 만나서 대화를 하면서 서로 간에 소통하게 되었다. 소통은 서로 간의 불신과 오해 때문에 생긴 문제를 해결하는 열쇠가 된다.

그 결과 선수들은 소통을 통해서 서로 간의 오해를 풀고 이해할 수 있게 되었다. 소통으로 화해할 수 있었고 이를 통해 결국에는 화합을 가져올 수 있었기 때문에 대회에 출전하여 우승할 수 있게 된다. 백인학생만으로 구성된 팀보다 더 강할 수 있었던 점은 백인과 흑인학생들의 문제를 자체적으로 해결할 수 있었기 때문에 일차적으로 강한 팀워크를 가지게 된 것이다. 통합의 힘은 크고 작은 주변의 운동회, 체육대회에서 쉽게 발견할 수 있다. 단합체육대회, 친선체육대회 등은 스포츠의 통합장치로서의 힘에 대한 이해를 믿기 때문에 현실에 적용하는 실증적인 예라고 할 수 있다.

이상과 같이 스포츠의 사회적 차원의 힘이 무엇이고, 통합장치로서의 역할을 할 수 있는가에 대하여 알아보았다. 그 결과 스포츠의 사회적 힘은 통합장치로서 사회통합과 화합을 도달하는 데 그 역할을 다한다는 것을 알 수 있었다. 분명히 스포츠의 사회적 차원의 힘은 존재하고 그 역할과 기능을 다하고 있다는 차원에서 정당화될 수 있다.

3. 국가적 힘: 평화 장치

스포츠와 평화에 관한 선행연구는 Song, Hyeong Seok(2007)의 'Peace through soccer' 가 있다. 이 논문에서 그는 축구가 평화에 기여하는가에 대한 문제제기를 통하여 그 가능성은 반반이라고 말한다. 축구가 평화에 기여할 가능성에 대하여, 그는 다음과 같이 말한다. "역사를 살펴보면 축구는 개인, 사회, 국제적 차원에서 평화에 기여할 가능성이 충분하다. 핵심은 평화를 정착시키고자 하는 우리들의 의지가 선행돼야 효력을 지닐 수 있다는 것"이다.

전쟁이 사라진 곳에서 전쟁을 대리할 수 있는 것을 찾아보면 대표적인 것이 스포츠이다. 스포츠를 총성 없는 전쟁터로 비유하는 이유도 여기에 있다. 누구에게나 열려있고 접근이 용이하다는 장점을 가지고 있다. 스포츠는 일종의 작은 전쟁으로 비유된다. 자국의 우수성을 과시하기 위한 합법화된 공간이 바로 스포츠이다. 올림픽과 월드컵 축구의 경우가 총칼 없는 전쟁을 대변한다고 할 수 있다. 이들 메가 이벤트의 경우 국가주의가 개입되지 않는다면 그 인기가 높지 않을 것이다. 자국을 대표하는 팀은 전쟁터에서 자국을 힘을 발휘할 수 있는 자신들의 대리자라고 생각하기 때문에 관심과 참여가 크다. 축구와 같은 스포츠가 축구전쟁을 유발한 경력이 있지만 대체로 스포츠가 평화 장치로서의 기능을 충실하게 수행하고 있다. 단적인 사례를 아프리카 축구에서 찾을 수 있다.

> 국가 간의 대항전을 제외한 축구경기는 다양한 인종들이 축구공 하나에 매달려 인종차별을 잊고 경기에 임할 뿐이다. 골을 넣고 서로 피부색이 다른 선수들이 얼싸안거나 뒹굴며 좋아하는 모습은 다른 스포츠에서 볼 수 있지만 유독 축구에서 강하게 나타나는 것 같다. 이러한 점이 바로 아프리카 축구가 다인종화를 통해서 국제 화합과 공존에 이바지하는 중요한 부분일 것이다(이한규, 2006).

인류평화와 공존공영을 지향하는 올림픽의 경우도 정치적, 경제적 영향으로 중단되거나 반쪽 올림픽이 된 경우가 있었다. 그렇지만 올림픽이 지속될 수 있었던 것은 평화장치로서의 스포츠가 필요함을 절실하게 인류 모두가 인식했기 때문이다. 근대 올림픽이 지속적으로 존재할 수 있는 이유도 역시 인류평화를 지향하기 때문이다. 끊임없이 크고 작은 전쟁, 내전의 문제를 해결할 수 있는 것도 군사력이라고 할 수 있는 물리적 힘보다는 인류의 평화를 지향하는 내향적 힘에서 찾을 수 있다.

만약 인류에게 평화장치가 없다면, 인류는 갈등과 마찰 때문에 약육강식의 논리에 따라서 지배와 피지배를 반복할 수밖에 없다. 근대 서구열강의 제국주의와 식민주의가 전형적인 예이다. 자국의 경제적 이익을 위하여 힘이 약한 국가를 지배하는 것을 정당화 하였다. 이들이 주장한 정당한 이유는 문명화된 국가가 미개하고 문명화되지 못한 국가를 계몽시킨다는 논리에서 찾을 수 있다. 이러한 주장은 힘의 남용 내지는 악용이라고 할 수 있다. 이 때 평화장치로서 스포츠가 기능을 다하고 활용되었다면 식민지 건설과 제국주의에 의한 폐해를 줄일 수 있었을 것이다.

이상과 같이 스포츠의 국가적 차원의 힘에 대하여 알아보고, 국가평화 유지에 기여하고 있다는 것을 규명하였다. 이미 올림픽과 월드컵은 평화를 유지하는 데 일정한 기여를 하고 있음을 알 수 있다. 단지 국제적 메가 이벤트가 아니라 올림픽의 목적처럼 세계의 평화와 우호증진을 위해 스포츠가 어느 정도 역할을 하고 있다는 사실은 부인할 수 없는 진리이다. 분명히 스포츠의 국가적 힘의 존재를 확인할 수 있었다. 뿐만 아니라 국가평화장치로서의 역할 또한 입증되었다고 본다.

결론

스포츠의 힘의 이해와 활용에 대하여 알아보았다. 우리말의 '힘'이라는 뜻은 다양한 의미를 내포하고 있기 때문에 사용되는 맥락에 따라서 다른 의미로 쓰일 때가 종종 있다. 힘이란 용어가 가지는 다양한 의미 때문에 정확한 맥락에 대한 이해가 필요하다. 스포츠라는 맥락에서 발견할 수 있는 힘을 주목하고 외향적 힘과 내향적 힘으로 구분하였다.

이 글 또한 스포츠의 힘의 외향적, 내향적인 측면에 따라서 다른 의미를 가질 수 있음을 확인할 수 있었다. 외향적 차원에서 보면, 스포츠의 힘이란 신체적 힘 혹은 물리적 힘을 지칭한다. 얼마나 빠르게 100미터를 달릴 것인가, 얼마나 높이 뛸 것인가, 얼마나 멀리 뛸 것인가 혹은 얼마나 무거운 것을 들어 올릴 수 있는가, 어떻게 하면 상대방을 이길 수 있을 것인가. 이 모든 의문들은 바로 스포츠의 외향적 힘으로 귀결된다.

반면에 우리가 주목하는 것은 스포츠의 보이지 않는 힘에 대한 이해, 즉 내향적 힘이다. 이런 차원에서 겉으로 드러나고 눈으로 확인되는 신체적 힘이 스포츠의 외향적 힘이라면, 눈으로 확인되지 않고 보이지 않는 힘은 스포츠의 내향적 힘에 해당한다. 한 개인을 스포츠를 통하여 인성을 변화시킨다든지 혹은 지역사회의 공동체문화를 혁신한다든지 아니면 국가발전과 세계평화에 기여할 수 있는 것은 보이지 않는 내향적 힘이다.

결국 이 글에서 규명하려고 하는 것은 바로 스포츠의 내향적 힘이다. 보이지 않지만 스포츠의 존재 의미를 담고 있는 힘의 실체를 파악하는 것이 학문적 의미를 더 담고 있다. 단순한 기록경신의 차원이 아니라 사회와 세계를 변하게 만들 수 있는 힘에 대한 연구이기 때문이다. 이러한 목적을 달성하기 위해서는 스포츠의 힘에 대한 이해가 필요하다. 힘의 본질과 기능에 대한 이해는 힘의 활용에 사용할 수 있다. 힘의 남용은 사회적 악으로 작용할 수 있기 때문에 힘의 남용에 대한 견제나 저항의 차원에서 힘의 사용을 균등하게 하여야 한다.

스포츠의 힘의 남용과 악용의 사례는 축구전쟁을 들 수 있다. 축구 때문에 남미에서 일어난 전쟁은 바로 남용된 힘의 결과라고 해석할 수 있다. 결렬하고 생존이 걸려있는 경기는 전쟁을 대신한다. 월드컵 축구로 인하여 발생하는 사건은 모두 스포츠의 힘이 잘못 활용되어서 나타나는 결과이다. 그 외에도 스포츠로 지배하는 현상에서 확인된다. 정치적 차원에서 스포츠는 우민화 정책의 일환으로 국민을 지배하고, 관리하고 통제하는 힘으로 활용되었다. 경제적 이익을 위하여 상업주의가 넘쳐나는 것 또한 스포츠의 힘이 잘못 활용된 결과라고 할 수 있다. 구체적인 예를 들어보자

1969년 온두라스와 엘살바도르는 제9회 멕시코월드컵(1970년)지역예선전에서 격돌하였다. 양쪽 관중 간에 싸움이 벌어져 수명의 사망자와 부상자가 발생하였다. 이 사건으로 양국은 일주일 동안 국교를 단절하였으며, 온두라스는 그 나라에서 일하고 있던 10만 명 이상의 엘살바도르인을 추방하였고, 이에 불만을 품은 엘살바도르 군대가 온두라스를 침공했다. 양국 간의 전쟁은 일주일 동아 지속되었고 4000명에 가까운 사상자가 발생하였다(송형석, 2006).

앞의 사례와 같이 스포츠의 힘은 남용과 악용될 수 있기 때문에 위험성을 가진다. 그 위험성을 통제와 관리하지 못하면 스포츠는 전쟁과 파괴, 분쟁의 원인 제공자가 될 가능성이 크다. 그렇기 때문에 힘의 균형과 견제의 활용이 필요한 이유도 여기에 있다. 힘의 부정적 차원에서 힘은 파괴와 전쟁과 같은 재앙을 가져올 수 있다. 특히 훌리건과 같은 관중들의 난폭한 행위는 많은 피해를 줄 가능성이 높다. 예를 들어 월드컵 축구의 경우 패배한 팀의 국가를 승리한 국가에 대하여 일종의 반감과 복수에 대한 감정을 일시적이나마 가지게 된다. 그 결과 패배한 팀 국가에서 살고 있는 승리한 팀의 교민들은 외출을 삼가한다. 왜냐하면 테러의 위험이 있기 때문이다. 자신의 안전 보장을 위해서 행동을 제한하는 것이다.

지금까지 스포츠의 힘을 개인적 힘, 사회적 힘, 국가적 힘으로 나누어 알아보았다. 그 결과 개인적 차원의 힘은 정화장치로서의 역할을 하는 힘이고, 사회적 힘은 국가를 통합하는 힘이다. 이 힘은 2002년 한일 월드컵에 참여한 국내 응원단을 연상시킬 수 있다. 역동적 코리아의 힘이 바로 사회적 힘이다. 국가적 힘은 국제평화에 기여할 수 있는 힘으로 현대올림픽과 월드컵축구에서 발견된다. 이와 같은 스포츠의 힘은 강한 결속력과 평화를 지속시킬 수 있는 능력을 가지고 있음을 이 글을 통하여 확인할 수 있었다. 하지만 이 글에서 수행한 결과물은 스포츠의 내향적 힘이며, 긍정적인 측면에서의 성과라고 할 수 있다. 부정적인 측면과 비판적인 입장에서 보면 연구결과를 역행하는 결과들이 나타날 수 있다.

끝으로 이 글에서 얻은 성과는 스포츠가 평화장치로서 세계평화에 기여할 수 있다는 확신이다. 궁극적으로 스포츠를 통해서 정화장치, 통합장치, 평화장치로서 스포츠는 개인과 사회, 국가를 넘어서 전 세계 인간들의 내적평화를 통해 궁극적으로 세계평화에 기여할 수 있을 것이다. 스포츠를 단순히 시간 보내는 오락 활동에 한정하기보다는 시야를 넓혀서 세계평화를 생각해야 한다. 올림픽과 월드컵에서 필요한 것은 자국의 우월성을 세계에 과시하는 것이 아니라 전 세계 인간의 존엄성과 보편적 지위를 보장하고 전쟁 없는 세계를 만들기 위한 스포츠 힘의 활용이다. 힘은 타자나 다른 나라를 위협하고 착취하기 위해서 존재하는 것이 아니라 세계평화의 유지를 위해서 필요한 것이다.

※ 이 글은 2008년 9월 30일 한국체육학회가 발행한 〈한국체육학회지〉 제47권 제5회에 발표한 것이다. 지금은 고인이 되신 고범서 교수의 [파워: 힘의 연구]를 읽고 스포츠의 힘에 대하여 탐구한 내용이다. 다른 것과 비교되는 스포츠의 힘에 대한 학문적 호기심에서 연구를 하게 되었다.

| 10장 |

학생선수의 생활세계: 공부, 운동, 여가

경기도 00시에 소재한 합숙소는 총 1만 7,200평에 본부동, 실내체육관, 실내외테니스장, 종합경기장, 축구장, 야구장, 다목적운동장, 주차장 등을 갖추고 있다. K대학교에서 운동을 하는 모든 학생선수들을 위해서 마련한 것이다. 공부와 운동 그리고 일상생활이 한 곳에서 가능하도록 만들어졌다. 서울에서 1시간 30분 정도의 거리에 위치하고 있어서 외부와의 단절된 말 그대로 대규모 합숙소라고 할 수 있다. 현재 수업은 외부에서 교수와 강사들이 오전 9시부터 오후 1시까지 강의를 하고 있다. 모든 선수들은 시합이 있을 때를 제외하고는 전원이 수업에 참여한다. 2008년 이전에는 학생들이 서울에 있는 학교까지 가서 수업을 들어야 했기 때문에 심적 부담이 컸다고 한다. 하지만 현재 학생선수들에 대한 배려 차원에서 합숙소 내에서 졸업할 때까지 생활할 수 있도록 모든 시설과 조건을 갖추고 있다.

연습시간은 아침운동과 오후운동 그리고 저녁운동으로 구성되어 있었다. 공부와 여가(일상)시간에 비하여 운동시간에 많은 시간을 할애하고 있었다. 여가 시간은 대부분 컴퓨터 온라인 게임과 혹은 인터넷 서핑을 즐기고 있었다. 이곳에서 시내로 나가기 위해서는 택시로 20분 정도의 시간이 걸리기 때문에 특별한 일이 없으면 이곳에서 대부분의 시간을 보내고 있었다. 이들의 미래는 불확실하고 확정적인 것이 없음을 발견할 수 있었다. 미래가 불투명하며 막막하게 생활하고 있었다. 이곳에서 4년 내내 생활한다는 것은 어떻게 보면 단절된 창살 없는 감옥과도 같아 보였다. 외부와 격리된 곳에서 자신들만의 문화를 만들어 생활하고 있었다. 일종의 그들만의 대학 캠퍼스에서 자신만의 생활세계를 만들어 가고 있음을 알 수 있었다. 4년을 보내야만 다른 생활세계로 갈 수 있기 때문이다. 영화 〈아일랜드〉와 같이 새로운 생활세계를 꿈꾸면서 그 날이 오기를 학수고대하면서 이곳 생활에 적응하여 생활하고 있었다.

그 동안 학생선수에 관한 다양한 연구들이 진행되었다. 대부분의 연구들은 거시적 입장에서 학생선수에게 문제점이 있다는 전제에서 시작하여 이를 해결할 정책 방안을 제시하는 연구들이 주류를 형성하고 있다(강병규, 2002; 강신복, 2003; 강신욱, 2003, 2005; 함정혜, 2003; 강신욱, 강미선, 2005; 고은하, 2005; 김석희, 2003; 김정명, 1999; 류태호, 이주욱, 2004; 류태호, 2003, 2005; 안민석, 2002; 이상연, 안민석, 2004; 이학준, 2003, 2004, 2005, 2007; 홍덕기, 류태호, 2007). 하지만 현장을 중심으로 한 학생선수에 관한 연구는 좀처럼 찾아보기 어렵다. 특히 학생선수의 생활세계에 대한 것은 미시적 접근을 통해 상세하게 연구된 사례가 몇 편이 있을 뿐이다(류태호, 이주욱, 2004; 이혁기, 박창범, 임수원, 2007). 이런 점에서 이 글은 정책적 대안보다는 실제 학생선수의 생활세계를 관찰하고 그 속에서 생활하고 있는 선수들을 만나 참여관찰과 심층면담을 통해서 그들의 공부, 운동, 여가에 관한 이야기를 들을 수 있다는 장점에서 필요하다.

학생선수의 문제를 해결하기 위해서는 정확한 진단이 있어야 한다. 진단부터 잘못되면 처방은 엉터리가 되기 쉽다. 문제해결은 근본적인 것에서부터 시작된다. 학생선수의 생활세계에 대한 탐구에서 좀 더 구체적인 학생선수의 공부, 운동, 여가가 어떻게 이루어지고 있다는 것을 알아보는 데 일차적인 목적이 있다. 이외에도 학생선수의 생활세계의 실태를 바탕으로 대안적인 생각들을 제시하는 데 있다. 거시적 입장에서의 대안이 아니라 실천 가능한 현실 적합한 대안을 찾는 미시적 접근의 활용이다.

이 글은 수도권에 속한 지방 소도시의 대학 합숙소를 대상으로 설정하였기 때문에 이 대학의 합숙소가 전국 대학 모두를 대변한다고 볼 수 없다는 점이 한계라고 할 수 있다. 저자가 만난 세 명의 제보자가 축구선수라는 점에서 다른 종목 선수들의 생활과 어떻게 차이가 나는지에 대해서도 일정부분 한계를 가진다. 그럼에도 불구하고 저자는 일상 속에서 자주 만나게 되는 학생선수에 대한 관심 때문에 이 글을 시작하였다. 학생선수의 화려한 스타의식과 우월감 뒤에 만나게 되는 그들의 실제 삶에 관한 호기심 때문에 이 글을 쓰게 되었다. 그들이 실제생활을 상세하게 기술하여 화려함 뒤에 가려진 생활세계의 단면을 보여주려고 한다.

국내 학생선수에 대한 연구들이 피상적으로 학생선수에 관한 문제를 공감하고 이에 대한 정책과 문제에 대하여 연구를 해왔다면 이 글을 미시사 연구로 좀 더 현장을 중심으로 상세하게 묘사하고 있다는 점에서 선행연구들과 차이를 가진다. 대부분 거시사적 접근의 연구들로 현실을 반영하고 있다는 점에서 선행연구들은 한계를 보여준다. 막연히 공부와 운동을 병행하거나 공부하는 운동선수상을 만들기 위해서는 정책적인 변화가 필요하다고 말한다. 모두가 공감되는 내용이지만 얼마나 이들 연구가 현장의 목소리를 반영하고 있을까 하는 생각을 하게 된다. 직접 학생선수가 생활하고 있는 합숙소를 면밀히 관찰하고 이들과 면담 및 대화를 통하여 이들에 대한 고민과 이들의 목소리를 담아 낼 수 있다는 점에서 이 글은 현장의 목소리를 전해주는 창이 될 것이다.

연구기간은 2008년 3월 2일에서부터 6월 17일까지 약 4개월 동안 격주로 제보자들과 만남을 가졌고 심층면담과 참여관찰을 할 수 있었다. 저자가 만난 제보자는 3명이다. 모두 4학년 학생으로 축구선수였다. 미드필드 2명과 골키퍼 1명이었다. 연령은 23세이다. 초등학교부터 축구선수 생활을 해왔고 고등학교 때 전국대회에서 우승을 하여 체육특기자로 입학하였다. 졸업을 앞두고 있지만 갈 곳이 정해지지 않았다. 미래가 불투명한 상태에서 축구연습에 매진하고 있었다. 이들이 체육특기자로 선수생활을 해오면서 합숙시설을 이용했는데 이곳에서 생활은 2년 정도 했고 이곳에 오기 전에는 서울 합숙시설에서 생활하였다. 이곳은 서울에 비하여 운동하기에 최적의 조건이라고 자랑할 정도로 합숙소에서의 생활에 아주 만족하고 있음을 알 수 있었다.

제보자들에게 연구 목적을 상세하게 밝히고 연구결과가 어떻게 사용될 것인지에 대하여도 알려주고 제보에 관한 동의를 얻었다. 참여관찰은 이들이 수업하고 있는 9시에서 1시까지 합숙소 강의실에서 10차의 관찰과 축구장에서 연습하는 장면을 30회 이상 관찰하였다. 심층면담은 비구조화 된 면담을 통해 개인별로 1회 30분 정도의 1차면담을 가졌다. 이 자료에 대한 검토를 거쳐 반구조화 된 질문지를 이용하여 자료수집을 하였다. 수집된 자료는 텍스트 분석을 실시하였다. 분석과정은 전사 작업의 단계로 참여관찰과 심층면담 자료를 컴퓨터에 체계적으로 정리하였다. 다음으로 주제별 약호화의 개발과 적용을 하였다. 이어서 전사된 자료를 반복적으로 읽으면서 주제적 용어를 부여하였다. 마지막으로 주제 및 의미를 생성하도록 하였다.

학생선수의 생활세계: 공부, 운동, 여가

합숙소에서 학생선수들의 일상생활은 그들의 생활세계이며 일종의 삶의 터전이라고 할 수 있다. 학생선수들이 합숙소에서 생활하는 생활세계는 크게 세 부분으로 구분된다. 공부, 운동, 여가가 그것이다. 합숙소에서 이 세 부분이 일어나고 그 둘레 안에서 학생선수들은 일상생활을 보내고 있다. 이 세 부분에 대한 자세한 이해는 학생선수의 생활세계를 살펴보는 데 훌륭한 기준이 된다. 반복되는 일상이지만 그 속에서 그들이 가지고 있는 고민과 열정 그리고 노력하는 모습을 발견할 수 있었다. 그러면 학생선수의 생활세계로 들어가 보자.

1. 공부: 맞춤형과 눈높이 교육

공부에는 승강기가 없다. 단순한 말처럼 들리는 이 말에는 공부에 대한 정답이 담겨져 있다. 공부는 일상 속에서 매일 꾸준히 해야 몸과 정신의 변화를 통해서 자신과 운동문화, 사회, 국가를 바꿀 수 있는 진리를 배울 수 있다. 하지만 운동선수의 경우 공부를 처음 시작하는 초등학교 때부터 공부보다는 운동에 매달린다. 성공하기 위해서 공부는 포기하고 운동만 하면 된다는 생각을 어린 나이의 아이들에게 주변에서 심어주었다. 운동만 잘하면 명문대학과 국가대표, 부와 명예를 함께 얻을 수 있다고 늘 주입시켰기 때문에 공부의 중요성에 대하여 인식을 하지 못하였다. 다만 운동만 하면 모두가 다 잘 될 것이라는 막연한 생각을 가지게 되었다. 일단 운동을 시작하면 운동에만 몰두하기 위하여 공부를 포기하라고 종용한다. 그래서 운동선수는 공부와 담을 쌓게 된다.

이곳의 선수들은 9시부터 1시까지 시간표가 정해져 있어 시간표에 따라서 강의가 진행되고 있었다. 초등학교 때부터 축구선수 생활을 해온 제보자들은 공부가 낯설기 때문에 어디서부터 시작해야 할지 알지 못하고 있었다. 갑자기 학교의 정책이 바뀌었기 때문에 학교 정책에 따를 수밖에 없었다. 그 동안 학교에서 알아서 학점관리를 해주었기 때문에 학생선수들은 운동만 잘하면 그것으로 대학생활은 걸림돌이 없었다. 4년이란 시간만 지나면 당연하게 졸업장을 취득할 수 있었다. 하지만 학교 정책이 바뀌어서 공부하지 않거나 학점을 정상적으로 취득하지 않으면 졸업하지 못하게 되었다.

> K대학은 올해 1학기부터 체육 특기생 숙소가 있는 경기 OO시 합숙소에 특기생만을 위해 별도 수업을 운영하기로 했다. K대학은 한 발 더 나아가 체육 특기자를 위한 맞춤형 수업까지 제공하는 것을 추진한 것. 현재 이곳에는 축구, 야구, 테니스, 양궁, 농구, 육상, 골프 등 7개 운동부 110여 명의 학생들이 기숙사에 머물며 땀을 쏟고 있다. 맞춤형 강의를 위해 체육학과 교수와 강사들이 직접 이곳으로 이동해 학생들을 가르친다는 계획. 학생들은 오전에 수업을 듣고 오후에 운동을 하며 졸업 이수 145학점을 딸 수 있다. 수업 일정상 불가피하게 모자라는 학점은 인터넷 강의 등을 통해 이수하게 한다는 방침

이다(동아일보, 2008년 1월 3일자).

최근의 사회적 분위기는 공부하는 운동선수상을 만들기 위한 것으로 변화하였다. KBS 시사기획 쌈에서 '죄송합니다. 운동부입니다.'라는 프로그램을 통하여 공부와 운동을 병행할 수 있다는 방송을 내보냈다. 이 프로그램에서는 공부하는 운동선수가 가능한지를 실험하기 위하여 연세대 독수리 농구단과 함께 생활하면서 이들의 변화된 모습을 보여주었다. 공부와 운동을 병행하면서도 대외경기에서 좋은 성적을 낼 수 있다는 가능성을 보여주며, 우리 사회에 운동과 공부를 병행해야 한다는 사회분위기를 조성하였다. 그 결과 운동선수의 공부 문제가 초미의 관심사가 되었다.

이 여파로 이곳 합숙소 역시 공부와 운동을 병행하고 있다.[22] 공부와 운동을 병행하면 좋다는 것을 학생선수들 모두가 인식하고 있었다. 하지만 실제 공부라는 것을 일찍 포기하고 운동만 해온 선수들의 입장에서 죽을 맛이라는 것은 표정을 통해서 알 수 있었다. 교수가 강의하는 내용에 대해 이해도가 낮기 때문에 수업에 참여를 하지만 그게 쉬운 일이 아니라는 것을 금방 알게 된다.[23] 수업시간에 학생들의 모습을 살펴

---

22) 체육부장은 "체육부 학생들은 아무래도 어렸을 때부터 운동만 해오다 보니 현실적으로 일반인과 학업 격차가 있다. 교수진과 협의해 학업 수준에 맞게 수업을 진행함으로써 공부에 흥미를 붙여줄 수 있다"면서 "합숙소에서 교육을 하면 선수들도 이동의 불편함을 덜고 졸업에 필요한 학점도 딸 수 있다는 이점이 있다"고 설명했다(한국일보, 2008년, 1월 3일자).

23) K대학교 운동부 학생들은 크게 두 가지 측면에서 맞춤형 강의 프로젝트를 환영하고 있다. 첫째는 이천에서 본교나 충주 캠퍼스로 이동하는 시간을 줄여 운동에 매진할 수 있게 된점, 그리고 또 한가지는 체육특기자들이 한데 모여 수업을 받기 때문에 '진도 따라잡기'가 쉽다는 점이다(동아일보, 2008년 1월 3일자).

보면 지루해 하거나 조는 모습을 볼 수 있다. 그래도 끝까지 무엇인가를 배우려고 집중하는 모습의 학생선수들도 찾을 수 있었다. 공부와 운동을 병행하는 것에 대하여 이들의 말을 들어보자.

> "공부와 운동을 병행하는 것은 좋은 것 같아요. 하지만 현실을 반영해 주셨으면 해요. 기초가 없기 때문에 공부하는 것은 어려워요. 책을 읽고 정리해서 이해해야 하는데 그것이 쉽지 않아요. 수업의 수준을 낮추어 우리가 공부하는 데 진짜 필요한 최소한의 공부를 하도록 도와주었으며 해요."(강재석(가명) 4학년 축구선수)

> "공부는 하고 싶지만 어디부터 해야 할지 엄두가 나지 않아요. 공부를 해야 한다는 생각에 강의를 듣지만 귀에 잘 들어오지 않고 다른 나라 말처럼 들려요. 집중하지만 나도 모르게 졸게 돼요. 축구하는 것보다 더 힘들어요. 지겨운데 참고 앉아 있어야 한다는 게 정말 죽을 맛입니다. 초등학교 때 수업을 듣지 않아서 지금 고생하지요."(이동철(가명) 4학년 축구선수)

> "우리끼리 공부하니까 모르는 것이 생기면 질문하게 되고, 창피한 게 없는데 이곳에 오기 전에는 몰라도 질문하지 못했어요. 창피하기도 하고 뭐 그것도 모르냐고 할 것 같아서요. 하지만 이것은 우리들끼리 하기 때문에 어려움이 없지요. 선생님들이 우리 수준을 파악하고 많은 것보다는 하나라도 알게 하려고 맞추어 강의를 하세요. 고맙지요. 뭐 우리 수준에 맞추어서 공부할 수 있어서요."(박수동(가명) 4학년 축구선수)

앞의 사례와 같이 공부와 운동을 병행하는 것에 대하여 긍정적 반응을 보이지만 실제로는 초등학교부터 운동만 해왔기 때문에 갑자기 공부를 한다는 것은 결코 가벼운 문제가 아니라는 것을 알 수 있다. 공부는 체계적이기 때문에 기초가 없으면 따라가는데 어려움을 가질 수밖에 없는 게 현실이다. 생각은 좋은데 현실에서 어려움의 한계에 직면한다. 그렇다고 과거의 학생선수 경우처럼 운동만 하게 할 수는 없는 일이다. 이제는 사회적 비판과 분위기를 무시할 수 없기 때문이다. 이 문제의 해법은 초등학교 때부터 공부 못하면 대학에 갈 수 없다는 평범한 진리를 학생들에게 인식하게 하는 데 있다. 그래야 공부를 포기하지 않고 지속적으로 운동과 공부를 병행하게 될 것이다. 대학에 입학하여 자신이 원하는 학과를 선택하여 공부도 하고 운동도 할 수 있도록 운동을 시작하는 초등학교 때부터 공부하는 습관이 길러져야 한다. 그래야 지금 막 시작한 공부하는 운동선수가 만들어질 수 있을 것이다.[24)]

2. 운동: 자율적 훈련과 대회의 준비

합숙소는 운동하기에 최상의 조건으로 만들어 놓았다. 외부와도 상당히 떨어져 있어 조용하고 연습에 집중할 수 있는 시간을 벌 수 있다. 잘 만들어진 최신 운동시설은 선수들이 연습에 집중하고 대외경기에서 좋은 성적을 얻을 수 있기에 충분하다. 천연잔디의 축구장과 야구장, 농구를 할 수 있는 체육관 등이 잘 구비되어 있다. 최고의 운동시설을 갖추고 있어 운동선수에게 최고의 장소라고 할 수 있다.

운동시간은 오전운동, 오후운동, 저녁운동으로 구성되어져 있다. 오전운동은 아침 6시에서 7시까지 조깅 위주로 몸을 푸는 시간이다. 강의

---

24) K대학은 자칫 기능인으로 전락할 수 잇는 운동선수들이 맞춤형 특별 교육을 통해 인성도 키우고 실기와 전공 지식을 고루 갖춘 체육 전문가로 양성될 수 있다며 기대를 걸고 있다(연합뉴스, 2008년, 1월 3일자).

를 9시부터 들어야 하기 때문에 시간을 잘 안배하여 수업에 지장이 없도록 마련되어 있다. 오후운동은 수업이 끝나고 2시부터 5시까지 해당 분야 종목에 따라서 운동을 시작한다. 대회준비와 기초훈련 위주로 연습을 하고 있었다. 저녁운동을 하는 것은 하루의 운동시간을 잘 분배하여 구성되어 있었다. 그 시간에 맞추어 학생선수들은 연습하였다. 대회에 임박하면 좀 더 시간을 늘려 연습하는 것을 볼 수 있었다. 이와 관련하여 이들의 말을 들어보자.

"운동은 감독님과 코치님의 지시에 따라서 전문적인 훈련을 해오고 있어요. 아침부터 저녁 혹은 밤늦게까지 연습을 하기 때문에 운동시간은 충분하다고 생각해요. 좋은 여건 속에서 최상의 훈련을 받도록 시설을 구비하여 운동선수들 대부분이 만족하고 있어요. 연습시간은 부족하다고 생각하지 않아요. 적어도 집중해서 연습하면 몇 배의 효과를 얻을 수 있기 때문이죠. 많은 시간을 연습해도 집중력이 떨어지면 운동효과는 반감되지 않나요."(박수동(가명) 4학년 축구선수).

"훈련은 강요나 억압적이지 않기 때문에 코치님의 지시에 따라 집중해서 하지요. 뭐 재미야 모르겠지만 하다보면 재미있어져요. 저는 운동 시작하기 전에 하기 싫은 마음이 있지만 일단 운동하면 곧 싫은 마음이 사라지고 축구 그 자체가 재미있어져요. 그것 때문에 운동을 포기하지 못하나 봐요. 대회가 있으면 철저히 준비를 해요. 좋은 성적을 얻기 위해서죠."(이동철(가명) 4학년 축구선수)

"제 경우는 미니게임이 아주 재미있어요. 집중해서 모든 기술을 써 먹을 수 있기 때문에 훈련은 지겹지만 미니게임은 언제나 재미있게 하고 있지요. 뭐 강압적인 것은 없어요. 코치님이 자율적으로 훈련하도록 동기를 부여해 주기 때문에 늘 열심히 하려고 해요. 그래서 훈련방법에 뭐 불만 가질게 없지요. 연습을 더 해서 프로팀에 가고 싶은데 걱정이에요. 일이 잘 풀려야 하는데, 시합이 있으면 코치님이 더 훈련을 시키시는 것 같아요."(강재석(가명) 4학년 축구선수)

앞의 경우처럼 이곳에서 운동은 강요나 스파르타식 훈련은 없음을 알 수 있다. 사전에 선수들과 지도자가 조율된 훈련 스케줄에 따라 연습이 진행되고 있었다. 수업에 지장을 주지 않는 한에서 아침, 오후, 저녁 운동을 효율적으로 활용하고 있었다. 많은 훈련시간보다는 강도 높은 집중된 훈련방법을 사용하는 것이 더 효율적인 코칭방법이라는 학자들의 견해에 비추어 보면, 이곳에서 훈련은 경기력을 유지하는 데 필요한 시간만큼 충분하게 운용되고 있었다. 하지만 선수입장에서 훈련시간이 재미없고 그냥 하루의 일과로 받아들여 노동과 같이 의무감에서 임하고 있음을 이 3명의 선수들과의 면담에서 확인할 수 있었다. 즐겁고 즐기기 위함보다는 승리하는 방법 위주로 훈련에 길들여진 결과라고 할 수 있다. 자율적이기보다는 타성에 젖은 선수들의 태도가 형성되어 있었다.

학업에 지장을 주지 않는 범위 내에서 대학축구가 U-리그 방식으로 홈과 어웨이로 나누어서 경기하는 방식의 채택은 좋은 변화라고 할 수 있다. 국내 대학스포츠의 이상적 모델로서 미국의 NCAA 방식을 벤치마킹 하고 있다. 선수들이 성적을 일정하게 얻지 못하면 대외경기 출전금지를 하며 주 3회 이상 운동을 금지하고, 하루 2시간으로 연습시간을 제한하고 있다. 경기는 주말과 방학을 이용하여 운영된다(손종열, 2000). 하지만 문제는 합리적인 의사소통을 통해서 합의된 사항을 지켜주어야 한다는 것이다. 머리로만 이해하고 실천으로 옮기지 못하기 때문에 해결되지 못하고 지금까지 같은 일이 되풀이되고 있다. 문제는 실천이다. 합의된 내용을 모두가 실천할 수 있도록 노력하고, 이것이 지켜지지 않을 때는 이에 합당한 처벌이나 대가를 받도록 해야 한다.

3. 여가: 휴식과 자유로운 여가 활용

학생선수들은 강의와 운동연습 시간 이외에 좀 한가한 시간을 가질 수 있었다. 이 때 잠을 자거나 아니면 PC실에서 온라인 게임, 인터넷 서핑을 즐기는 데 여가의 대부분을 보내고 있음을 확인할 수 있었다. 휴가나 외박을 허가 받아 외부로 나가지 않는 이상 이곳 합숙소에서 시간을 보내야 한다. 외부에 위치한 도시까지 택시로 20분 정도가 소요되기 때문에 이곳에서 머무는 시간이 많다. 외부에 굳이 나가려고 하지 않는다. 그래도 여가 시간이 많기 때문에 다양하게 개인의 취향에 따라서 낮잠을 자거나 온라인 게임을 하거나, 빨래를 하는 등 개인시간을 충분하게 사용하고 있었다. 이들의 말을 들어보자.

> "이곳에서의 생활은 단절된 곳, 울타리가 없는 감옥 같아요. 이곳을 벗어나고 싶지만 현실적인 이해관계 때문에 이곳에서 벗어나기는 어려워요. 잘 적응하고 있기 때문에 더 이상 원하는 것은 없어요. 편하게 운동할 수 있는 조건에 대하여 아주 만족하고 있어요."(이동철(가명) 4학년 축구선수)

> "여가시간은 따로 없기 때문에 그냥 하고 싶은 일들을 해요. 뭐 책 읽고 싶으면 책을 읽고, 부족한 공부가 있으면 찾아서 하지요. 뭐 특별한 여가라는 것은 없지만 그래도 통제받지 않고 행동할 수 있다는 것이 너무 좋아요. 잠이 부족하기 때문에 낮잠을 자는 시간이 많아요. 잠자는 시간 이외에는 인터넷을 주로 해요."(박수동(가명) 4학년 축구선수)

> "바쁘게 생활하다 보니까 내 시간이 없어요. 그래서 공부와 운동 시간 이외에 미래를 생각할 때가 많아요. 요즘 졸업을 앞두고 있기 때문에 진로가 걱정이에요. 진로가 결정되지 않은 상태에서 어떻게 살아야 할까 걱정이지요. 고민이 많지만 이를 잊기 위해 온라인 게임을 주로 해요."(강재석(가명) 4학년 축구선수)

별로 문화생활을 즐길 수 없지만, 다른 동료들과 별 불만 없이 잘 적응해서 이곳의 생활을 즐기고 있었다. 더 열심히 운동해서 프로선수 생활을 꿈꾸고, 열심히 노력하는 모습을 볼 수 있었다. 미래가 확실하지 않은 이들이 할 수 있는 것은 오직 운동뿐이었다. 연습하고 또 연습해서 완벽하게 될 때까지 하려는 모습을 축구장에서 몇 차례 보았다. 그래야 마음이 안정되고 경기력이 향상될 수 있기 때문이다. 정해진 것이 없는 이들 4학년 축구선수들은 어쩔 수 없이 초등학교부터 해왔기 때문에 다른 일을 하기가 어렵다. 열심히 해서 프로선수가 되는 꿈을 가지고 있다. 하지만 이것도 쉽지 않기 때문에 걱정이다. 이들은 이곳을 떠나게 되면 무엇을 해야 할지 막연한 생각에 하늘만 쳐다본다.

결론

합숙소에서 생활하는 학생선수의 공부, 운동, 여가에 대하여 알아보았다. 공부에 대하여 살펴보면, 대학차원에서 공부와 운동을 병행하려는 시도를 보여주고 있었다. 대학의 인식변화와 사회적 분위기가 학생선수들이 공부와 운동을 병행해야 한다는 것을 당위적인 것으로 받아들여가고 있었다. 이 때문에 다른 여러 대학들도 변화를 시도하고 있었다. 학생선수들은 이제 운동만 하는 것이 아니라 수업에 들어가서 다른 학생들과 함께 강의도 듣고 시험도 보고 학점을 취득하는 일상적인 학교생활로 바뀌어 가고 있었다. 문제는 이러한 사회적 분위기가 얼마나 지속될 수 있을까 하는 것이다. 이러한 문제해결은 선수들 개개인의 인식전환 이외에 제도적인 장치를 통해서 해결할 수 있다. 적어도 대학스포츠가 변해야 학생선수를 살릴 수 있다. 두 가지 대안은 다음과 같다.

> "우선, 학생선수의 학과 선택의 자유와 권리를 보장하는 것이다. 현행 운영되고 있는 체육특기생 동일계 지원제도를 개혁해야 한다. 적어도 학생선수의 학습권을 보장하고 자신이 원하는 학과를 자유롭게 선택할 수 있도록 기회를 주어야 한다. 다른 하나는 체육특기생의 대학 수학능력점수를 높이는 것이다. 지금처럼 형식적으로 있으나 없으나 하는 것에서 벗어나 실질적 적용이 필요하다. 그렇게 되면, 공부를 못하면 아무리 운동을 잘해도 대학에 갈 수 없다는 인식의 변화가 초등학생에서부터 고등학생까지 생겨날 것이다."(이학준, 2008)

대학스포츠와 학생선수의 이상적인 모습을 보여주고 있는 곳이 바로 이 글의 대상인 합숙소이다. 이곳에서 생활하고 있는 학생선수들은 마음 놓고 운동할 수 있는 스포츠의 천국이라고 말한다. 이곳은 좋은 여건과 시설, 공부할 수 있는 학교의 정책적 배려가 최상으로 이뤄지고 있었다. 대학과 지역도시까지의 거리는 상당히 떨어져 있지만 모두가 별 불만이 없었다. 저자가 만난 3명의 축구선수 역시 이제 4학년이기 때문에 미래를 준비해야 하지만 이곳에서의 생활에 만족하며 즐기고 있었다.

합숙소를 방문하고 나서 저자는 학생선수의 생활세계는 합숙소를 중심으로 폐쇄적이고 집단적일 것이라는 부정적 생각을 날려버릴 수 있었다. 합숙소의 폐단을 이곳에서는 발견하지 못하였다. 지도자들과 교직원, 체육부장이 이곳에서 함께 생활하고 있기 때문에 선수들 간의 구타와 폭력의 문제, 헤이징 문제는 발견되지 않았다. Jeong, Eug-sun(2002)의 연구에서 국내 대학 축구선수들의 일상화된 언어폭력과 헤이징 현상이 심각하다는 결과와 비교하면 이곳 합숙소와는 차이가 있었다.

서로를 존중하면서 자신들의 미래를 준비하고 있었다. 과연 이 같은 대규모 합숙소가 선수들의 생활에 긍정적인가 아니면 폐쇄적인가 생각해볼 문제이다. 대학문화를 경험하지 못하고 이곳에서 대학 4년을 보낸다는 것은 대학생활을 만끽해보지 못한다는 한계가 있다. 무늬만 대학생이고 실제로 대학을 홍보하는 세미프로선수가 된 것이 아닌가 생각하게 된다. 보다 발전된 학생선수의 생활세계를 위하여 비판적 검토가 필요하고, 이를 보다 발전시키기 위해서는 체육특기자 동일계 지원제도와 수능점수 상향 조정을 통하여 개혁을 앞당겨야 한다. 공부와 운동을 병행하여 공부하는 학생선수와 생각하는 학생선수의 육성을 통해 스포츠 스타이기보다는 스포츠 영재로서 성숙한 학생선수가 되기를 기대해본다.

※ 이 글은 2008년 6월 30일에 한국스포츠인류학회가 발행한 〈스포츠인류학연구〉 제3권 제1호에 발표한 것이다. 경기도 이천에 소재한 건국대학교 소속의 스포츠과학타운의 이야기이다. 저자가 강의를 하기 위해서 매주 이곳을 방문하였다. 주위의 시설과 그곳에서 운동연습을 하고 있는 학생선수들을 쉽게 관찰할 수 있었다. 이러한 분위기는 곧 저자로 하여금 연구에 빠져들게 하였다. 이곳은 분명 다른 대학의 체육특기자 관리와 다른 방식을 채택하고 있었으며 다른 곳에서 발견할 수 없는 운동선수의 생활세계를 엿볼 수 있었다. 모두가 합숙소는 문제가 있다고 생각했는데 이곳의 합숙소는 그렇지 않았다. 합숙소에 대한 부정적 시각에서 벗어나 긍정적 모습을 보여줄 수 있다는 점에서 이 글을 쓰게 되었다.

| 11장 |

행산의 체육사상을 탐하다.

〈한국체육사상사〉는 출판의도를 가지고 한 번에 집필된 것이 아니라 많은 시간을 두고 완성된 글이다. 오래전에 발표하고, 그 원고를 기초로 하여 수정하고 내용을 첨가한 것을 모아서 〈한국체육사상사〉라는 그릇에 담은 것이다. 그럼에도 불구하고 체계와 내용은 논리적으로 이뤄졌다. 행산의 연구주제는 체육사상,[25] 신체사상, 양생사상, 무도사상으로 나눌 수 있다. 그 중에 하나인 '체육사상'이 이 책에 그대로 응집되어 있다. 그의 학문세계 중에서 체육사상에 대한 학문적 성취는 이 땅의 어느 누구도 아직까지는 따라가지 못할 만큼 크다. 하지만 장점만 있는 것이 아니라 단점 또한 있기 마련이다. 이런 차원에서 이진수 교수의 〈한국체육사상사〉의 학문적 성취와 과제(한계)를 말하지 않을 수 없다.

체육사상사는 체육의 사상사인가 혹은 체육사상의 역사인가? 아니면 이 둘을 포함하는 것이 체육사상사인가. 체육사상사에 대하여 행산은

25) 사상이란 생각하는 것이며, 그 역사가 사상사이다. 말할 것도 없이 이 한자는 중국 고대의 것으로서 사(思)도 상(想)도 대개 같은 의미로 사용되고 있다. 사(思)라는 것은 첫째, 여러모로 생각한다, 도모하다, 생각하다(판단하다). 둘째로 원하다, 바라다. 셋째로 연모하다, 애태우다. 넷째로 불쌍히 여기다. 자비를 베풀

다음과 같이 말한다. "체육사상사는 과거에 행해졌던 체육에 대한 생각, 우리가 지금 실시하고 있는 체육에 관한 일체의 것, 체육이 지향해야 할 것 등을 이론화하는 작업이다. 思는 생각하는 것이요 想은 마음에 떠오른 그림이다. 그 옛날에 누군가가 했을 신체와 신체운동에 관한 생각과 이미지를 체육에 관해 생각하여 마음에 떠오른 이미지를 표현하기도 하며, 다시 이것을 음미 검토하고 이것을 바탕으로 삼아 미래의 체육으로 지향하며 나가는 학문의 체계가 체육사상사가 될 것이다."[26]

행산의 체육사상사 연구방법은 사전 찾기에서 시작된다. 모르는 것이 있으면 주저 없이 사전을 찾는다. "내가 성취한 몇몇의 작업은 사전을 찾는 것에서부터 이루어진 것이라고 할 수 있다(p.4)." 이러한 학문적 태도 내지 방법은 그의 학문적 스승 미즈노 교수에게서 영향을 받은 것 같다. 이외에도 노트정리라는 방법이 있다. 책을 읽으면서 중요한 부분을 발견하면 노트에 적어서 정리한다. 이것도 이제는 노트북에 정리하는 것으로 변화하였다. 그리고 어학 공부를 빼놓지 않고 강조한다. 일어, 독어, 영어, 한문에 대한 어학능력을 가지고 있기 때문에 국내에 누구도 행산의 학문적 성취에 도전하기 쉽지 않다. 마지막으로 학문 연구 모임인 도교사상연구회 참가를 통해서 그의 학문세계를 넓혔다고 볼 수

다. 다섯째로 불쌍하다, 걱정하다. 라는 의미로 쓰이고 있다. 상(想)이란 思와 같이 생각하다. 라는 의미지만 첫째로 원하다. 둘째로 떠오르다. 셋째로 이것저것 생각하다, 생각에 잠기다. 등의 의미로 사용된다. 이 두 말에서 사상이란 첫째로 사고, 의견, 둘째로 배려해주다, 여러모로 생각하다. 셋째로 사물을 생각, 판단 추리하는 마음의 작용이나, 또 그 결과로써 얻은 의식내용의 의미에 사용된다. 사상과 비슷한 말에 사고, 사유, 사색, 사량, 사려, 사념 들이 있다. 결국 사상이란 생각과 생각되어진 내용을 의미하며, 지금 단계에서는 첫째 이데올로기와 같은 원리적으로 통일된 관념의 체계를 가리키는 명사로서 사용된다(김상순, 1992: 7).

26) 사상사의 연구도 사상과 같은 것으로 일반과 개별로 나누어진다. 게다가 개별사상사는 시대별(예를 들어 근대사상사), 지역별(예를 들어 미국사상사), 영역별(예를 들어 경제사상사) 등으로 나누어진다. 물론 이들의 개별사상사의 연구는 서로 밀접한 관련성이 있고 사상사 연구의 개별화는 그들의 상호관련을 통한 전체적인 파악 없이는 불완전한 것이 된다(김상순, 1992: 11).

있다.

지금 우리는 얼마나 사전을 찾고, 어학공부를 하고 있으며, 노트정리를 하고 있는가? 자문해보면 초라할 뿐이다. 행산은 앞의 과정을 통해서 학문적 내공을 쌓았다. 이 때문에 오늘과 같은 학문적 성취를 할 수 있었을 것이다. 지금의 우리는 공부하는 흉내만 내고 있는 것은 아닌가. 분발하여 열심히 행산의 학문세계를 탐하고 있을 뿐이다. 탐하는 데서 멈추지 않고 분발하여 앞으로 나가야 한다. 우리가 행산을 학문적 평가의 저울에 올려놓는 이유도 그를 폄하하거나 그의 책을 비난하려는 것이 아니다. 그의 학문적 방법과 정신을 그의 책들을 검토하는 과정에서 배우기 위함이다. 잘 알기 위해서는 그의 책에 대한 분석과 검토 작업이 필요하다.

이 글의 목적은 행산 이진수 교수의 많은 저작 중에서 〈한국체육사상사〉라는 책에 대한 서평을 하는 것이다. 서평은 "쓰는 사람 자신의 입장과 속셈을 가급적 객관화하고, 책을 보다 공정하게 평가, 소개하려는 자세로 임하는 것이 보다 좋은 서평을 낳는 길이 아닐까한다"(유팔부, 2008). 서평은 어떤 책에 대한 독후감이나 그 책의 관심을 가질 만한 사람들에게 책의 내용과 평자의 독후감을 전달, 소개하는 평론이다. 좋은 서평이란 1차적으로 "좋은 책은 좋다, 나쁜 책은 나쁘다"는 점을 가급적 공정하게 평가, 소개해주는 서평이다. 뿐만 아니라 서평이란 어떤 책에 대한 평론이다. 그 책은 읽을 만하다, 읽을 가치가 별로 없다 던지를 평가해 독자들에게 전달하는 형식의 글이다(2008, 교수신문).

앞의 내용에서 알 수 있는 것처럼 서평이란 책이 좋은지 그렇지 않는지를 객관적이고 솔직하게 밝히는 글이다. 국내 체육사 및 체육철학 전공자 중에서 행산으로부터 직간접적으로 학문적 은혜를 입지 않은 사람이 없을 것이다. 서평자 역시 박사논문 심사위원과 박사 후 과정 지도교수라는 관계가 있다. 하지만 그는 항상 겸손과 수용하는 학문적 자세와 권위를 내세우지 않는 태도를 견지한다. 학문의 발전을 위해 비판이 필요하다고 늘 강조한다. 이러한 학문적 태도는 그에 대한 후학들의 모든 평가에 대하여 인정할 것이다. 이러한 그의 솔직한 태도 때문에 학문적 평가의 대상으로 그를 올려놓게 되었다. 정년퇴임을 얼마 남지 않은 행산의 학문적 평가를 시도하는 이유도 그를 본받기 위한 후학들의 태도라고 할 수 있다. 행산에 대한 이해관계를 떠나서 객관적으로 책을 보고 느낀 점을 중심으로 글을 쓸 것이다. 글의 순서는 〈한국체육사상사〉의 학문적 성취를 알아보고, 이어서 이 책에 대한 성찰, 비판, 검토를 통해서 학문적 과제를 제시할 것이다. 끝으로 이진수 교수의 체육사상을 알아보는 순으로 글을 전개한다.

〈한국체육사상사〉의 학문적 성취와 과제

이 책은 저자의 일관된 연구의지에 따라서 시간을 두고 발표된 연구성과물의 모음이다. 행산의 〈한국체육사상사〉의 학문적 성취는 국내에서 유일하세 일관된 한국의 체육사상을 시대별로 조명했다는 점이다. 고대, 중세, 근대에 이르기까지 체육에 대한 사상을 엿볼 수 있는 원전이 대개 한문으로 되어 있기 때문에 접근하는 것이 쉽지 않다. 물론 번역서에 의존해서 연구할 수 있지만 직접 원전을 읽어가면서 연구하는 것과는 차원이 다르다. 그렇기 때문에 한문해독 능력이 없는 연구자들은 감히 시도할 수 없는 부분이다. 고문이 모든 한문으로 기록되어 있기 때문에 번역서에 의존할 수 없는 입장에서 이러한 저작을 쓰기는 불가능에 가깝다. 원전에 대한 해독을 바탕으로 고대, 주자학(유교), 도교, 한의학 등의 문헌에 대한 이해가 필요하다. 학문의 도구인 어학능력이 없이는 어려운 일이며 끈질긴 학문적 자세가 없이는 얻어내기 어려운 일이다. 이하에서 그의 학문적 성취와 과제에 대하여 알아본다.

1. 〈한국체육사상사〉의 학문적 성취

한국 고유의 원초적인 신체와 체육사상은 풍류정신(풍류도), 신선사상(신선도), 화랑정신(화랑도)으로 구성하고 이를 모두 포함하는 '덕으로서의 신체활동(사람됨)' 으로 묶어내고 있다. 이미 박사학위논문 〈신라화랑의 체육에 관한 연구〉(1986년)에서 고대 신라의 화랑체육에 대한 연구가 있었고, 최근에 발견된 〈화랑세기〉의 분석을 통해서 화랑의 체육사상을 밝혀내고 있다. 주자학적 신체사상은 퇴계, 율곡, 다산의 신체사상을 연구하여 그 결과를 제시하고 있다. 그는 항상 체육의 목적을 몸과 마음의 조화에 두고 있다. 이 목적을 敬이라는 실천방법을 통해서 성취해야 함을 강조한다. 여기서 중단하지 않고 한의학적 신체사상과 도교의 체육사상을 밝혀내고 있다.

행산은 학문에 입문한 시기부터 현재까지 일관되게 체육사상에 대한 연구를 수행해오고 있다. 이 때문에 〈한국체육사상사〉라는 결과물을 얻을 수 있었을 것이다. 이 한 권의 책은 그 동안에 저자가 일관되게 체육사상이라는 화두를 가지고 연구된 결과물의 모음이라고 할 수 있다. 몇 년에 집필될 수 있는 내용이 아니기 때문에 그의 학문 일생에 거쳐 일관되게 연구하였으므로 얻을 수 있는 것이다. 몇 년 공부로 완성될 수 있는 부분이 아니기 때문에 후학들의 도전과 접근이 쉽지 않다. 그 만큼 〈한국체육사상사〉는 대단한 학문적 성취라고 할 수 있다. 과연 행산 이후에 이 같은 연구 업적을 성취할 수 있는 후학이 나타날 수 있을 것인지 희망을 가지고 기대해본다.

2. 〈한국체육사상사〉의 과제

행산의 〈한국체육사상사〉를 읽는 과정에서 여섯 가지의 의문이 제기되었다. 그 문제는 현재의 체육학의 입장에서 볼 때, 문제를 제기할 수 있는 주제이다. 현재를 넘어선 행산의 문제의식은 과연 진보적인 것인가? 아니면 그 자체로 한계를 담지하고 있는 것인가에 대하여 알아보자.

첫째, 방중술을 체육으로 볼 수 있는가? 이 책의 제5장 도교적 체육사상에서 상당 부분은 방중술에 비중을 두고 있다. 과연 방중술이 체육인지 의문이 든다. 저자는 방중술 역시 양생의 한부분이기 때문에 체육으로 보는 것 같다. 하지만 현재 체육학의 입장에서 금기시할 뿐만 아니라 성적인 부분을 배격하고 체육으로 인정하지 않는다. 만약 체육으로 인정한다면 초등학교부터 방중술을 가르쳐야 한다는 논리가 성립된다. 왜냐하면 체육은 교육이므로 초기교육이 중요하기 때문이다. 그렇다면 행산은 체육을 어떻게 인식하고 있을까? 그는 체육을 '기분 좋은 신체활동'으로 규정하고 있다. 이 개념대로라면 방중술은 체육이 될 수밖에 없다. 그의 다른 저작 〈고대 한국스포츠연구〉의 서문에서 스포츠는 행복을 추구하는 신체기법의 총체 혹은 절정체험을 추구하는 신체기법이라고 밝히고 있다. 행복을 추구하는 모든 신체기법은 스포츠라는 말인가? 여기서 체육과 스포츠의 개념 차이도 존재한다. 크게 방중술이 양성이며 양생의 방법이기 때문에 체육으로 수용해야 하는 모순이 생긴다. 행산은 시대를 너무 앞서가는 학자인가 아니면 너무 비현실적인 이상주의의 학자인가. 정확한 인식을 하기가 어렵다. 이 문제는 학계의 토론이 필요한 부분이다.

둘째, 유불도 중에서 왜 불교의 체육사상을 생략했을까? 한국사상은 유불도가 그 중심에 있다. 체육사상 역시 이 범위에서 벗어나기 어렵다. 이 책에서는 유교와 도교적 체육사상을 잘 정리하고 있지만 불교의 체육사상은 언급하지 않고 있다. 이미 불교와 체육사상에 관한 국내의 연구결과가 있기 때문에 이를 참고하여 정리하였다면 좋았을 것 같다. 불교의 체육사상은 책의 일관된 논리구조를 형성하는 데 필요하다. 저자는 불교의 체육사상에 대한 연구의 필요성에 대하여 인지하고 있지 않은 것 같다. 저자에게 물어본 결과 자신은 기독교 신자이기 때문에 불교에 관심이 없었으므로 연구를 하지 못했다고 말한다. 그의 〈한국체육사상사〉는 자신의 학문적 호기심과 밀접한 관계가 있다. 관심이 있기에 연구할 뿐이라는 것을 확인할 수 있었다. 이후에 책 개정작업을 할 때 첨가할 생각은 없는지 묻고 싶다. 불교가 이미 삼국시대와 고려시대의 중심적 사상이었기 때문에 불교의 체육사상에 대한 언급 없이 〈한국체육사상사〉는 성립되기 어렵다. 따라서 행산의 〈한국체육사상사〉 역시 불교에 대한 정리 없이는 미완성에 불과하다.

셋째, 퇴계, 율곡, 다산의 체육사상의 차이는 있는가? 이 문제를 책에서 구체적으로 밝혀주지 못했다. 제4장 주자학적 신체와 체육사상에서 퇴계, 율곡, 다산의 체육사상을 구분하여 알아보고 있다. 하지만 전체를 대상으로 비교하고 차이점을 밝히지는 못하고 있다. 다만 개별적으로 신체와 체육사상만을 열거하는 데 멈추고 있다. 이 세 사람의 학자들이 추구하였던 공통점이 무엇이고 차이점은 무엇인가? 이들의 주장을 주자학적 신체와 체육사상으로 일반화할 수 있는지 아니면 이들과 다른 주자학자들의 신체와 체육사상이 존재하는지 궁금증이 더해간다. 행산은 주자학의 현대체육에 주는 시사점을 다음과 같이 말한다.

> "주자학이 현대체육에 주는 의의는 수신에 있다고 말한다. 수신은 몸을 닦는다는 말이다. 스포츠로 우리의 몸을 단련하는 것이나 율곡이 호연지기를 기르고 퇴계가 조식하는 것은 다를 바가 없다. 그럼에도 불구하고 우리들은 체육에서 호연지기를 혹은 조식을 잊은 지 오래다. 나는 이 주자학에서의 전통적인 덕목들을 다시 찾아 우리의 체육사상으로 다시 세우고 싶은 것이다." (p.194)

이들은 조선을 대표하는 당대의 최고 학자로서 이들의 주장은 신뢰할 만하기 때문에 이들 이외에 학자들에 대한 연구는 사족에 불과할까. 퇴계의 신체와 신체사상을 연구하고 특히 퇴계의 여가행위로서 유산에 대하여 밝혀주고 있다. 율곡은 신체사상만을 제시하고 있다. 신체사상과 체육사상은 같은 것으로 이해하고 있다. 다신 역시 신체사상을 리의 실현으로 신체를 규명하고 있다. 이들의 차이와 유사점은 이후의 과제로 남겨 놓고 있을 뿐이다. 좀 더 친절하게 세 학자의 체육사상과 신체사상을 구별하여 주었다면 독자로서 쉽게 이해할 수 있었을 것이다. 구별이 없다고 해서 이 책에 문제가 있는 것은 아니다. 독자 스스로 차이를 발견해야 할 과제인지 모른다. 행산과 같이 체육사상에 관한 모든 연구주제를 연구하게 되면 후학의 입장에서 연구할 주제를 발견하지 못할 수 있다는 생각을 할 수 있다.

넷째, 신체사상, 체육사상, 양생사상은 같은가? 이 책에서 발견되는 모호한 표현은 신체사상, 체육사상, 양생사상을 같은 의미로 사용하고 있다는 점이다. 서평자의 입장에서 보면, 신체사상과 체육사상, 그리고 양생사상은 같지 않다. 신체사상은 신체 그 자체에 대한 학자들의 견해를 밝히는 것이다. 예를 들어 다산의 신체사상은 理의 실현으로서 신체에서 찾을 수 있다. 행산에(2001) 의하면, 신체사상이란 용어는 철학에 있어서 흔히 심신관계론이라 하여 형이상학적으로 취급되고 있으나 체육학의 입장에서는 오히려 신체사상(philosophy of body)이라 부르는 것이 적당할 것이다. 보통 심신관계론에 있어서 신체와 마음의 관계를 실증적 관계로부터 객관적으로 고찰하려는 입장을 취하나 여기에서의 신체사상은 운동이나 스포츠를 통해 몸을 강조하는 체육학의 체험적 입장이란 보다 넓은 영역을 포함하는 것이기 때문이다(이진수, 2001: 23). 체육사상은 신체를 통한 교육이 어떻게 구현되었는가 아니면 체육을 어떻게 실현해야 하는가에 대한 생각들을 연구하는 분야이다.

이미 행산은 체육사상에 대해 언급하고 있다. 양생사상은 신체와 체육을 구분하여 좋은 삶을 어떻게 실현할 것인가에 대한 구체적 해답이다. 생을 살리는 방법에 대한 탐구이다. 이러한 차이에도 불구하고 세 가지 용어가 혼용되어 사용되고 있다. 독자의 입장에서 맥락에 따라 이해할 수밖에 없다. 유교, 도교의 체육사상은 중국의 경우와 차이가 있는가를 파악했다면 우리 것과 중국의 체육사상의 차이를 극명하게 보여줄 수 있었을 것이다. 하지만 유교와 도교의 보편성과 특수성 차원에서 우리의 체육사상을 모색하는 과정이 필요하다. 어느 정도가 중국의 체육사상이고 어디까지가 우리의 체육사상인가를 구분하는 것은 시간낭비고 무의미한 것일까?

다섯째, 인용 표절이 과하지 않은가? 짜깁기, 부분표절이 생각보다 많다. 소화하지 못하고 먹는 데 욕심을 낸 것 같은 문장들이 많이 발견되고 있다. 이외에도 원문 출처를 밝히지 않은 문장이 있다. 과거에는 이 같은 글쓰기는 일종의 관행으로 별 문제가 없지만 지금의 시각에서는 표절에 해당한다. 이전의 논문과 책에서 많은 부분을 인용하고 있어서 중복되는 부분을 피하지 못하고 있다. 이 때문에 같은 문장을 같은 책 안에서도 만나게 된다. 같은 책을 몇 번 읽다 보니까 이제는 어디에 똑같은 문장이 있는지 알게 되었다. 그 만큼 저자가 독자로 하여금 공부하도록 반복학습을 시키고자 하는 의도인지 모르겠지만 반복된 문장이 자주 나타난다.

인문학에서 인용은 어쩔 수 없는 부분이라고 한다고 해도 인용표시와 적당한 인용만이 허용될 뿐이다. 좋은 연구는 정직하고 성실한 연구이다. 과거에는 별 문제가 되지 않았지만 지금은 아주 표절과 인용에 대하여 민감하게 반응하고 있다. 학자적 양심을 지키는 것이 좋은 연구의 시작이다. 행산의 연구물들은 대체로 정직하게 인용표시를 잘하고 있다고 할 수 있다. 우려되는 것은 만약 책 전부가 인용으로 구성되어 있다면 그것은 독창적인 책이 아니라 편집된 결과물의 모음밖에 안 된다는 것이다. 저자 자신의 고유한 사유의 전개가 책에 일관되게 용해되어 있어야 한다. 그래야 그것은 저술이라고 할 수 있다. 이러한 맥락에서 부분적으로 같은 내용이 반복됨에도 불구하고 저자의 생각이 일관되게 나타나기 때문에 이 책은 저자의 고유한 저작이라고 할 수 있다.

여섯째, 구성체계가 논리적인가? 저서는 체계의 일관성이 중요하다. 전체적으로 이 책의 체계는 무리 없이 구성되어 있다. 굳이 한계 내지 단점이라고 한다면 불교의 체육사상이 빠져 있어 구성의 완성에 금이 가고 있다. 불교는 유교와 도교와 더불어 우리사상의 근간을 형성하는 중요한 영역이다. 그런데 이 부분이 제외된 것은 저자가 기독교 신자라는 특성과 불교에 대해 별다른 관심을 가지지 않았기 때문이라고 할 수 있다. 저자의 공부 방법은 관심에서 시작된다. 관심이 생기지 않는 주제는 연구에서 제외하고 있음을 그 동안의 그의 저작을 통하여 확인된다. 공부하는 태도에서도 자연스러운 현상이기 때문에 인위적인 모습을 발견하기 어렵다. 그렇다고 이 책에 문제가 있는 것은 아니다. 그 외에 사상별로 체육사상을 서술했기 때문에 아쉬움의 남을 뿐이다.

이외에도 제2장 한국 고유의 원초적인 신체와 체육사상의 5절과 6절은 제4장으로 옮긴다면 더 체계적인 구성이 될 것이다. 시대별로 순서가 정해져 있기 때문에 시기별 사항을 고려하여 재배치하는 것이 필요하다. 일관된 흐름 위에서 체육사상사가 정리되고 일관된 한국체육사상사를 밝히는 것은 급선무이다. 단지 부분의 합만을 의미한다면 이 책의 일관된 체육사상을 만나기는 어렵다. 부분적으로 드러난 한국체육사상사만을 만날 수 있게 된다. 앞의 내용을 종합 검토하고 결론 내지는 맺음말에서 전체를 정리하고 저자의 일관된 주장을 강조하는 것이 이 책의 완성도를 높일 수 있는 방안이다. 부분은 최고를 보이지만 잘 조화롭게 합하지 못하고 엮어 놓은 모양새이다. 일관된 체계의 구성을 통해 재구성 한다면 지금의 책보다 좀 더 향상될 것이다.

이상과 같이 행산의 한국체육사상사는 창의성과 최초라는 수식어가 들어갈 만큼 일관된 체계와 구성이 요구된다. 부분을 잘 엮어서 하나의 체계를 수립하는 것이 책의 생명일 것이다. 이러한 비판을 하는 입장에서 내 자신을 봐도 역시 잘하고 있지 못하지만 〈한국체육사상사〉가 체육학의 고전으로 생명의 지속성을 얻기 위해서는 이 부분을 잘 정리해야 할 것이다. 책은 잠시 출판되었다가 사라지는 운명이기 보다 지속적으로 읽히는 고전이 되어 장기간 생명을 유지하는 것이 모든 저자들의 바람이다. 이 책 역시 능력 있는 저자가 시간을 갖고 재정리하고 검토하여 위의 질문에 대한 답을 포함한 일관된 체계성을 갖춘 책으로 다시 태어나기를 기대한다. 그래서 우리에게도 자랑스러운 체육학의 명저 내지는 고전을 가질 수 있었으면 한다.

행산의 체육사상을 묻는다.

많은 독서와 탁월한 어학능력, 그리고 치열한 공부에 대한 일관된 삶의 자세는 그의 연구업적에서 드러난다. 동년배의 다른 학자들과 비교되는 탁월한 연구업적은 그 만큼 많은 시간을 연구에 투자하는 삶을 살아왔다는 것을 말해준다. 다른 연구자가 접근하기 어려운 한국 고대사에 대한 연구는 한문해독 능력이 없이는 불가능하다. 과연 체육학자 중에 한문을 해독할 수 있는 능력을 가지 학자들이 몇 명이나 될까. 연구능력이 없기 때문에 감히 도전을 하지 못하는 연구영역이다. 역사뿐만 아니라 철학, 문학을 포함하는 인문학적 소양의 이해 없이는 접근이 쉽지 않다. 끊임없이 지적 호기심을 충족시키기 위해 책을 읽고 좋은 내용을 노트북에 옮겨 적고 이해가 되지 않는 것은 사전을 찾아 정리하는 그의 공부 방법은 지금도 계속되고 있다. 그 결과로 성취해 낸 행산의 체육사상은 다음과 같다.

첫째, 체육의 이상적 인간상은 몸과 마음의 조화이다. 초기의 신라화랑의 체육사상에서 밝힌 것처럼 몸과 마음의 조화라는 전인을 이상적 인간으로 보고 있다. 즉 "몸과 마음의 조화를 이룬 전인으로서의 화랑은 21세기에서도 체육의 이상형으로 남을 것이다."(p.27) 이 같은 생각을 저자가 갖게 된 것은 초기의 연구물(신라화랑의 체육사상 연구)부터 가지게 된 것으로 보인다. 이후의 연구에서도 사람됨과 주체적 인격완성 등의 용어로 정리하고 있지만 일관되게 전인을 강조하고 있다. 특히 전두협을 키워야 한다고 사석에서 강조한 바 있다. 운동선수들이 운동만 하니까 동물의 형상으로 변화한다고 말하였다. 특히 체조선수들의 경우 동물의 형태와 유사해지고 있다며 걱정을 한다. 그래서 인간의 얼굴(형상)을 갖추기 위해서는 사고력이 필요하다. 사고력의 발달을 위해 책을 읽고 공부를 해야 인간의 형상을 찾을 수 있다고 한다.

둘째, 체육의 목적은 "주체적 인간완성의 도"이다. 개개인의 인간이 신체활동을 통해서 주체적 인간완성을 성취하는 데 목적을 두고 있다. 체육을 통하여 기술과 태도 그리고 지식을 얻을 수 있다. 하지만 행산은 그 중에서 태도를 중시한다. 사람이 되는 것이 행산에게는 기술을 익히는 것, 체육지식을 공부하는 것보다 더 중시한다. 이 같은 그의 생각은 그의 기존에 출판된 책들에게 일관되게 발견된다. "사람됨의 노력은 끊임이 없어야 한다." 이 말은 그의 논문과 저작에서 일관되게 주장하는 내용이다. 그는 체육을 기분전환이다 신체적 즐거움을 얻기 위해 행하는 것이 아니나 인격함양의 장으로서 체육을 말한다. 그 구체적 방법은 아래에서 언급한다.

> "다른 사람과 겨루는 것만이 아니라 겨룸을 통해 타인과 서로 화합하는, 나아가 자연과 하나가 되는 경지가 체육의 이상이다. 체육은 인간 완성을 궁극적인 목표로 삼는 하나의 주요한 사상이다. 체육은 단순한 기술이 아니라 인간 육성을 위한 높은 정신성의 기술이라는 점을 잊어서는 안 된다"(p. 448).

셋째, 체육의 방법은 몸 닦기와 경의[27] 실천이다. 몸의 때만을 닦는 것이 아니라 보이지 않는 내면의 마음을 수행하는 것이 필요하다고 역설한다. 몸 닦기는 인격수행을 위한 치심이며 인성함양의 방법이다. "몸을 닦는 행위는 수신이요, 마음을 닦는 것은 치심이었다. 용어는 다르지만 오랜 옛날 우리의 조상은 몸과 다음이 하나라고 언제나 생각하였기 때문에 몸 닦기는 그대로 마음을 닦는 것이었다. 수신이 바로 치심이었던 것이다.(이진수, 2001: 433).

경의 실천은 정신을 집중하여 예의를 다하는 것이다. 집중하지 못하는 것이 현대의 문제이다. 빠름만을 강조하다 보니까 집중을 상실하게 되었다. 축구할 때는 축구만 생각하고 축구만 하는 것이 경의 실천이다.

---

27) 경은 신중성, 침착성, 집중성, 주의성, 경건성 등등 여러 가지로 번역되는데 그 중에서 진실성(seriousness)이 가장 경에 알맞은 것이다. 그러나 이것은 한마디 낱말로 표현하기에는 너무도 넓고 깊은 뜻을 가지고 있다. 사실상 이것은 하나의 세 가지 뜻을 포함하고 있다. 끊임없이 일어나고 있는 일에 '빈틈없는 마음가짐'과 사물을 다루는 '마음의 노력' 전심전력에서 오는 '마음의 상태'들이 하나로 화합한 것이다(강호석, 1984: 78 재인용).

축구할 때 농구를 생각하고 밥 먹을 시간을 생각하면 그것은 敬이 아니다. 다시 행산의 말을 들어보자: "축구하기에 앞서 축구공에게 존경하는 인사를 하고, 축구공을 찰 때에는 다른 것은 생각하지 말고 온 정신을 축구공에 집중한다면 축구의 기술도 증진되고 운동하는 사람의 인격도 향상되지는 않을까? 사람 되기 위한 것의 탐구는 끝이 없다."(p.433)

집중을 잘하지 못하는 것이 현대인의 특징이다. TV를 시청할 때도 한곳에 채널이 집중되지 못한다. 좀 더 재미있는 채널에 수시로 리모콘이 작동한다. 어느 한곳에 정신을 온전히 집중하지 못한다. 집중하지 못하는 것이 현대인의 문제이다. 이 문제는 퇴계가 말한 경의 실천이 현실에도 유효한 것이다. 특히나 운동경기에서 집중은 승패에 중요한 변수가 된다. 한국 축구에서도 골 결정력이 없다고 질타한다. 여기서도 골에 대한 집중력이 떨어졌기 때문에 나타나는 결과이다. 집중하라, 그러면 인격도 향상되고 경기에서 승리할 수 있다고 행산은 말한다. 다시 한 번 숙고하고 성찰해봐야 하는 말이다.

넷째, 체육의 내용은 조화원리, 신나는 체육, 기분 좋음이다. 행산은 서양의 경쟁원리에서 벗어나 동양의 조화원리가 필요함을 역설한다. 과도한 경쟁은 인간이 사라지고 경쟁만이 남는다. 수단과 도구화된 신체만이 존재한다. 행산은 말한다. "경쟁보다는 경쟁을 통한 너와 나의 조화가 더욱 강조되어야 하며, 이것이 인류보편의 가치이다." 신나는 체육은 체육에 빠져서 즐거움을 체험하는 것이다. 이러한 체육은 기분 좋음의 연속이다. 패배를 두려워하고 경쟁에만 빠져 있다면 그것은 체육이 아니다. 거기에는 '기분 좋음'이 사라지고 없기 때문이다. '기분 좋음' 때문에 사람들은 여전히 학교운동장에서 한강변 고수부지에서 열심히 땀을 흘리고 있다. 누가 강요한 것이 아니라 일상의 한 부분을 차지하고 있다. 그냥 '기분이 좋아서 하는 것이다. 시간을 특별히 내어서 하는 것이 아니라 그냥 일상이 되어 있을 뿐이다.

> "삶의 질이란 문제는 생각하기에 따라서 '기분 좋음'을 추구하는 개인 혹은 집단의 체힘으로부터 시작된 것인지도 모른다. '디욱 빠르게, 디욱 높게, 디욱 강히게'리는 올림픽대회의 모토가 전 지구적 보편성을 갖는 것처럼 우리를 세뇌하는 신체운동을 통한 '기분 좋음'을 요즘에는 나의 모토로 삼고 있다. 개인적인 승부보다는 개인 대 개인, 집단 대 집단의 상호관계를 더욱 중시한다"(p. 436).

앞의 인용문에서 확인할 수 있는 것은 체육이 무엇인가에 대한 행산의 답이다. 그는 체육을 기분 좋은 신체활동으로 규정하고 있다. 이러한 규정은 체육의 외연이 너무나 확장될 우려가 있다. 체육이 되지 않는 것이 없게 된다. 넓고 많다는 것은 없음을 말하는 것과 같다. 굳이 다른 영역과 구분되지 않기 때문에 자기 영역의 정체성을 드러내고 다른 영역과 차별화할 수 있는 것이 없기 때문이다. 결국 이러한 저자의 규정은 양생의 하나의 방법으로 방중술을 인용하고 언급하고 있다. 방중술이 체육이라고 명확하게 말하지는 않지만 책 여러 곳에서 방중술이 체육이라는 저자의 주장을 확인할 수 있다.

행산은 방중술을 체육이라고 보는 입장이다. 금기된 학문적 주제를 언급하게 되기 때문에 아주 예민한 주제가 될 수 있다. 하지만 여기에 주눅 들지 않고 일관되게 방중술을 체육으로 말하고 있다. 그렇다면 방중술이 체육이라면 초등학교 때부터 가르쳐야 할 가치가 있다는 것인지 의문을 가질 수 있다. 이러한 생각은 그의 제자 인문종의 〈양성에 관한 고찰〉(2007년)이라는 논문에 상당히 영향을 미치고 있다. 성 살리기를 통해서 가정의 평화와 사회와 국가의 기를 살릴 수 있다는 내용의 논문이다. 이미 양성을 체육으로 인정하고 있음을 알 수 있다.

맺음말

이상과 같이 행산의 〈한국체육사상사〉는 지금까지 국내에 존재하지 않았던 저자의 창의적인 결과물이다. 이 땅에서 체육에 대한 생각들이 어떻게 변화되어 왔는지 일관된 체계성을 갖고 전개되고 있기 때문에 한국체육사상사에 대한 이해에 도움을 받을 수 있는 책이다. 이전에도 임영무(1988)의 〈한국체육사상사연구: 한 사상을 중심으로〉란 박사학위 논문이 존재한다. 이 논문은 한 사상이란 분석틀로 한국체육사상 전체를 대상으로 연구되었기 때문에 너무 한 방향으로 치우친 약점을 가지고 있다.

단행본으로는 이래화(1981)의 〈그리스 체육사상사연구〉와 조명렬(1984)의 〈체육사상사개론〉, 김상순(1992)의 〈스포츠사상사〉가 있지만 번역을 위주로 한 편저와 개론적인 설명과 그리스라는 한정된 체육사상을 연구하고 있을 뿐이다. 한국체육사상사라는 제목과 내용을 담은 유일한 책이 바로 행산의 〈한국체육사상사〉이다. 하지만 완벽한 것은 세상에 존재하지 않는다. 행산의 책 역시 보완하고 수정되어야 할 내용들이 발견된다. 위에서 비판적인 검토를 통해 제시된 내용들의 재검토가 있어야 한다. 행산의 업적을 비판하는 것은 그의 업적에 흠집을 내기 위한 것이 아니다.

그의 〈한국체육사상사〉가 개정작업을 통하여 좀 더 완성된 책으로 거듭날 수 있다면, 국내 체육학계도 고전을 가지게 될 수 있을 것이다. 고전이 없는 국내 체육학계에서 기대를 가질 수 있는 것이 이 책이다. 특히 꾸준히 읽히고 일독을 권할 수 있는 고전이 없는 게 현실이다. 체육학 책이 없는 것이 아니다. 지금 서점에 들러보면 체육책이 많이 쌓여 있다. 그런데 그 많은 책들은 오랫동안 읽히지 않는다. 대부분이 개론서임에 불구하고 전문 연구 서적이 몇 권 없다. 많지 않은 전문서적 중에 행산의 〈한국체육사상사〉는 우리에게 귀중한 서적이며 보물이다. 체육학의 고전으로 이 책이 생명을 지속하기 위해서는 위에서 지적한 내용들을 열린 마음으로 수용하여 개정작업이 진행되어야 한다. 그렇다면 지금보다는 좀 더 완성된 책으로 만날 수 있을 것이다. 지금 2001년판도 그 자체로 훌륭하지만 더 완성된 체육학의 고전으로 후학들의 연구 교재로 남기를 바랄 뿐이다.

이 책의 맥은 주자학, 도교, 한의학적 신체와 체육사상을 규명하고 마지막으로 자신의 체육사상으로 주체적 인간완성으로서의 체육사상을 제시하고 있다. 체육의 방법은 조화원리와 신나는 체육을 강조하고 있다. 행산이 주장하고 실천하고자 하는 체육사상은 결국 '주체적 인격완성의 도'임을 알 수 있다. 사람됨을 위한 노력은 끊임없이 행해야 한다고 행산은 자신의 책 전체에서 늘 강조하고 있다. 체육은 교육이며 그것도 인격완성의 길이라는 것을 거듭 강조한다. 지금처럼 체육이 과잉경쟁으로 도구화되고 수단화되는 것에 대한 비판을 가하는 행산의 일침이라고 할 수 있다. 인간이 빠진 체육은 의미 없는 경쟁의 마당일뿐이다. 모두가 신나는 체육을 통해서 인격완성을 한다면 세상은 지금보다 더 좋은 삶을 유지할 수 있을 것이다.

※ 이 글은 2008년 10월 25일(토) 한양대학교 체육관 세미나실에서 열린 체육사상연구회 100회 기념 학술세미나에서 발표한 내용이다. 이 세미나에서 저자는 한양대 체육학과 이진수교수의 저서 〈한국체육사상사〉에 대한 서평을 발표하였다. 학술대회 주제는 '이진수 교수의 학문세계를 탐하다' 이다.

| 12장 |

체육철학의 연구윤리와 연구진실성

지금 우리 사회는 연구윤리와 표절문제에 대하여 심각하게 고민하게 되었다. 국민영웅과도 같은 황우석 박사팀의 연구부정과 신정아 씨 가짜학위 사건 그리고 장관들의 표절검증으로 사회 전체가 그 동안 관심 밖에 있었던 연구윤리와 표절에 대해 관심을 집중하게 되었다. 체육학계 역시 예외가 아니다. 이미 체육, 무용, 무도연구 등에서 표절문제가 제기된 적이 있다. 하지만 같은 밥을 먹는 사이에 표절을 제기한다는 것은 쉽지 않다. 자신의 모든 것을 포기하고 제기할 수밖에 없는 구조가 작동하기 때문이다. 특히나 내부고발자의 경우 배신자라는 암묵적인 낙인이 작용하여 학문 활동의 제약을 받는다.

왜 많은 연구윤리와 표절문제가 나타나는가? 그 동안 알면서 제기하지 않았던 사례들이 이번 기회에 쏟아져 나왔기 때문이다. 과거에는 표절이 없었던 것이 아니라 동료들의 묵인과 침묵 사이에 덮어져 있었다. 특히 장관 임명이나 사회적 요직 임명, 신임교수채용 과정에서 경쟁자들 간의 서로가 표절을 찾아내고 있다. 어떻게 보면 경쟁자의 약점을 찾아내려는 전략적 행위라고 볼 수 있다. 과잉경쟁에서 표절문제가 핵심으로 부각되는 이유이다.

연구윤리와 연구진실성에 관한 선행연구들에서 연구윤리는 연구자가 연구를 할 때 지켜야 할 윤리규정 내지는 기준이다. 연구윤리가 필요한 이유는 연구대상으로서 피험자의 피해를 방지하고 연구수행에 대한 연구자의 책임 그리고 연구진실성을 유지하기 위함이다(손경원, 2008; 이인재, 2008a, 2008b, 2008c; 조은희, 2008; 강준호, 2007; 김양수, 2007; 신광영, 2006; 김화진, 2006; 김항인, 2005). 연구윤리의 부재는 엉터리 논문을 양산하고 책임지지 않는 사생아와 같이 논문이 양산될 수 있다. 이러한 위험성은 최근에 사회적 이슈가 된 학자출신 장관들의 검증과정에서 볼 수 있다.

대부분 관행으로 지금까지 해왔기 때문에 문제가 없다고 말한다. 하지만 표절 기준에 따라서 적용해보면 분명히 표절이라고 할 수 있다. 이러한 표절행위에 대하여 우리사회 또는 학계가 관대한 이유는 모두가 공범일 수 있기 때문이다. 동료 교수의 표절을 알고 있지만 말하지 못하는 이해관계, 정치적 관계 등 복합적인 관계망 때문에 한국 사회에서 표절에 대한 고발이나 고소가 많지 않다. 그 배후에서 이해관계가 작용하기 때문이다. 내부고발은 배신자라는 낙인이 가해지기 때문에 쉽게 나서서 표절을 제기하지 못한다. 왜냐하면 어디까지가 표절이고 인용인지 애매한 규정과 연구윤리에 대한 공부가 부족하기 때문이다. 모르고 표절을 범하는 경우가 대다수이다. 문제의 심각성은 표절에 대한 이해에도 불구하고 악용하는 사례가 늘고 있다. 연구비를 받고 제대로 연구하지 않고 자신의 이전 논문을 다시 발표한다거나 아니면 선행연구를 조합해서 짜깁기를 해서 연구결과로 보고하는 것은 분명 연구부정이다.

이는 범법행위이며 연구비 횡령이다.

이 글은 연구윤리의 지침과 표절의 사례연구 그리고 표절에 따른 도덕불감증의 확산이 우려되기 때문에 제대로 알고 연구를 해야 한다는 당위성과 연구윤리의 지침을 만들기 위한 기초적 작업이다. 자기는 몰랐다고 표절행위가 무마되는 것이 아니다. 모르게 표절을 범해도 그것은 연구자의 책임이다. 연구윤리와 표절범위를 자세하게 공부해야 하는데도 이를 소홀히 했기 때문에 연구자의 책임이 크다. 글의 절차는 체육철학의 연구윤리 지침을 마련하기 위하여 연구자, 심사자, 편집자로 구분하여 구체적 지침을 마련해 보았다. 체육철학의 연구 진실성 확보를 위하여 좋은 연구수행과 연구부정 그리고 부적절한 연구에 대하여 알아보고, 체육철학에서 연구의 진실성 확보의 한계를 학력사회, 학위과정, 고비용의 문제에서 찾아보았다. 끝으로 체육철학의 연구 진실성 확보 방안을 제시하였다.

체육철학의 연구윤리 지침

체육철학의 연구윤리 지침을 연구자 윤리지침, 심사자 윤리지침, 편집자 윤리지침으로 구분하여 구체적으로 제시해보았다. 이 연구지침은 발표자의 개인적 의견이 주로 반영되어 있기 때문에 상호수관성에 의하여 다른 연구자들과 의견이 얼마나 공통분모를 찾을 수 있을지는 미지수다. 다만 문제제기를 통하여 체육철학 연구자들에게 공론의 장을 마련하는 계기가 되기를 희망한다.

1. 연구자 윤리지침

1) 표절에 대한 올바른 인식이 필요하다. 타인의 재산을 훔치는 것에는 법적 책임과 윤리적 비난이 가한다. 타인의 아이디어나 창작물에 대하여 도용하는 것 역시 절도 이상의 심각한 범죄이다. 학부시절부터 리포트나 졸업논문을 작성하는데 짜깁기를 해서 제출한 경험을 가지고 있기 때문에 별 죄의식을 가지지 않는다. 당연한 것으로 인식할 정도이다. 관습화 되어버린 나머지 인용처리하지 않고 자신의 생각인 것처럼 해왔기 때문에 죄의식이 없다. 이것이 가장 큰 문제이다. 무의식적인 표절행위가 도덕불감증으로 이어질 수 있다. 학부시절부터 연구윤리 교육을 통해서 인용처리 방법과 표절범위, 표절기준에 대한 인식을 심어주어야 한다. 철저한 연구윤리 교육 없이 대학 생활과 대학원으로 이어지기 때문에 무의식중에 표절의 유혹에서 벗어나기 어려울 것이다. 쉽게 논문을 쓰고 싶은 욕망은 누구에게나 있다. 하지만 연구윤리강령에서 벗어나지 않을 때 자신의 지적 노력에 대가를 받을 수 있다. 규칙준수가 몸에 익숙하도록 노력해야 한다. 그래야 표절문제에서 자신을 보호하고 자신의 자존심을 높일 수 있다. 이를 위하여 공정한 인용에 대하여 알아보자.

첫째, 단순히 다른 사람의 저작물을 그대로 복사하지 않고, 해석, 분석 등을 통해 독창적인 방식으로 변형해야 한다. 둘째, 가급적 나의 저작물에서 타인으로부터 빌려온 양이 적으면 적을수록 좋다. 셋째, 타인의 저작물을 빌려와 이루어진 나의 저작물이 그 사람에게 지적 재산권의 피해를 줄 정도로 빌려온 것이라면 공정한 이용이라고 할 수 없다(이인재 외 2007).

2) 자기표절에 주의해야 한다. 자신이 이미 발표한 글을 인용표시 없이 인용하는 것도 표절이라고 할 수 있다. 지금까지 관대한 부분이 바로 자기표절에 대한 부분이다. 자기표절에 대한 인식이 없기 때문에 자신의 논문을 여러 곳에 투고하는 경우가 생겨난다. 똑같은 논문을 서로 다른 학회지에 게재하는 것은 문제가 있다. 이러한 현상에 대하여 그 누구도 지적하지 않는다. 자신이 이미 발표한 글을 자신이 인용할 때 인용표시를 하는 것이 자지표절에서 벗어나는 길인데 하지 않는다. 자신을 글이라고 인용하지 않아도 된다는 잘못된 생각을 가지고 있기 때문이다. 이전에 발표된 모든 내용은 철저하게 인용표시를 해주어야 한다(이학준, 2006). 자기표절은 잘 모르기 때문에 일어나는 경우가 많다. 모르기 때문에 자기표절이 아니라고 할 수 없다. 자기표절에 대한 이해부족이 더 문제이다. 이 부분에 대한 교육이 필요한 이유이다. 특히 박사학위 경우 이를 쪼개어 연구논문으로 발표되는 경우가 많은데 이 역시 표절에 해당한다. 그런데 이 문제에 대하여 학계에서 관대했기 때문에 문제가 제기된 일이 아직까지는 없었다. 지금은 관대하지만 시간이 흐르면 문제제기가 될 수 있는 사안이다. 이제 자기표절에 대한 이해를 어느 정도 가지고 있다. 연구논문을 작성할 때 자기인용에 대하여 분명히 밝혀야 새롭고 창의적인 논문이 가능하다. 자기 글과 논문에 자기를 가두는 어리석은 일은 하지 말아야 한다. 새로운 것, 차이가 있는 것에 대한 관심이 필요하다.

3) 인용표절에 주의해야 한다. 짜깁기를 인용표절이라고 한다. 교묘한 짜깁기에 의한 편집된 논문을 주의해야 한다. 손쉽게 논문을 쓸

수 있는 방법이 짜깁기이다. 하지만 자신의 생각이 없는 글쓰기는 자신을 죽이는 글쓰기가 된다. 자신이 생각하고 표현하는 글쓰기에서 인용이 주가 된다면 도대체 글을 쓰고 있는 나는 어디에서 찾아야 하는가. 아주 심각한 문제에 직면할 수 있다. 정직한 글쓰기가 그래서 필요하다. 아무리 잘 쓴 논문이라도 정직하지 않다면 인정받지 못한다. 정직하게 글쓰기를 하다보면 좋은 연구가 되고 독창성과 개성을 인정받아 학계에 공헌하고 사회에도 공헌할 수 있게 된다.

2. 심사자 윤리지침

학회지를 출판하는 과정에서 심사는 빠질 수 없는 과정의 일부분이다. 어떻게 보면 질 높은 학회지를 만들기 위한 과정일 뿐만 아니라 출판과정에서 거쳐야 할 단계이다. 심사라는 과정 없이는 어떠한 학회지도 일정하게 높은 질을 유지할 수 없다. 심사는 게재와 게재 불가를 위한 판정의 단계라기보다는 투고자가 볼 수 없는 논문의 문제점을 심사자가 지적하고 수정하여 좀 더 완성된 논문을 함께 만들어 가는 일이다. 궁극적으로 투고자와 심사자의 공동 작업은 자신이 속한 학회의 수준과 학회지의 질을 높게 유지하게 한다. 심사자는 어떻게 보면 연구자와 공동의 연구자라고도 할 수 있다. 연구자가 보지 못한 사항을 심사자에 의해서 확인될 수 있기 때문이다. 아무리 뛰어난 연구자도 자신의 눈으로 볼 수 없는 한계를 가질 수밖에 없다. 그렇기 때문에 논문심사는 필요하다. 심사는 형식이 아니라 검증이기 때문에 논문심사를 할 때 반드시 고려되어야 할 사항들이 있다.

1) 심사는 권력 행사가 아니다. 심사자의 선정에서 우선시 될 것은 비밀을 보장할 수 있는지, 심사에 대한 객관적으로 심사를 할 수 있느냐이다. 또한 자신의 생각과 이견을 가졌다고 한 번에 게재 불가를 시키지 않는 사람이 심사자로서 자격을 갖는다. 심사자는 판사의 권력과 같은 힘을 행사해서는 안 된다. 그 외에 심사 내용도 편집실 이외로 빠져나가서는 안 된다. 우리가 경계해야 할 일은 자신의 실력을 과시하는 차원에서 심사를 하는 것이다. 자신의 능력으로 심사가 곤란할 경우는 심사를 하지 않는 것이 필요한데 자신의 능력을 과도하게 인정하고 심사를 하는 데 문제가 생겨난다. 자신의 권위를 드러내는 심사는 학회지 수준을 유지하거나 높이는 데 별 도움이 안 되고 역행하는 일이다.

2) 동업자 정신이 부족하다. 연구자 자신의 논문에 대하여 아무리 완전한 논문을 작성하여도 자신이 볼 수 없는 문제점이 있을 수 있다. 제 3자의 입장에서 수정과 문제점을 알려줄 수 있다면 보다 질 높은 논문이 만들어질 수 있다. 이는 심사위원이 동업자 정신을 살려서 학회지의 수준을 유지하는 일이다. 자신의 논문을 고치는 마음으로 심사 논문을 심사한다면 그 만큼 학회지의 질은 높아진다. 오탈자 하나라도 정성을 다해서 내용을 수정하는 것이 우리에게 필요하다. 성의 있는 논문심사가 바로 학회지의 등급을 결정하는 요건이 된다. 성의 없이 대충하는 심사는 결코 학회지의 질을 떨어트리며 연구자에게 상실감을 줄 수 있다.

3) 게재 불가율을 높이는 것이 최선은 아니다. 학회지의 게재 불가율을 일정하게 유지하기 위하여 게재 불가를 인위적으로 하는 경우

가 종종 있다. 그래서 어떤 논문은 별 문제가 없어도 게재 불가를 하는 일이 생긴다. 예를 들면 게재 불가를 위한 불가가 그 경우이다. 논문의 요건이나 도저히 수정해도 게재하기 어려운 경우를 빼고서는 수정을 통하여 다음 논문집으로 게재를 연기하여 보다 완전한 논문으로 만들어질 수가 있다. 하지만 이를 무시하고 게재 불가를 판정하는 것은 심사자의 실력을 과시하는 것에 지나지 않는다. 투고자에게 논리적인 게재 불가 사유를 명시함으로써 투고자가 이를 받아들일 수 있도록 하는 것이 필요하다. 그런데 문제는 명확한 이유 없이 게재 불가를 시키는 일이다. 특히 사적 감정이 개입된 논문 심사는 심사결과를 보는 사람에게도 확연히 드러난다. 근거 없는 개재 불가는 연구자의 의욕 상실을 가져올 뿐만 아니라 감정이 상하게 한다. 그렇기 때문에 단지 개인의 감정을 억제하고 학자적 양심이라는 객관성을 유지하는 일이 필요하다.

4) 심사내용은 함구해야 한다. 알아서 좋을 것이 없다. 인간관계가 논문 평가에 개입되지 말아야 자신의 논문의 질을 높일 수 있다. 누구의 논문이라고 해서 관대해서는 안 되고 대학원생의 논문이라고 해서 함부로 평가하는 태도는 사라져야 한다. 자신이 심사하는 논문이 본인과 친밀한 관계를 유지하는 사람의 것이라면 심사를 포기하는 것이 학자의 양심을 살리는 일이다. 심사 논문의 저자를 알고 심사하는 것은 객관성을 유지하기가 좀처럼 어렵다. 그 만큼 다른 심사자에게 심사를 넘기는 것이 자신의 양심을 지키는 일이다. 그렇지 않다면 대인관계에 의한 도와주기 식 심사가 될 공산이 높다. 이러한 경우가 쌓이면 학회지의 내용은 부실해지고 학회지의

등급 또한 하락할 뿐이다. 이를 경계해야 한다. 학회지의 심사는 곧 학회지의 질과 관계가 있다는 것을 알아보았다. 학회지의 질은 심사에 의해 게재된 논문을 확인하면 바로 드러난다. 철저한 학회지 심사와 심사의 공정성을 유지하는 것이 등급을 유지하는 하나의 방법이다. 학회지 심사위원의 엄정한 선정을 통해서 동업자 정신으로 보다 질 높은 심사를 위한 노력이 그래서 필요한 것이다. 그런 가운데서 학회지의 질은 자연적으로 유지되고 발전할 수 있다. 심사자와 투고자의 입장은 언제든지 바뀔 수 있기 때문에 심사자는 자신의 역량을 모두 발휘하여 좀 더 완성된 논문이 되도록 도움을 주는 것이 필요하다. 학회지의 게재 불가율이 높다는 한 가지 사실만으로 질 높은 학회지라는 생각은 금물이다. 수정과 보안을 통해서 학회지는 만들어지기 때문에 학회지를 심사하는 과정에서 꼭 위에서 제시한 사항을 확인하고 넘어가야 한다. 특히 액수가 큰 연구비에 관련된 심사를 할 경우 공정한 심사를 하는 것이 심사자의 양심을 지키는 일이며 학문의 발전에 기여하는 것이다. 개인적인 친분이나 외부의 압력에 의하여 심사를 한다는 것은 학자의 양심과 자격을 상실하게 하는 일이다.

3. 편집자 윤리지침

1) 심사가 공정하게 진행되었나를 평가한다. 그리고 심사가 공정한 과정을 통해서 진행되었나를 확인해야 한다. 그렇지 않을 경우 심사과정 없이 게재를 한다거나 공정하지 못한 심사과정이 있었나를 확인해야 한다. 편집위원회 위원들이 상호 간의 견제와 감시를 통해서

투명하고 객관적인 심사가 이루어지도록 신경을 써야 한다. 단지 형식상의 편집위원이 아니라 실제의 역할을 다하도록 하여야 한다.

2) 게재가 확정된 논문에 대하여 표절을 재검토한다. 공정한 심사과정을 통해서 게재가 확정된 논문을 수합하여 표절이 있는지를 재검토하는 과정이 필요하다. 불필요하다는 생각도 있겠지만 최고의 학회지를 출판하기 위해서는 다시 한 번 철저하게 심사자들이 보지 못한 부분들을 검토하는 시간을 가져야 한다. 출판하고 나면 문제가 생겨도 다시 출판할 수 없기 때문에 사전에 문제의 소지가 발생할 수 있는지 확인해야 한다.

3) 객관적 평가가 이루어질 수 있도록 노력한다. 투고된 논문의 경우 학회규정과 편집규정을 준수하였는지 우선 검토하고 문제가 발생하면 투고자에게 반송하여 3일 이내에 수정하여 재투고할 수 있도록 기회를 주어야 한다. 심사위원은 해당분야의 전문 학술지에 매년 1회 이상의 논문을 발표하고 해당 학문에 대한 전문적 지식과 공정한 판단능력을 지닌 사람이어야 한다. 어떤 친분이나 이해관계에 관련된 심사자에게 심사를 의뢰해서는 안 된다. 왜냐하면 공정한 심사와 객관적 심사가 진행되어야 하기 때문이다.

체육철학의 연구진실성 확보

체육철학이 학문적으로 지속적 성장을 위해서 반드시 해결해야 할 문제가 연구의 진실성 확보이다. 연구의 진실성은 좁은 의미로는 연구부정행위(위조, 변조, 표절)가 없는 연구를 의미하지만 넓게는 인간 또는 동물을 실험대상으로 하는 연구에서 지켜야 할 윤리, 연구비의 정직한 사용과 함께 연구내용의 심사, 내부 부정행위 제보, 내부 고발자 보호, 공동 연구윤리 등 연구자의 동려로서 지켜야 할 윤리까지 포함한다(김화진, 2006). 체육철학회의 발전을 위해서는 우선 연구윤리강령과 지침을 마련하고 좋은 연구를 위한 회원들 간의 노력이 있어야 한다. 연구의 진실성을 확보하기 위해서는 좋은 연구가 어떤 것인지 아니면 연구부정과 부적절한 연구가 어떤 것이 있는가를 알아볼 필요가 있다. 좋은 연구 수행을 위해서 반드시 필요한 핵심가치가 있고, 연구자가 해서는 안 되는 연구부정과 부적절한 연구의 경우가 있다. 이를 중심으로 알아본다.

1. 좋은 연구

좋은 연구는 책임 있는 연구 수행과 같은 뜻으로 사용되고 있다. 좋은 연구 수행은 연구의 진실성의 확보를 말한다. 좋은 연구수행에 필요하고 연구자가 지켜야 할 핵심가치는 다음과 같다.

첫째, 정직성이다. 정직한 정보전달과 연구자 윤리 강령의 성실 이행을 말한다. 연구자 연구 강령의 준수를 하게 되면 책임 있는 연구 수행이라고 할 수 있다. 둘째, 정확성이다. 연구결과의 정확한 보고와 데이터의 최소 오차를 이용하는 것이다. 연구 상황에서 만나게 되는 유혹은 데이터의 활용 면에서 쉽게 발견된다. 데이터의 정직한 처리가 우선적으로 필요하다. 하지만 자신의 연구계획에 맞는 데이터 조작을 할 수 있다. 자기의 연구목적에 부합되게 데이터 조작 및 통계 기법을 악용하는 사례를 들 수 있다. 셋째, 효율성이다. 현명하고 낭비 없는 자원의 이용을 말한다. 넷째, 객관성이다. 명확한 설명과 부당한 편견의 기피하는 것이다.[28)]

2. 연구 부정

연구부정 행위는 날조, 변조, 표절로 구분된다. 편견에 사로잡힌 연구, 통계와 실험장비의 오작동, 빈약한 연구 설계, 데이터 관리의 소홀 및 부주의, 학생지도의 무관심 등으로 나타난다(한국학술진흥재단, 2006).

1) 날조는 연구 데이터를 가짜로 만들어내고, 인위적으로 위조하는 것이다. 데이터는 충실하게 활용해야 하는데 연구자의 연구목적에 맞게 만들고, 고치는 것이다.
2) 변조는 연구결과와 상반되는 데이터를 삭제하거나 은폐하는 경우를 말한다. 날조와 변조는 체육철학 연구에서 거의 발견되지 않는다. 체육학의 자연과학 영역에서 데이터를 날조하거나 변조하는 경우가 있다.
3) 표절이다. 체육철학 전공자가 주목해야 할 측면이다. 체육철학의

28) Nichols H. steneck(2004). Introduce to the responsible conduct of research.를 2006년 한국학술진흥재단에서 번역하여 소개한 "연구윤리소개"에서 인용하였다.

경우 과거의 고전을 중심으로 연구되기 때문에 표절이 종종 발생한다. 모르고 표절을 하는 경우가 많기 때문에 표절에 대한 공부가 절실히 요구된다. 연구자 자신을 지적재산권이나 표절시비에서 보호해줄 수 있는 것은 표절에 대한 이해뿐이다. 표절은 다른 사람의 아이디어를 인용표시를 하지 않고 마치 자기 것처럼 이용하는 것과 자기의 과거 저작물을 인용표시를 하지 않고 다시 새로운 저작물에 사용하는 것 역시 표절이다. 이외에도 이중게재를 들 수 있다. 두 곳에 같은 논문을 게재하는 경우에 해당한다. 이중게재는 다른 말로 중복게재, 중복투고 등의 용어로 쓰인다. 일반적으로 표절은 다음과 같이 정의되고 있다.

> "표절은 의도적이든 비의도적이든 일반적 지식이 아닌 타인의 창작물이나 아이디어를 자신의 것인 것처럼 부당하게 이용하거나, 자신의 기존 창작물을 다시 이용함으로써 새로운 창작물로 보이게 하는 학문적 부정행위"라고 말할 수 있다. 표절의 대상은 대체로 타인의 저작물에 담긴 고유한 생각(아이디어), 독특한 표현(단어, 어구, 절, 문장, 그래프, 도표, 그림 사진 등), 연구 착상(가설)이나 방법(분석 체계 또는 논리), 이론 및 연구 결과, 데이터, 조사 자료 등이다(이인재, 2008).

체육철학 연구자들에게 필요하고 주의를 요하는 표절을 알아보자. 대체로 자기표절과 인용표절이라고 하는 짜깁기를 들 수 있다. 자기표절이란 무엇인가. 자기가 썼던 과거의 글을 새롭게 사용하여 승진이나, 임용에 연구업적으로 활용하는 경우이다. 인용 표절은 다른 말로 하면 짜깁기 표절이라고 할 수 있다. 엄격하게 보면 표절이라고 할 수 없고 수준 낮은 연구라고 할 수 있다. 하지만 이것 역시 엄격히 구분하여 표절이라고 할 수 있다. 논문이 인용표기를 엄격하게 지키고 있지만 인용으로만 논문이 구성되어 있는 경우는 표절이라고 할 수 있다. 짜깁기를 표절로 인정하는 다음의 예를 들어보자.

> "짜깁기는 가장 빈번하게 일어나는 표절의 형태로 자신의 것이든, 남의 것이든 그 일부를 모아 출처를 밝히지 않고 결합하는 것이다. 즉, 타인의 저술 속에 있는 텍스트 일부를 조합하거나 단어를 추가 또는 삽입하거나, 단어를 동의어로 대체하여 사용하면서 원저자의 출처를 밝히지 않는 행위를 말한다."[29)]

앞의 글처럼 체육철학 연구에서 가장 흔하게 발견되는 것이 논문 전체의 대부분을 인용으로 짜깁기와 바꿔 쓰기를 한 예라고 할 수 있다. 철저히 인용만 하면 표절 문제에서 자유롭다고 생각하지만 이 역시 표절에 해당한다. 세련된 편집만으로 논문이 되는 것이 아니라 자신의 독창적인 생각, 주장, 해석이 반영되어야 논문으로 인정받을 수 있다. 인용을 했는데 무엇인 문제이냐고 항변할 수 있지만 자신의 생각이 10%도 들어가지 않은 논문은 엄격하게 말해서 표절이다. 이어서 모르고 표절을 할 수 있는 몇 가지 사례를 발표자의 경험을 바탕으로 알아보았다.

> (사례-1) 공동저자의 순서에 관한 문제나 연구에 기여하지 않고 공동저자가 되는 경우를 들 수 있다. 특히 제1저자의 우선순위는 연구에 공헌도를 따져서 순서가 정해지는 것이 상식이다. 하지만 현재 지도교수의 권위를 앞세워 무조건 지도교수가 제1저자가 되

---

29) 고려대학교, 연구진실성 확보를 위한 연구윤리지침(안) 제39조.

고 있다. 다른 경우는 연구에 기여하지 않고 공동연구자가 되는 것이다. 연구에 직접적인 기여를 하지 않고 이해관계 때문에 공동저자가 되는 것은 위법행위이다. "우리나라 저자권법에도 직접적으로 창작 또는 저술에 관여하지 않는 사람을 저작자로 올릴 경우(예: 창작 또는 저술을 전혀 관여하지 않고 단순히 지도교수라는 명목으로 공동저자로 이름을 올리는 경우 등)에는 부정발행으로 처벌(법 제99조)을 받게 된다고 밝히고 있다" (이인재, 2008; 재인용). 이와 관련된 체육계의 표절의 한 예를 들어보자.

(사례-2) OO대학 체육학과 교수가 자신의 승진심사를 위해서 학교에 제출한 공동연구 논문이 표절로 드러난 사례이다. 그 결과 승진이 취소되고 징계를 받은 사건이 있었다. 이 경우는 지도학생의 논문에 대하여 지도교수가 연구에 관여하지 않고 이름만 올렸을 뿐인데 결과적으로 공동저자이기 때문에 표절로 피해를 보게 된 경우이다. 이러한 사건은 앞으로 발생할 개연성이 높다. 연구실적을 늘리기 위해 본인이 확인과 연구에 참여하지 않고 이름만 올리기 때문이다. 대학의 연구업적 요구, 연구비를 얻기 위해서 연구업적을 늘리는 것은 필요하다. 하지만 자신이 연구에 기여하지 않고 연구자 목록에 올리는 것은 무임승차와 같이 비윤리적 행위이다. 또한 학생지도에서 논문을 철저히 읽고 지도하는 상식이 지켜져야 할 것 같다. 너무나 많은 지도학생이 문제라면 지도학생수를 조절하는 것이 현명한 방법이다.

(사례-3) 대학교육에서 발생하는 사례를 들어보자. 모 대학교 체육철학 중간고사 대체 리포트를 받은 적이 있었다. 한참을 읽어보니까 어디서 많이 읽어 본 느낌이 들었다. 그래서 자료를 찾아보니 한 학기 전에 다른 대학의 체육철학 강의에 제출했던 리포트였다. 이 리포트는 잘 썼다고 생각했기 때문에 잊지 않고 있었다. 그래서 두 리포트를 비교해 보니 똑같은 리포트였다. 인터넷에서 다운 받아 제출한 것임에 틀림없었다. 사실을 확인하기 위해서 인터넷 검색을 해보았다. 그 결과 앞서 제출된 리포트가 매매되고 있음을 확인할 수 있었다.

(사례-4) 대학원생의 학기말 리포트가 교수의 논문으로 투고된 경우이다. 체육철학회의 편집과 심사를 할 때 투고된 논문 중에서 눈에 익숙한 제목과 내용을 확인할 수 있었다. 그 논문의 내용은 다른 연구자에 의하여 이미 출판된 책의 내용을 그대로 표절한 것이었다. 이 논문을 투고한 교수님은 대학원생이 제출한 학기말 리포트 중에서 잘 됐다고

생각하는 리포트를 체육철학회지에 투고한 것이었다. 적어도 이 논문이 표절됐다고는 생각하지 못한 것 같다. 적어도 대학원생이 제출한 모든 것은 보호받아야 한다. 대학원생의 경우는 학기말 리포트를 죄의식도 없이 베껴서 제출한 비양심적 행동에 대하여 도덕적 비난을 받지 않을 수 없다.

3. 부적절한 연구

연구부적절 행위는 결과적으로 책임 있는 연구수행을 방해하거나 위배하는 행위를 말한다. 의도하지 않았지만 좋은 연구수행에 방해가 되는 잘못된 연구행위이다. 도덕적 책임은 면할 수 있지만 좋은 연구수행이라고는 할 수 없다. 고의적이지 않지만 왜곡된 논문은 부적절한 연구행위라고밖에 볼 수 없다. 연구왜곡은 부적절한 연구행위에 포함된다. 서울대학교 연구윤리지침에 의하면 왜곡을 다음과 같이 규정하고 있다.

> 왜곡이라 함은 학문의 발전보다 개인의 이익을 위하여 고의적으로 연구데이터의 일부를 조장하거나 축소하여 진실하지 않은 결론에 도달하게 하는 행위로 연구부적절 행위에 해당된다. 이외에도 연구데이터가 정확하더라도 연구자 개인의 이익을 위하여 고의적으로 연구결과를 왜곡하는 행위는 연구부적절 행위에 해당된다(서울대 연구윤리지침, 2008).

이러한 연구는 사회적 책임이 결여된 연구행위이다. 표절에서 교묘하게 벗어나지만 좋은 연구라고 말 할 수 없는 연구를 말한다. 사회적 기여 혹은 사회적 책임의식이 없고 다만 연구업적을 늘리기 위한 방법으로 연구된 것뿐이다. 자신의 개인적 이익을 위한 연구라고 보면 된다. 사회적 비난과 사회적 책임에 관계없이 일관되게 자신의 이익을 위한 연구수행이다.

이상과 같이 체육철학의 연구 진실성을 확보하기 위해 좋은 연구란 어떤 연구인지를 알아보았다. 좋은 연구수행, 연구부정과 부적절한 연구로 구분하여 좋은 연구를 위해서 필요한 핵심가치와 연구부정에 관련된 날조, 변조, 표절에 대하여도 살펴보았다. 이 중에서 마지막 표절부분에 내용을 좀 더 보충하기 위해서 국내 체육철학 분야에서 표절로 나타나는 사회적 구조에 대하여 알아보자.

체육철학의 연구진실성 확보의 걸림돌

체육철학 연구에서 연구의 진실성이 확보되지 않는 개인적 이유를 연구윤리에서 찾아보았다. 지금까지는 연구부정과 부적절한 연구가 개인의 문제에 맞추어졌다면, 이제는 구조적 차원에서 그 원인을 밝혀야 한다. 개인과 사회구조의 밀접한 관계 속에서 연구의 진실성을 확보하는 데 걸림돌로 작용하고 있다. 어느 한쪽에 의해서 일방적으로 제한하는 것이 아니라 양쪽의 밀접한 관계 속에서 그 원인을 찾을 수 있다. 이하의 글에서 우리 사회의 과잉된 학력사회, 허술한 학위과정, 고비용이라는 구조적 문제에서 그 원인을 찾아보았다.

1. 학력사회

대학원 체육학과는 지원자가 넘쳐난다. 다른 인문계열 대학원은 지원자가 점차적으로 줄어들고 있다. 취업이 되지 않기 때문이다. 그렇다고 체육계열 대학원이 취업을 보장하는 것은 아니다. 특히나 고학력이 필요 없는 운동선수들도 석사와 박사가 많다. 독일 분데스리가 축구선수들은 학력이 초등학교가 전부인 선수들이 많다. 학력이 그들이 하는 일과 관련이 없기 때문에 힘들여 학위를 취득하려고 하지 않는다. 학위를 취득하기 위해서는 일반 학생들과 동일한 과정을 거쳐야 하기 때문에 운동선수들은 힘든 과정을 굳이 하지 않는다. 독일의 경우 운동선수라고 특혜를 주지 않는다. 이 때문에 선수들은 힘들게 학위를 하려고 하지 않는다. 그들은 학위와 관계없이 사회적 대우를 받으며 잘 살아가고 있다. 하지만 한국의 현실은 무슨 일을 해도 학력이 요구된다. 대학시절 수업에 잘 참석하지 않았던 선수들이 대학원에 입학하여 석사와 박사학위를 취득한다.

2. 학위과정

대학원 학위과정은 투명성과 객관성 그리고 엄정성을 가져야 한다. 학위과정이 어렵고 힘들어야 능력 있는 학생을 양성할 수 있다. 하지만 현실은 쉽게 학위를 취득할 수 있는 구조를 가지고 있다. 결과적으로 허술한 학위과정이 연구부정과 부적절한 연구행위와 관련성이 있다. 연구부정에 의한 학위논문이란 짜깁기, 표절, 대필을 통해서 만들어진 논문을 말한다. 대학원 수업이 편하게 이뤄지기 때문에 이 같은 일들이 일어난다. 시험도 없고 대학보다 낮은 수업부담 때문에 쉽게 과정을 이수하게 된다. 주위의 다른 학과의 박사과정 학생들을 보면 밤을 지새우며 발표준비를 하고 자신의 모든 역량을 동원해 수업 준비를 한다. 현실은 어떻게 해서라도 쉽게 학위과정을 마치려고 한다. 너무 편하고 쉽게 학위과정을 넘어가려고 한다. 때문에 학위논문을 작성하는 데 어려움을 느끼고 그것을 회피하는 과정에서 부적절한 논문이 만들어진다.

3. 고비용

대학원 수업에 들어가면 대학을 갓 졸업하고 학구열에 불타는 열정을 가진 학생을 만나기 어렵다. 즉 전업학생을 볼 수 없다는 점이다. 대개 어느 정도의 나이와 직장을 가진 학업과 생업을 병행하는 사람들이 대부분이다. 물론 그들도 학문에 대한 열정이 있음은 부인하지 못한다. 그들의 입학 동기는 거의 공부보다는 학위 취득에 있다. 학위가 필요한 이유는 우리 사회가 학력사회이기 때문이다. 학위를 통하여 사회적 지위와 경제적 이익을 얻기 위함이다. 문제는 전업학생이 대학원에 입학해야 하는데 이들은 생존 때문에 또는 높은 수업료 때문에 대학원 진학을 포기한다. 이 때문에 생업과 공부를 병행하는 학생들이 대학원생의 주류가 된다. 장학금 수혜자를 늘려서 전업으로 공부할 수 있게 해야 한다. 이제는 공부에만 전념할 수 있는 대학원생이 필요하다.

이상과 같이 경로를 통하여 대량의 박사들이 배출되는 것은 학문적 발전을 보장하는 것이라고 믿고 싶지만 사실은 정반대일 수 있다는 점이다. 부실한 학위논문과 기계적인 학위 양산이 나타날 수 있을 뿐만 아니라 대필이나 표절 등 부적절한 방법 등을 통해서 학위를 받는 경우가 발생할 수 있다. 이 문제는 실제로 다양하게 나타나고 있다. 양은 질적인 문제를 낳는다. 비슷한 학위논문은 거기서 거기인 논문들이 양산된다는 점이다. 이러한 맥락에서 보면 박사학위 논문 수의 증가는 발전보다는 정체 내지는 후퇴의 가능성이 높음을 시사한다. 연구하지 못하는 박사들이 배출되는 것은 학계에 도움이 안 된다. 연구자가 아니라 연구자에게 기생하는 사람만 양산하게 되기 때문이다.

체육철학의 연구진실성 확보의 디딤돌

체육철학 연구는 이론연구이기 때문에 사회적 책임과 무관하다고 생각될 수 있지만 체육철학 연구 자체가 이론으로만 끝나는 것이 아니라 직간접으로 사람들의 인식에 많은 영향력을 행사한다. 체육, 스포츠, 무용, 무도, 여가 등에 대한 사람들의 관심과 고민은 체육철학 관련 논문들을 찾아볼 수 있다. 그렇기 때문에 사람들이 생각하는 것에 기초적인 것을 제공하게 된다. 연구결과는 곧 현실에서 활용될 수 있다는 생각에서 체육철학 연구의 진실성 확보 방안을 개인적 차원과 사회적 차원으로 구분하여 알아보았다.

1. 인식의 전환을 위한 개인의 노력

우리가 하고 있는 연구가 지적유희로서 끝나고 마는 것이 아니라 체육, 스포츠, 무용, 여가에 대한 사회적 인식과 태도에 영향을 줄 수 있다. 그렇기 때문에 체육철학 연구자는 책임감을 가져야 한다. 연구가 연구로만 끝나는 것이 아니라 후속 연구자들이 계속해서 관련 연구를 하고, 일반인들은 연구 결과를 현장에서 활용할 수 있다. 이 때문에 책임감 있는 연구를 해야 하는 당위성을 갖는다. 책임감 있는 연구를 수행하는 것이 얼마나 중요한가를 이해하고 그 중요성을 받아들이는 태도가 요구된다. 중요한 것은 연구윤리에 대한 인식전환이다. 이를 위한 개인적 노력의 과제를 몇 가지로 제시해보았다.

첫째, 연구윤리의 정립과 이에 대한 연구자들의 이해가 필요하다. 연구윤리가 존재하지 않는다면 연구자들이 연구결과라고 발표하는 것들을 어떻게 믿고 활용할 수 있을까. 신뢰를 얻기 위해서는 체육철학의 연구윤리 지침을 마련하고 이에 따르는 책임감 있는 태도가 필요하다. 모든 연구는 삶의 질과 복지의 향상을 목적으로 한다. 인류의 삶의 질을 고양하고 복지를 증진시키고 위한 연구들이 있었기 때문에 지금과 같은 문명의 혜택을 누릴 수 있게 되었다. 연구윤리에 대한 이해 없이는 좋은 연구를 하는 데 한계를 가질 수 있다.

둘째, 연구윤리만이 아니라 연구자의 도덕성의 강화가 요구된다. 높은 도덕성이 전제되지 않은 연구들은 위험하다. 잘못하여 반인륜적이며 비인간화를 가져올 수 있기 때문이다. 과학은 가치중립적이지만 그 결과의 활용에 있어서 도덕성이 요구된다. 도덕성의 부재는 브레이크 없는 자동차와 같다. 편리함을 제공하지만 위험성이 공존한다는 사실이다. 어떤 위험성이 발생할지 아무도 모르게 된다.

셋째, 사회적 책임감이라는 실천적 고려를 들 수 있다. 좋은 연구는 사회적 책임을 가지는 연구이다. 공공의 복지와 삶의 질에 기여할 수 있는 책임감과 실천을 고려하는 연구가 되어야 한다. 또한 인류의 삶에 악을 행할 수 있는 연구는 제한해야 한다. 공공의 이익을 위한 현실적 노력이 필요한 이유이다. 이론적 연구는 이론으로 존재하는 것이 아니라 사람들의 인식과 태도에 영향을 준다. 어떤 사고를 하느냐가 한 사람의 행동에 변화를 줄 수 있다. 체육철학의 연구결과는 바로 체육, 스포츠, 무용, 여가, 무도에 대한 인식에 영향을 주기 때문에 좋은 연구를 해야 한다. 연구가 연구로서만 끝나는 것이 아니다.

표절은 관행이기 때문에 아무런 문제가 없다는 안일한 생각이 가장 큰 문제이다. 타인의 재산을 훔치는 것만이 절도가 아니라 타인의 아이디어나 창작물을 도용하는 것도 엄격히 절도라고 할 수 있다. 그 동안 우리 사회는 좋은 것이 좋다고 상호 이해관계 속에서 알면서도 묵인하는 관행이 존재해왔다. 하지만 사회가 변화기 때문에 타인의 지적재산권 보호에 엄격히 규제하고 있다. 관행이라는 생각은 이제 버리고 사회의 규칙에 맞게 책임감 있는 연구를 수행하는 것이 필요하다. 좋은 연구를 위해서 과거의 관행이라는 선입견을 버리고 새로운 인식을 가져야 한다.

모르고 표절했기 때문에 문제가 없다는 것은 무지의 소산이다. 이것은 연구윤리에 대한 무지 내지는 지적 게으름 때문에 나타난 결과라고 더 윤리적 비난을 받을 수 있다. 이제는 연구윤리에 대한 공부를 통해서 자신의 지적재산권을 보호받고 타인에게 피해를 주지 않도록 해야 한다. 알고 했거나 모르고 했거나 다 문제가 된다는 생각을 해야 한다. 우리의 연구행위를 보장 받을 수 있는 것은 좋은 연구를 수행하려는 신념과 철저한 규칙준수를 통하여 보장받을 수 있다. 올림픽에서 세계신기록을 수립해도 규칙에 벗어나며 인정받지 못한다. 자신이 지적 노동의 결과에 대한 보호와 인정을 받기 위해서는 연구윤리를 준수해야 한다.

2. 제도적 개혁을 위한 제도화 방안

좋은 연구를 위해서 필요한 것은 연구자의 윤리뿐만 아니라 제도적

장치가 필요하다. 일단 연구부정과 부적절한 연구행위를 방지하기 위해서는 윤리위원회를 구성하고 연구부정 관련자를 처벌하고 처벌을 강화해야 한다. 형식상의 처벌이 아니라 실제적 적용될 수 있는 구체적 처벌 규정을 마련하고 이를 실행에 옮겨야 한다. 단지 형식상 규정에 끝나는 것이 아니라 규정에 따른 처벌이 따라주어야 연구윤리 지침은 실용성을 얻는다. 연구자만의 처벌이 아니라 심사자 역시 처벌이 따라야 한다. 심사자의 경각심을 심어주기 위해서 당분간이라도 실행하면 효과가 있을 것이다. 심사자를 처벌하면 과연 누가 심사를 하겠는가 하는 반론이 제기될 수 있다. 하지만 적어도 전문성을 가지고 있는 심사자라면 표절 정도를 쉽게 발견할 수 있어야 한다. 심사자의 처벌 조항은 몇 년 동안 심사를 하지 못하게 하는 것이다. 심사자 명단에서 제외하고 심사를 의뢰하지 않는 정도의 징벌이 필요하다.

다른 하나는 연구윤리교육의 강화 내지 필수화이다. 대부분의 학자나 대학원생들은 표절에 대하여 잘 알지 못하고 표절이 문제 될 것이 없다는 입장이고 보면 표절에 대하여 무감각하다는 것을 쉽게 알 수 있다. 그 이유는 학부 때부터 베끼기와 짜깁기를 이용해 리포트를 제출해왔기 때문에 무엇이 문제인지를 의식하지 못하는 도덕불감증에 빠져 있기 때문이다. 학부 때부터 표절에 대하여 불이익을 받도록 제도적 장치를 만들어 규제하고 교육을 통하여 표절에 대한 강한 인식을 심어주어야 한다. 하지만 아직까지 체육계열 대학이나 혹은 대학원에서 연구윤리에 대한 교육을 하고 있지 않다. 연구윤리가 중요함에도 불구하고 이에 대한 교육은 방관하고 있는 실정이다.

이번 기회에 연구윤리를 강화하기 위하여 체육철학, 혹은 스포츠철학과 연계하여 관련 과목을 설치하여 반드시 수강하여 이수하도록 제도적 장치를 마련해야 한다. 체육철학 전공자의 목소리를 낼 수 있는 호기라고 볼 수 있다. 방관하고 있으면 연구윤리는 명목으로만 존재하고 사라질 수 있다. '체육연구윤리' 라는 교과목을 개설하여 체육학 연구에서 필요한 연구윤리, 연구의 진실성, 좋은 연구, 연구부정, 부적절한 연구, 표절의 범위, 평가, 인용방법 등 좋은 연구를 위한 교육을 철저하게 시키는 것이 필요하다. 교육만이 사람을 변하게 한다. 무엇인 잘못된 것인지에 대한 교육을 통해서 자신의 연구물이나 창작을 보호 받고 타인에게 피해를 주지 않도록 교육시켜야 한다.

결론

연구는 세 가지로 구분된다. 좋은 연구 혹은 책임감 있는 연구와 연구 부정, 그리고 부적절한 연구이다. 좋은 연구는 정직한 연구를 말한다. 정확한 인용과 신뢰는 좋은 연구의 시작이다. 진실성과 정직성을 가진 연구들은 좋은 연구의 대표적인 경우이다. 상식과 양심에서 벗어나지 않은 연구를 수행하는 것 역시 좋은 연구의 기본이다. 부적절한 연구는 의도하지 않은 연구이지만 도덕적 비난에서 자유롭지 못한 행위하고 할 수 있다. 법적 책임은 없지만 도덕적 비난을 받을 수 있다. 반면에 연구부정은 범법행위이며 일종의 연구공동체와 국민을 상대로 한 사기라고 할 수 있다. 특히나 자신의 연구가 국가나 특정 단체의 연구비를 받고 수행되었을 경우에는 심각한 위법행위가 된다. 연구비를 주는 주체에 대한 연구자의 무책임한 행위라고 할 수 있다. 제대로 연구가 진행되지 않고 연구결과를 보고하거나 아니면 자신의 이전 연구의 결과를 보고하는 경우는 심각한 범죄행위이다.

관행이라고 모든 행위를 정당화할 수 없다. 시간이 지나면 새로운 기준에 따라야 한다. 세상은 변했다. 그렇기 때문에 새로운 시대의 기준에 따라서 처벌받을 수 있다. 과거에는 문제가 되지 않았는데 왜 이제 와서 문제라고 항변하여도 소용이 없다. 엄격한 표절 기준에 의거해서 평가되기 때문에 어쩔 수 없다. 그렇다고 연구윤리나 표절 문제가 다른 이익을 위해서 악용되어서도 안 된다. 상대의 약점을 찾아서 자신의 입지를 강화하거나 자신의 지위를 높이는 데 이용되어서는 안 된다. 상대후보를 흠내기에 가장 좋은 방법은 학자의 경우 그 대상자의 이전 연구물을 모두 검토하는 것이다. 분명히 표절 문제가 발견될 가능성이 높다. 이러한 방법으로 표절 행위 적발을 악용해서는 안 된다. 학문 공동체와 공공의 이익을 위해서 자기를 기만하고 사회, 국가를 기만하는 행위를 차단하기 위해 표절에 대한 내부고발과 엄격한 시스템을 통해서 찾아내야 하는 것이다.

제대로 연구윤리나 표절 범위에 대하여 교육하고 연구자 스스로 공부해야 한다. 과거에서 관행이라는 이유와 동업자라는 동려들의 묵인이 있었지만 지금은 엄격한 기준이 적용하고 있기 때문에 개인적 피해를 보지 않기 위해서는 연구윤리와 표절에 대한 공부가 필요하다. 특히 대학원생의 경우 연구윤리 교육을 통하여 철저하게 학습할 필요가 있다. 대학원 연구법 강의에서 연구기술만 강의하는 것이 아니라 표절과 연구윤리에 대한 교육이 강화되어야 한다. 알아야 표절에서 벗어날 수 있다. 체육학에서 연구윤리나 표절문제가 나타나는 것은 교육 부재와 철저한 논문 검토가 미흡하기 때문이다. 학위심사나 연구논문 심사에서 철저하게 표절인지를 가늠할 수 있는 충분한 선행연구의 검토와 전문성을 강화하는 일이 필요하다.

더욱 우려되는 것은 연구부정은 표절을 넘어서 개인의 도덕불감증으로 확산될 수 있다는 점이다. 자신이 무엇을 잘못하고 있는지, 혹은 무엇을 잘못했는지 모르는 도덕불감증에 걸리게 된다. 특히나 대학생 시절부터 너무나 쉽게 인터넷의 자료를 다운 받아 도용해서 제출하는 리포트는 본인의 지적 성장을 가로막을 뿐만 아니라 도덕불감증으로 도덕성의 상실에 빠지게 한다. 철저한 연구윤리와 표절에 대한 교육부재 혹은 연구자의 무관심은 심각한 도덕불감증에 빠지게 한다. 한국의 대학생들의 경우 아무런 죄책감 없이 짜깁기를 해서 리포트를 제출하고 있다. 하지만 아무런 문제의식을 갖지 못하고 있다. 이들이 대학원생이 되고 학자나 교수가 될 경우에도 연구윤리를 무시하거나 표절을 할 개연성이 높아진다. 학부생부터 표절과 연구윤리교육을 강화해서 부정행위를 하지 않도록 교육과 감시가 있어야 한다. 이와 더불어 학부생의 리포트 역시 엄정한 검토를 통해서 표절이 발견되면 점수를 주지 않도록 규정이 마련되어야 한다. 아무런 불이익을 주지 않으면 지금과 같은 표절이나 연구윤리 위반은 지속적으로 반복될 것이다.

우리가 경계해야 할 것은 표절예방과 연구윤리를 준수하는 것이 자신이 앞으로 피해를 줄이는 현명한 일이라는 자각이 필요하다. 지금 행하는 작은 연구부정이 나중에 심각한 문제가 될 가능성이 높다. 습관은 무섭다. 아무런 죄의식 없이 행하는 연구윤리 위반과 표절 행위는 곧 일상적 행위가 될 수 있다. 엄격한 연구윤리 준수와 표절에 대한 이해를 통해서 자신의 독창적 연구와 아이디어를 보호받고 타인의 아이디어 또한 보호할 수 있어야 한다. 정직한 인용과 연구윤리 준수가 표절을 예방하는 지름길이다. 그렇지 않고 타인의 아이디어를 도용하는 것은 독창적인 연구를 가로 막는 행위이다. 자신의 연구결과가 도용된다면, 누가 밤을 지새우면서 연구에 몰두하겠는가. 특히 인문학자가 문장 하나를 쓰기 위해 쏟아 부은 수많은 날들을 생각할 때, 함부로 아이디어 도용이나 표절을 해서는 안 된다.

※ 이 글은 2008년 9월 20일(토) 한국체육대학교 본관 1층 합동강의실에서 열린 2008년 한국체육철학회 국제학술대회 및 하계워크숍에서 발표한 내용이다. 체육철학의 연구윤리와 연구진실성 확립 방안에 대하여 연구한 내용을 발표 한 것이다. 정직하고 성실한 연구가 좋은 연구라는 결론을 내리게 되었다.

| 13장 |

스포츠콘텐츠와 스포츠인문학의 만남

우리가 살고 있는 시대는 학자들에 의해서 후기산업사회, 포스트모던 사회, 위험사회 등 다양하게 명명되고 있다. 이 중에 프랑스 사회학자 보드리야르는 소비라는 개념을 가지고 현대사회를 소비사회라고 부른다(이상률 역, 1991). 그 소비의 개념은 유용성이라는 과거의 소비개념이 아니라 기호가 갖는 차이의 소비라는 개념이다. 심지어 우리가 하고 있는 스포츠 역시 개인의 취향에 따라서 소비하는 것으로 규정짓고 있다. 이처럼 스포츠는 하나의 소비재로서 소비되고 있다. 개인이 소비하고 있는 스포츠는 곧 그 소비자의 사회계층을 나타나게 되었다. 한국사회에서 유독 골프인구가 급증하는 이유 역시 골프라는 스포츠가 갖는 다른 스포츠와의 차이의 기호 때문이다.

스포츠는 하는 스포츠만이 아니라 다양한 스포츠로 형태가 변화하고 있다. 스포츠역사, 스포츠영화, 스포츠방송, 스포츠신문, 스포츠만화, 스포츠잡지 등 다양한 보는 스포츠, 하는 스포츠, 읽는 스포츠, 쓰는 스포츠 등으로 구분된다. 거기에는 재미라는 공통분모가 있다. 특히나 오늘날 사람들의 성향이 재미있는 것, 즐거운 것만을 추구하는 경향으로 변화하고 있다. 이러한 맥락에서 볼때, 오늘날 스포츠는 오락화를 지향하고 있다. 좀 더 재미있고, 자극적인 스포츠로서 이종격투기와 같은 유형의 스포츠가 등장하고 있다. 또한 자신의 건강과 체형관리를 위하여 많은 사람들이 스포츠에 참여하고 있다.

스포츠는 위생과 보건, 전인교육, 국위선양, 국민건강, 복지증진, 대중스포츠에서 벗어나 다양한 형태로 소비되어지고 있다(Guttman, 1978; Wenner, 1998). 그 대표적인 것 중에 하나가 문화콘텐츠로서의 스포츠라고 할 수 있다. 스포츠문화는 이제는 단순히 보는 것과 하는 것에 머무는 것이 아니라 다양한 형태로 소비되어 지고 있다. 그 하나가 스포츠콘텐츠이다. 이와 관련하여 최근 스포츠콘텐츠 관련 연구들이 증가하고 있다(박종구, 2007; 정지규, 2007; 황용성, 2006; 이관표, 최상수, 2006; 김용범, 박현욱, 2005; 최영환, 2005, 2008; 김원제, 2004; 이혜진, 2004; 조종현, 2002; 임우택, 2001; 최동철, 2001). 다양한 스포츠콘텐츠를 확보하여 소비자들에게 소비하게 한다면, 경제적 이익 또한 창출할 수 있다. 스포츠는 일상에서 누구나 쉽게 소비할 수 있는 하나의 대상이 이며, 단순한 소비의 차원을 떠나서 스포츠는 콘텐츠의 확보를 통해 다양하게 소비할 수 있게 되었다.

그렇디면 스포츠콘텐츠란 무엇인가? 이 물음에 대한 이해를 높이기 위해서 가능한 것은 개념을 정립하는 것이다. 올바른 개념에 대한 이해는 쉽게 의사소통을 가능하게 한다. 스포츠콘텐츠의 이해를 위해서 콘텐츠란 무엇인가? 문화콘텐츠란 무엇인가? 스포츠콘텐츠란 무엇인가? 디지털콘텐츠는 무엇인가? 에 대한 조사를 통해서 이해할 수 있도록 하였다. 스포츠콘텐츠의 활용을 위해서는 어떻게 하면 효율성과 경제적

이익을 창출할 수 있는 활용방안이 될 수 있을까. 이 문제에 집중하여 몇 가지의 대안들을 제시하고, 스포츠콘텐츠의 확보는 체육학 내의 스포츠인문학에 대한 교육과 연구를 통해 가능하다는 내용을 알아볼 것이다.

스포츠콘텐츠의 이해

이 장에서는 문화콘텐츠와 스포츠콘텐츠, 그리고 디지털콘텐츠에 대한 개념을 알아본다. 콘텐츠라는 용어는 미디어의 발전을 통해서 1990년대 이후에 발생한 새로운 용어이다. 단순히 알맹이, 내용이 아니라 저작권을 주장할 수 있는 모든 종류의 것을 말한다. 1980년대만 해도 스포츠는 신문의 뉴스나 방송의 중계 및 보도 프로그램의 소재로서 이용되었을 뿐이다. 1980년대 말기에 와서 스포츠는 신문지면의 일부분을 차지하면서 구독률을 높여주었고 스포츠중계를 통하여 TV방송시청률에 영향을 미치게 되었다. 1990년대 되어서 스포츠는 하나의 콘텐츠로서 기능을 하게 되었다. 각종 콘텐츠산업이 국가육성 산업으로 부각되면서 각종 정책이 제시되고 있다. 이러한 맥락에서 스포츠콘텐츠 역시 문화콘텐츠의 하나로서 그 역할과 과제를 생각할 수 있다.

역사적 흐름 속에서 스포츠를 미디어의 도구로 오용한 경우들이 나타난다. 일본과 국가 간의 경기에서 표출되는 항일의지가 대표적이다. 식민지 지배를 당한 한국은 일본과의 경기에서 반드시 이겨야 한다는 필승의지를 엿볼 수 있다. 다른 나라에는 질 수가 있어도 일본에게는 패배란 용납할 수 없다는 각오를 심어주게 된다. 이러한 성향을 미디어가

시청자에게 직간접으로 주입한 결과라고 할 수 있다. 또한 전쟁으로 위축된 국민들의 사기진작을 위해서 이용한 경우도 있었다. 일본의 경우 프로레슬링을 통한 패전의 상처를 극복하기 위하여 미국선수를 상대로 일본 선수가 승리하는 것을 중계함으로써 재건할 수 있는 힘을 제공하기도 하였다. 정치에 대한 염증을 해소하기 위한 하나의 대체물로 기능하거나 정치에 대한 무관심을 조작하는 경우로도 사용되었다. 1982년 전두환 대통령의 지시에 따라서 프로야구, 축구, 씨름 등의 프로스포츠를 시작하였다. 그 이유는 단 하나 국가를 스포츠로 지배하기 위한 정치적 논리 때문이다.

1. 디지털콘텐츠

디지털콘텐츠는 알맹이, 내용, 부호, 문자, 음성, 음향, 영상 등이 IT 기술과 결합하여 저작 형태로 제작 또는 처리된 자료 또는 정보를 말하며, 온라인 디지털 콘텐츠는 정보통신망에서 사용되는 디지털 콘텐츠를 말한다. 정보기술이 발달에 따라서 콘텐츠의 중요성이 높아진 것이다. 디지털 콘텐츠 산업의 육성 방향은 객체화, 디지털화, 글로벌화, 상품성(시장성)에 두어야 한다. 우선 콘텐츠 산업에 대한 포괄적인 개념 정립, 인식 및 확산이 필요하다. 둘째, 창의적이고 아이디어가 번득이는 지식 활동과 문화 활동의 객체화(콘텐츠화)가 이루어져야 한다. 셋째, 규모의 경제와 망 외부성을 살릴 수 있는 정보 콘텐츠의 디지털화가 대대적이고 조직적으로 이루어져야 한다. 넷째, 체계적인 검색, 가공 기능 및 고객 욕구 충족을 통한 디지털 콘텐츠의 시장성 증대가 이루어져야 한다.

다섯째, 세계 시장 진출을 위한 전략적인 디지털 콘텐츠의 글로벌화가 시급하다(송해룡, 2001).

2. 문화콘텐츠

콘텐츠는 그 장르가 영화든, 문학이든, 학습이든 뉴스든 오락이든 기획이나 창작, 혹은 가공이나 개발을 누가 했는지가 분명하게 나타나서 추후에 저작권을 주장할 수 있는 모든 종류의 원적이다(심상민, 2001). 부호, 문자, 음성, 음향, 이미지 또는 영상 등으로 표현된 자료 또는 정보, 지식, DB를 총칭한다. 또 다른 정의에 따르면, 콘텐츠란 어떤 소재나 내용에 여러 가지의 문화적 공정을 통해 가치를 부여하거나 가치를 드높인 것이다(최연구, 2006). 문화콘텐츠는 인문콘텐츠라고도 한다. 왜냐하면 콘텐츠 자체가 인문학적 성향이 강하기 때문이다. 문화콘텐츠에 대한 정의와 개념은 학자들의 견해에 따라서 다양함을 관련 문헌의 검토를 통해서 알 수 있다. 심승구(2005)는 "문화콘텐츠란 곧 문화의 원형 또는 문화적 요소를 발굴하고 그 속에 담긴 의미와 가치(원형성, 잠재성, 활용성)를 찾아내어 매체에 결합하는 새로운 문화의 창조과정이다. 현재 문화콘텐츠 분야가 새로운 응용학문 분야로 주목받을 수 있는 배경이자 특성은 '다학문의 통합성과 다양한 문화가치의 창출, 그리고 시공을 초월한 활용성' 이라고 정의할 수 있다."고 말한다. 앞의 정의처럼, 문화콘텐츠는 전통의 문화원형에 대한 복원과 이것을 현실에 적용하고 구현하는 활용성을 강조한다. 가치실현이란 문화의 공정을 통해서 이 시대에 필요한 문화콘텐츠를 만들어 내고 있다.

3. 스포츠콘텐츠

스포츠콘텐츠란 스포츠의 내용을 담고 있는 프로그램, 또는 장르라 하겠다. 콘텐츠는 정신적, 감성적 가치 및 효용 등을 전달하는 무정형의 것이라는 의미가 강하고, 일종의 아이디어와 유사한 것으로 이해된다. 특히나 다양한 미디어가 인터넷, 텔레비전, 이동통신사와 결합하여 스포츠콘텐츠를 확보하고 노출을 통해서 고객을 유인하고 있다(송해룡, 2000). 디지털 방송시대에 고화질의 높은 수준의 경기력을 가진 스포츠콘텐츠를 확보할 수 있는 방안이 요구되고 있다. 동영상을 통한 실시간 중계방송이나, 방대한 스포츠 DB를 활용하고 이를 통해서 커뮤니티를 형성할 수 있다는 장점이 있다.

스포츠콘텐츠는 시공을 초월하여 별다른 비용의 추가 없이 인터넷 등 통신망을 통하여 전 세계 어느 곳에서도 판매할 수 있게 되었다. 이러한 인터넷의 장점은 같은 취미나 요구를 가진 동호인들이 손쉽게 한군데로 모이게 하고 있다. 동호인들은 한군데 모여서 손쉽게 의사소통을 하고 상호 정보를 교환하는 등의 활동을 하고 있다. 예를 들어 인터넷콘텐츠를 통해 농구를 좋아하는 사람들을 한군데 집결시켜 서로 팀 대항경기를 신청하고 경기를 할 수 있도록 중계해주고, 비슷한 취미를 가진 사람들을 모아서 같은 취미를 배워볼 수 있는 학습의 장을 제공해주는 역할을 하고 있다(최영환, 2008). 대표적인 스포츠콘텐츠로서 스포츠영화와 스포츠신문이 있다.

스포츠영화는 실화를 재현하고 있기 때문에 감동과 교훈, 재미 그리고 깨달음을 선사하고 있다. 레니 리펜슈탈의 〈올림피아, 1936〉를 시작으로 다양한 장르의 스포츠영화가 만들어졌다. 이학준(2005)에 의하면, 스포츠영화의 특성은 다섯 가지로 나누어진다. 첫째, 인간한계의 도전 정신이다. 〈리멤버 타이탄〉(2001), 〈그들만의 리그〉(1992), 〈보리울의 여름〉(2003) 등의 영화에서 발견된다. 둘째, 인간승리의 무한한 감동이 있다. 〈루디〉(1994), 〈말아톤〉(2005), 〈윔블던〉(2005), 〈챔피언〉(2002), 〈태풍태양〉(2005), 〈슈퍼스타 감사용〉(2004) 등이 있다. 셋째, 예측불허의 긴장감으로 〈YMCA 야구단〉(2002)과 〈익스트림 OPS〉(2002) 등에서 찾아볼 수 있다. 넷째, 따듯한 인간냄새가 난다. 〈코치 카터〉(2005), 〈허리케인 카터〉(1999), 〈주먹이 운다〉(2005), 〈알리〉(2005)가 있다. 다섯째, 청량제 같은 재미가 있다. 대표적인 영화로는 〈교도소 월드컵〉(2001), 〈소림축구〉(2002), 〈으랏차차 스모부〉(2000) 등이 있다.

스포츠신문의 경우 한국은 80년대 프로스포츠가 등장함에 따라서 스포츠신문의 발달을 가져올 수 있었다. 스포츠신문의 역할은 스포츠기사를 보도하고, 한 나라의 스포츠문화를 선도하는 데 있다. 이외에도 오락과 통합적 역할을 수행한다. 하지만 현실은 판매부수를 늘리기 위한 황색 저널리즘을 추구하고 있으며, 선정성 문제가 지속적으로 제기되고 있다. 이러한 스포츠신문의 과제는 전문성의 강화와 스포츠문화의 선도에서 찾을 수 있다. 편집의 민주화를 통해서 스포츠기자들의 표현의 자유를 가지고 기사를 작성할 수 있도록 해야 한다. 지금과 같이 판매부수를 늘려서 광고를 유치하려는 전략에서 벗어나야 한다. 판매부수는 선정적 기사를 보도할 수밖에 없는 한계를 가진다. 여기서 벗어나는 것은 스포츠신문의 과제를 재인식하는 경우밖에 없다.

스포츠출판의 현황을 살펴보면, 2008년 11월 현재 국내 체육과 스포츠관련 서적은 2,390권이 출판되었다(www.kyobobook.co.kr). 체육과 스포츠 관련 대학교재, 스포츠소설, 스포츠에세이집, 스포츠 칼럼, 운동경기, 산, 레저스포츠, 스포츠자서전, 스포츠번역서 등 다양한 소재와 주제를 가지고 스포츠관련 책들이 출판되고 있다. 동아일보는 2006년에 '스포츠열기 속으로 30선'을 연재한 적이 있다. 우리 사회의 저명인사들을 대상으로 그들이 감명 깊게 읽은 스포츠 책들을 소개하는 형식으로 기사화한 내용이다. 책들은 축구, 산, 스포츠수필집 등 다양한 형식을 하고 있다. 스포츠 관련 책들은 전공자 이외에도 사회 각계에 다양한 사람들이 읽고 있다는 것을 알 수 있다. 이들이 스포츠 관련 책들을 읽는 것은 아마도 삶의 희망과 건강함을 엿볼 수 있기 때문이다.

다만 아쉬운 점은 30선의 책들의 저자 중에 체육학의 전문으로 하는 학자들의 책은 몇 권 되지 않는다. 아마 체육 전문서적의 출판에 한정되어 있기 때문에 대중을 위한 스포츠 책 집필이 많이 이뤄지지 않았기 때문이다. 전문인만을 위한 체육과 스포츠 책이 아니라 다양한 대중을 위한 스포츠출판물이 생산될 필요성이 높다. 스포츠는 단지 관람만 하는 것이 아니라 이제는 읽는 스포츠를 즐기는 시대라고 할 수 있다. 삶의 희망과 장애 그리고 비전을 제시해주는 감동드라마가 실제로 많이 존재한다. 이러한 소재를 통해서 스포츠 관련 대중서의 발급을 기대해 볼만하다.

우리가 스포츠콘텐츠에 관심을 갖는 것은 스포츠 패러다임의 변화 때문이라고 할 수 있다. 과거의 스포츠는 건강과 교육 등의 특정한 가치를 가지고 행해졌다면 지금의 스포츠는 비즈니스 관점에서 소비하는 대상으로 변화하였다. 스포츠산업은 21세기 현재 주목되는 산업 중에 하나이다. 특히나 굴뚝 없는 공장이라고 할 수 있을 정도로 지하자원이 부족한 우리나라에서 관심을 가지고 투자할 수 있는 분야가 바로 스포츠산업이다. 스포츠산업 중에서 미디어 스포츠와 관련된 스포츠콘텐츠가 관심의 주 대상이다. 원소스 멀티유저(one source-multi-use)의 콘텐츠를 활용할 수 있기 때문에 활용가능성이 높다. 예를 들어 스토리 하나만 잘 쓰면 다양하게 사용할 수 있다. 소설도 만들고, 영화도 가능하다. 그리고 캐릭터 산업으로도 가능하다.

스포츠콘텐츠의 활용

스포츠콘텐츠의 장점은 다음과 같다. 첫째, 문화적 언어적 차이로부터 자유롭다는 것이다. 다른 다양한 매체에 비하여 스포츠는 차이의 거리가 좁다. 문화적, 언어적 어려움은 쉽게 해결된다. 동일한 룰과 용어를 사용하기 때문에 의사소통의 문제가 없다. 예를 들어 축구의 경우 국제축구협회의 공식 룰에 의하여 세계 공통의 규칙을 따르고 있기 때문에 거리가 없다. 둘째, 세계 공통의 관심사라는 것이다. 월드컵, 올림픽의 경우 세계 많은 사람들의 대상이 된다. 참여하는 인구가 유엔에 가입한 나라보다 많다는 사실은 얼마나 스포츠에 대한 관심이 높은 줄을 확인할 수 있는 말이다. 셋째, 고정 시청자를 확보하고 있다. 월드컵축구의 경우 고정된 축구팬들이 형성되어 있기 때문에 입장권과 TV 시청률 또한 높이 나타난다. 그렇기 때문에 중계권료의 상승으로 이어져 경제적 이익을 창출할 수 있는 좋은 콘텐츠가 된다. 넷째, 독점권 확보가 가능하다. 중계권료는 부분에 있어서 특정 기관에서 독점해서 중계권료를 판매할 수가 있다. 다섯째, 광고 삽입이 용이하다. 경기 중간 중간에 디지털 광고나 지상파 광고 역시 가능하기 때문에 장점이 있다(최영환, 2008, 김원제, 2004; 송해룡, 2001). 이러한 장점을 가지고 스포츠콘텐츠의 활용을 TV와 인터넷에 한정하여 알아본다.

1. TV스포츠콘텐츠의 활용

스포츠콘텐츠의 다변화를 시도하기 위해서는 경기중계 형태의 변화가 필요하다. 경기 결과 및 하이라이트 스포츠뉴스를 만든다면, 지금보다 좀 더 다양한 스포츠정보를 제공하는 형태가 될 것이다. 단순히 경기결과만이 아니라 다양한 정보를 제공할 수 있다면 콘텐츠 활용과 소비자 만족도에서 높이 평가될 수 있다. 스포츠콘텐츠 중심의 데이터방송 구현을 위해시 디지털 아카이브, 스포츠정보망과 연계되어야 한다. TV와 연계된 스포츠콘텐츠의 형태는 스포츠교육, 스포츠정보검색, 스포츠쇼핑몰, 스포츠입장권 예매, 스포츠중계, 스포츠경기 동영상, 스포츠게임, 스포츠커뮤니티, 스포츠공공단체, 스포츠뉴스언론 등으로 구분할 수 있다.

이중에서 하나의 스포츠중계와 정보와 관련된 예를 들어보자. 충주시에서 매년 개최하는 세계무술축제를 명실상부하게 국제적 행사로 만들려면, 세계의 무술인들이 대거 충주시로 몰려들어 세계적인 축제를 연출하도록 해야 한다. 이 기회를 스포츠콘텐츠와 연계하여 앞에서 제시한 다양한 세계무술정보제공과 관련된 뉴스, 연구동향을 제공하여 무술에 관련된 사람들이 사이버세계에서 공동체를 형성할 수 있게 하면 될 것이다. 그렇게 되면, 충주시는 매년 적자로 운영되는 세계무술축제의 중계권료를 독점하고 세계를 상대로 세계무술축제라는 콘텐츠를 판매할 수 있을 것이다.

2. 인터넷 스포츠콘텐츠의 활용

스포츠가 인터넷을 활용해서 얻을 수 있는 것은 상호작용성, 비동시성, 무제한성 등이다. 다른 매체에서 활용할 수 없는 쌍방향 커뮤니케이션이 가능한 상호작용성의 이점을 들 수 있다. 일방향의 기존의 매체는 수동적 소비 형태로 남아 있다. 하지만 인터넷은 자신의 의견을 제시할 수 있는 소통과 동시에 다양한 콘텐츠를 활용할 수 있다는 장점이 있다. 하나의 정보와 방송만을 선택하기보다는 개인의 취향에 따라서 한 번에 여러 가지의 정보를 이용할 수 있다. 그 만큼 콘텐츠의 활용에 제한이 없다.

인터넷 스포츠의 장점은 국내외로 컴퓨터 네트워크가 이미 갖추어 있다는 것과 인터넷이 미래의 정보화 시대의 하나의 대안이라는 점에서 출발한다. 스포츠이벤트의 시간적 공간적 한계를 극복하고 보도할 수 있다는 것이다. 스포츠정보의 데이터베이스화 및 정보접근이 용이하다. 신문과 방송의 벽이 허물어지고 모든 스포츠미디어가 컴퓨터 네트워크를 바탕으로 미디어 간 수렴이 일어나는 미디어 컨버전스(media convergence)라는 점이다. 그 외에도 정보생산자와 소비자의 일대일 커뮤니케이션 기능을 들 수 있다(어재석, 2006).

컴퓨터 네트워크를 활용해서 스포츠콘텐츠를 판매할 수 있는 판매망이 이미 갖추어져 있다. 이 때문에 스포츠콘텐츠의 확보가 성공의 중요한 변수로 작용한다. 미래의 정보화시대의 대안으로 인터넷스포츠의 장점을 최대한 활용할 수 있어야 된다. 스포츠콘텐츠의 활용방안은 미디어의 디지털화이다. 미디어스포츠의 다양한 콘텐츠를 활용하여 TV, 인터넷, 핸드폰, DMB 등의 최신 콘텐츠를 판매하기 위해서 미디어의 디지털화가 필요하다. 고화질의 영상화면을 송출해서 판매할 수 있는 스포츠콘텐츠의 확보가 중요하다.

디지털시대 방송사는 방송사별, 유통 채널별 특성화가 요구되는데 스포츠와 관련하여 그 전문화 방안을 제안하면 차별화, 정보화, 전문화, 다각화라는 네 가지 차원에서 제시할 수 있다. 좀 더 구체적으로 살펴보자. 차별화란 지상파(공영, 상업) 케이블, 위성 등 매체별 특성에 따라 각각의 범위와 역할을 재설정해야 한다는 것이다. 다른 매체와 중복되지 않으면서 나름대로의 차별적 특성을 보유해야만 시청자들의 관심을 끌 수 있다. 정보화란 광범위한 DB구축을 통해 스포츠정보를 제공할 수 있어야 한다는 것이다. 방송사가 가진 영상 DB와 인쇄매체들의 문자 DB를 기본으로 하고 현재 구축 중인 국가 스포츠정보망과 연계하여 효율적인 스포츠정보를 제공해야 한다는 것이다. 전문화란 방송이 스포츠를 통해 그 재원적 가치를 획득할 수 있어야 한다는 것이다. 이를 위해 광고 기획 및 효과를 극대화할 수 있는 구체적인 기법들을 마련해 스포츠를 활용한 기업 커뮤니케이션을 유도해야 하며, 중계권 협상에 대한 전문적인 준비를 해야 한다. 그리고 스포츠 방송 전문 인력을 양성해야 한다. 다각화는 가장 최적의 다량의 콘텐츠를 확보하는 있는 방송이 중심이 되어 타 매체(신문, 잡지, 인터넷, 이동통신)와의 서비스 제휴, 업무 제휴 등을 통해 다양한 서비스를 개발해야 한다는 것이다. 또한 새로운 방송 테크놀로지를 스포츠방송에 적용함으로써 뉴미디어 방송을 선도할 수 있다. 특히 인터넷 사이트 강화나 인터넷 서비스업체와의 제휴를 통한 스포츠콘텐츠 제공에 역점을 두어야 한다(송해룡, 2001).

앞에서 언급한 TV와 인터넷을 활용한 스포츠콘텐츠뿐만 아니라 다양화 매체를 통한 활용 가능성이 미래사회에서 일상화될 것이다. 입장권 수입과 스포츠중계권료에만 의존하고 한정하는 것은 너무나 현실 환경을 무시하고 과거에 안주하는 것이라고 할 수 있다. 인터넷과 다양한 매체를 활용하여 실시간 중계와 스포츠에 관련된 정보를 동시에 판매할 수 있게 되었다. 이를 위해서는 충분한 콘텐츠와 정보를 확보하고 이를 활용한 마케팅 전략이 요구되어진다. 문제는 높은 수준의 콘텐츠를 어떻게 확보하느냐가 관건이다. 이를 위하여 각종 메가 스포츠이벤트의 유치, 스포츠정보의 활용, 스포츠콘텐츠의 창출을 위한 노력들이 요구된다. 이제는 스포츠콘텐츠의 다양화 방안이 필요하다. 이를 위하여 우리가 주목해야 할 영역이 스포츠인문학이다.

스포츠콘텐츠와 스포츠인문학의 만남

스포츠콘텐츠와 스포츠인문학은 별 관계가 없어 보이지만 실제로 보면 많은 연관관계를 맺고 있다. 스포츠콘텐츠의 확보는 다른 영역에서보다 스포츠인문학 분야에서 많은 것을 얻을 수 있다. 미디어스포츠, 스포츠소설, 스포츠영화, 스포츠만화, 스포츠신문, 스포츠출판 등 다양한 장르는 결국 스포츠인문학적 사유를 통하여 생산될 수 있는 것들이다. 다양한 콘텐츠를 확보하기 위해서는 체육과 스포츠에 관한 인문학적 상상력과 사고를 통해서 새로운 아이디어와 내용을 창출할 수 있는 교육과 연구가 따라주어야 한다. 스포츠콘텐츠는 체육학과 상관이 없다는 생각에서 벗어나서 체육학과 출신들이 스포츠콘텐츠를 개발하고 활용하는 데 중심에 설 수 있도록 교육과 연구가 진행되어야 한다. 뿐만 아니라 스포츠와 관련된 디지털 아카이브 구축과 스포츠정보망 구축 작업에 스포츠인문학의 활용이 필요하다. 좀 더 구체적으로 알아보자

첫째, 스포츠문학이다. 스포츠문학이란 스포츠를 소재와 주제로 하여 작성된 문학작품(시, 소설, 수필, 희곡 등)을 말한다. 이 중에서 스포츠소설과 자서전을 주목할 필요가 있다. 이미 국내외에서 스포츠소설은 관심의 대상이 되고 있다. 신상성(1985)에 의하면, "한국에서 스포츠문학이 관심의 대상이 된 것은 1970년대 후반이다. 경제성장과 함께 스포츠에 대한 관심이 고조되고, 거기에 따른 스포츠문학들이 선을 보이기 시작했다. 이진우의 '장거리 주자의 고독', 윤흥길의 '헛되이 수고하는 우리', 이광복의 '불길' 등과 같이 한국에서도 스포츠문학의 가능성은 높다. 한국의 스포츠문학을 발전하기 위해서는 스포츠문학 대상자의 발굴과, 스포츠관계 문학가의 확보, 그리고 스포츠 관계 번역문학가의 선정 등이 필요하다고 제언하고 있다."

둘째, 스포츠역사이다. 스포츠역사는 단순히 과거에 있었던 일을 기억해내는 옛날이야기가 아니다. 과거의 사건과 스포츠를 재현하여 현실과의 대화를 통해서 미래를 예견할 수 있는 자원이 된다. 특히 문화콘텐츠의 중요한 자원이 되고 있다. 무술과 관련하여 복원된 작업과 무술 시

연을 통해 재생산할 수 있을 만큼 고전에 대한 이해와 복원을 역사연구가 따라주어야 한다. 예를 들어 전통무예의 복원과 디지털 작업을 통해 시뮬레이션화해서 쉽게 따라 배울 수 있게 콘텐츠를 확보하면 우리 무예에 대한 관심을 높일 수 있는 하나의 방법이 된다. 그리고 구술사를 통해 체육인들의 자료를 아카이브 구축을 통해서 스포츠영화 소재나 소설의 소재를 제공하는 아이디어 뱅크의 역할을 할 수 있다. 역사적 근거와 실증적 자료 없는 역사적 상상력에 의한 허구적 생산이 아니라 역사적 사실을 바탕으로 한 복원과 콘텐츠의 활용이 필요하다.

셋째, 스포츠철학이다. 철학은 전체를 볼 수 있는 안목이 재산이다. 철학의 눈으로 스포츠를 볼 수 있다는 장점이 있기 때문에 다양한 콘텐츠를 생산하는 데 중요한 아이디어를 제공한다. 스포츠의 철학적 사유를 통해서 스포츠의 존재, 가치, 지식을 연구하기 때문에 스포츠를 활용한 다양한 매체에서 아이디어를 제공할 수 있는 공급처가 된다. 특히나 스포츠영화나 스포츠소설, 스포츠만화 등 다양한 영역에 아이디어를 제공하고 재생산하는 공급원으로 그 역할을 한다. 이외에도 스포츠콘텐츠의 상업화에 따른 문제를 지적하고 올바른 방향으로 발전할 수 있도록 방향제시를 할 수 있다. 일종의 비판과 견제로서 스포츠콘텐츠의 브레이크 역할을 기대할 수 있다.

체육학의 자연과학 분야의 연구성과 역시 스포츠콘텐츠 분야의 중요한 자산이 된다. 운동처방프로그램을 통하여 개개인의 몸의 상태에 맞는 처방을 할 수 있는 것 역시 데이터베이스를 바탕으로 한 스포츠콘텐츠의 활용 덕분이다. 국민 전체의 체력상태를 조사해서 그 자료를 가지고 개개인의 체력과 체격상태를 고려해서 보편적인 운동량을 제시해줄 수 있는 방법도 스포츠콘텐츠의 구체적인 활용의 한 예가 된다. 사이버 스포츠게임, 사이버 피트니스, 사이버레슨 등도 활용할 부분이다. 운동역학과 운동경기에서 시뮬레이션 게임을 통해서 최적의 자세, 전략과 전술을 확보하고 이용할 수 있다. 디지털 분석기를 통하여 운동경기의 수준과 문제점을 파악하고 이를 수정할 수 있도록 하고 있다. 국가대표간 축구경기에서 기록 분석을 중계방송과 실시간으로 볼 수 있는 세상이 되었다. 볼 점유율, 선수들의 이동거리, 공격방향 등 전체적인 경기 분석과 기록이라는 정보와 더불어 축구중계를 즐길 수 있게 되었다.

맺음말

이상과 같이 스포츠는 점차적으로 단순하게 경기와 중계에만 한정되지 않고 다양하게 그 영역을 확장하고 있다. 최근에 스포츠는 미디어와 콘텐츠와의 결합을 통해서 경제적 이익을 창출하고 있다. 이러한 차원에서 스포츠는 황금알을 낳는 거위라고 할 수 있다. 또한 스포츠는 텔레비전, 인터넷, 이동통신사 등과 같은 다양한 미디어와 결합하여 스포츠 콘텐츠를 확보하기 위해 노력하고 있다. 스포츠콘텐츠의 다양화를 통해서 스포츠소비자를 늘려가고 있을 뿐만 아니라 스포츠 공동체를 형성하고 있다.

스포츠콘텐츠를 통한 경제적 이익을 창출하기 위해서는 현재 체육학 혹은 스포츠과학 분야에서 이 영역을 잘 파악하고 미래를 위한 준비가 있어야 한다. 다양한 콘텐츠의 확보가 성공의 승패를 가름할 수 있다. 하지만 다양한 콘텐츠의 개발은 가볍게 말할 수 있는 것이 아니다. 이 때문에 스포츠의 인문학적 소양이 필요하다. 이를 위해서는 체육전공 학부생들에게 스포츠인문학을 교육해야 할 것이다. 왜냐하면 창의적 사고와 다양한 콘텐츠는 스포츠의 문학, 역사, 철학에 대한 교육과 체험을 통해서 재생산될 수 있기 때문이다. 예를 들어 강원대 체육구술사연구회는 체육인에 대한 아카이브를 구축하고 있다. 생생한 과거의 체육을 증언할 수 있는 분들이 돌아가시기 전에 구술사방법을 통해서 데이터베이스 작업을 하는 것이다. 이러한 작업은 스포츠콘텐츠를 활성화하는데 중요한 창고가 된다.

최근에 체육학과에서 자연과학 분야의 과목에 비하여 체육인문사회과학의 비중이 적어지고 있다. 그 이유는 눈으로 확인할 수 있는 결과를 중심으로 하는 교과목 구성으로 편중되어 있기 때문이다. 눈으로 결과를 확인할 수 없지만 체육인문사회과학의 교과교육을 통하여 스포츠콘텐츠에 필요한 창의적인 아이디어를 생산하고, 중요한 기초를 형성하는 데, 도움이 될 수 있는 인재를 육성하는 것을 필요로 한다. 세상의 흐름에 맞추어 변화하기를 거부하다 보면, 정체 내지는 후퇴하는 경우가 있다. 세상을 잘 읽고 대처하기 위해서는 세상의 변화를 잘 읽고 이에 수반되는 체육학의 변화를 직시하고 이에 대한 대책을 강구하는 것이 체육학과를 지속적으로 발전시킬 수 있는 방법이다. 스포츠콘텐츠는 새로운 체육학 분야로서 연구와 활용을 기대할 수 있는 영역이다. 관심과 투자, 교육 그리고 연구하는 곳이 주목받고 선점할 수 있을 것이다.

※ 이 글은 2008년 10월 30일(목) 안동대학교 스포츠컨텐츠연구소에서 개최한 2008 스포츠컨텐츠연구소 창립기념 학술대회에서 발표한 글이다. 당시 학술주제는 '스포츠컨텐츠의 다양한 접근'이었다. 저자는 '스포츠 컨텐츠란 무엇인가? 이해와 활용'이란 주제로 스포츠컨텐츠의 확보를 위하여 스포츠인문학 교육의 필요성에 대하여 발표하였다.

3부

실행

| 14장 |

대학스포츠가 변해야 학생선수가 산다

대학스포츠의 문제에 대하여 이미 많은 학자들이 주장하여 왔다. 최근에는 모 언론사에서도 '죄송합니다. 운동부입니다'라는 프로그램을 통하여 대학 학생선수에 대한 문제를 제시한 바 있고, 공부하는 학생선수를 위한 대학축구협회의 'U-리그' 프로그램의 운영은 바로 대학스포츠가 변해야 한다는 것을 잘 지적한 예들이라고 할 수 있다. 변화는 발전을 위한 순서이다. 세상에 변하지 않는 것은 없다. 단지 그 시기가 빠르고 늦음의 차이만 있을 뿐이다. 환경이 변화에도 불구하고 변화를 싫어하는 일은 게으르거나 아니면 기득권을 유지하려는 생각 때문이다. 이미 대학스포츠의 문제가 있다는 것을 여러 경로를 통해 알 수 있었다. 정답은 누구나 알고 있다. 다만 실천하지 않을 뿐이다. 그렇다면 대학스포츠가 어떻게 변화해야 하는가에 대하여 알아보자.

우선, 학생선수의 학과 선택의 자유와 권리를 보장하는 것이다. 대학은 공부하는 곳이다. 하지만 학생선수들에게 그 동안에는 해당사항이 없는 일이었다. 승리만을 위하여 합숙소 생활이라는 격리된 단체생활을 해왔다. 공부는 소홀히 하고 오직 대학 홍보를 위한 승리에 매진하였다.

적어도 대학은 학생선수에게 공부할 수 있는 여건과 기회를 만들어주어야 한다. 그렇지 않고 운동만 시키게 되면 운동기계를 양산하게 될 가능성이 높다. 이러한 폐단을 막기 위해서는 현행 운영되고 있는 체육특기생 동일계 지원제도를 개혁해야 한다. 적어도 학생선수의 학습권을 보장하고 자신이 원하는 학과를 자유롭게 선택할 수 있도록 기회를 주어야 한다.

다른 하나는 체육특기생의 대학 수학능력점수를 높이는 것이다. 지금처럼 형식적으로 있으나 없으나 하는 것에서 벗어나 실질적 적용이 필요하다. 그렇게 되면, 공부하지 못하면 아무리 운동을 잘해도 대학에 갈 수 없다는 인식의 변화가 초등학생에서부터 고등학생까지 생겨날 것이다. 운동만 잘하면 대학에 갈 수 있다는 잘못된 인식을 어린 어린 선수들이 더 이상 가질 수 없다면, 학생선수들은 공부를 소홀히 하지 않을 것이다. 대학의 학생선수들은 운동과 공부를 병행한다는 것에 대하여 자긍심을 가지며, 공부하는 학생선수로서 거듭 날 것이다. 그래서 학생선수들은 공부도 잘하고 운동도 잘하는 전인적 학생이 될 수 있을 것이다.

이와 같은 주장에 대한 반론도 예상된다. 대학스포츠가 변화하게 되면, 엘리트스포츠가 고사되어 스포츠강국의 자리를 상실하게 된다는 우려이다. 대학스포츠는 국가스포츠의 발전을 위해서 그 동안 희생을 많이 해왔다. 대학스포츠는 엘리트스포츠를 위해서 필요하다는 강박관념에서 자유로울 필요가 있다. 이제 엘리트스포츠의 발전은 대학보다는 실업팀과 프로팀에서 전담해야 한다. 그렇게 되면 지금처럼 대학스포츠는 전문선수를 선발하여 세미프로와 같이 운영하는 일은 없을 것이며,

전문선수 중심의 막대한 비용을 투자하는 일도 없을 것이다. 이 비용을 대학의 스포츠시설과 프로그램 지원으로 전환된다면, 대학 캠퍼스에서 스포츠를 즐기는 학생들이 넘쳐나고 대학은 지금보다도 더 활기를 띨 것이다.

앞에서 대학스포츠가 변해야 학생선수가 살 수 있는 두 가지 근거를 제시하고 그것을 통하여 당위성을 찾아보았다. 근본적으로 대학스포츠를 생각하면 지금의 대학스포츠는 왜곡된 것이며, 본래의 모습에서 많이 벗어나 있다. 지금처럼 공부하는 학생선수를 만들기 위한 사회적 분위기와 대학의 노력들이 지속적으로 이어지게 하기 위해서는 앞에서 말한 체육특기자의 동일계 지원제도와 최저수능점수의 상향을 고려해 보아야 한다. 처음 운동을 시작하는 학생들이 공부를 못하면 자신이 원하는 대학에 갈 수 없다는 생각을 가질 수 있도록 사회적 분위기를 만들어야 한다. 그렇게 되며 공부에 소홀히 하는 학생은 이 땅에서 사라질 것이며 대학스포츠도 변할 것이다. 그 결과 학생선수들은 완전한 인간으로 살아 날 것이다.

※ 이 글은 2008년 6월 30일 〈스포츠포럼21〉 제39호에 발표된 글이다. 대학스포츠가 변해야 학생선수가 산다는 내용의 글이다. 체육특기자의 학과 선택의 자유를 보장하고, 대학수능점수를 높이는 것이 해결책이라고 제안하였다. 모두들 해답을 알고 있지만 실천하지 않기 때문에 발전이 없다고 본다.

| 15장 |

보다 아름답고, 보다 즐거운 스포츠

1. 몸 닦달: 보다 빠르게, 보다 높게, 보다 강하게

2008년 베이징올림픽의 개막식이 얼마 남지 않았다. 일본, 한국에 이어서 아시아에서 열리는 3번째 올림픽이다. 베이징올림픽은 지구촌의 모든 나라의 관심의 대상으로 전 세계의 시선은 중국을 향하고 있다. 경제대국을 향한 중국은 자본주의 시장경제 체제를 수용하여 경제적으로 급성장을 하고 있다. 그 만큼 중국은 잠재력이 크다. 중국은 경제대국이 되기 위하여 세계를 향하여 기지개를 펼치기 시작했다. 다만 베이징올림픽을 앞두고 중국은 인권문제, 대지진 그리고 올림픽성화 봉송과정에서 나타난 과열된 민족주의 때문에 어려움을 직면하고 있다. 하지만 올림픽은 인류화합의 축제이기 때문에 베이징올림픽은 성공적으로 개최되어야 한다.

성공적인 올림픽 개최를 위해서, 몸의 지향하는 특성과 올림픽의 성격을 알아야 한다. 우선 몸의 지향에 대한 특성을 알아보자. 과거의 몸은 영혼의 감옥이며 금욕의 대상이었다. 근대의 몸은 자연과학적 몸으로 물질과 대상으로 인식대상에 불과했다. 그것은 몸과 마음을 이분법적인 시각에서 본 결과이다. 하지만 20세기 실존주의, 현상학, 구조주의 등장으로 몸과 마음은 하나라는 생각이 지배적이다. 그래서 몸은 인식대상이 아니라 인식의 주체로 거듭나게 되었다. 그 결과 살아있는 몸의 주체성에 대하여 관심이 집중되었다. 이는 과거의 인식대상에 불과했던 몸이 인식주체로 거듭난 것을 의미하며, 몸의 상실에서 몸의 자리를 회복한 것을 의미한다. 하지만 과잉된 몸의 광기와 숭배는 또 다른 몸의 학대, 상실에 불과하다.

다음으로 근대올림픽의 성격에 대하여 알아보자. 근대올림픽의 모토를 보면 그 성격을 상세하게 알 수 있다. 보다 빠르게, 보다 높게, 보다 강하게 라는 모토가 상징하는 것은 근대인들의 외형적 성취이다. 누가 얼마나 빠른가 하는 것은 초시계의 등장과 함께 측정을 하면서 인류의 관심사가 되었다. 인간이 아무리 빠르게 달려도 치타보다 더 빠르게 달릴 수는 없다. 그럼에도 불구하고 인간들은 누가 더 빠른지에 관심을 가진다. 그 결과 매년 세계신기록과 올림픽 신기록은 갱신을 더 하고 있다. 결과로만 보면 인간들의 모습은 진화를 거듭하고 있다. 100미터를 9초 74로 뛸 수 있다고 누가 생각이나 했을까. 그런데 현실이 꿈이 아니라 지금 당장 나타나고 있다. 이러한 놀라운 기록은 바로 인간의 진보이기 보다는 과학기술의 발전에 영향을 받아 얻어낸 인간의 성취이다. 과학의 힘이 없었다면 상상도 할 수 없었던 일이다.

근대올림픽의 외적 성장에 비하여 내적 성숙은 따라주지 못하였다. 성장을 위해서 선수들에게 향하는 몸 닦달의 모습을 볼 수 있다. 기록향상을 위해서 과잉된 훈련과 약물복용, 민족주의, 상업주의가 넘쳐났기 때문이다. 근대올림픽의 모습에서 과학의 본질이라고 할 수 있는 닦달의 특징을 발견할 수 있다. 무엇인가를 얻기 위하여 지도자들은 선수들을 몸 닦달 하기 시작하였다. 몸은 자유로운 표현과 성취를 통해서 거듭나는 특성을 가지고 있다. 이러한 몸의 욕구는 차단되고 오직 기록과 승리를 향하여 조련되고 만들어진다. 그 결과 올림픽 신기록과 국가의 승리를 보장받을 수 있지만 인간성이 사라지는 모순을 경험하게 된다. 올림픽은 인간을 중심에 두고 인간을 위한 올림픽이 되어야 한다. 하지만 역으로 올림픽 때문에 체중조절과 과잉된 훈련, 약물복용 등 선수들의 몸을 닦달하게 만들게 하였다. 몸을 닦달하는 것은 몸을 황폐화시키고 죽어가게 한다. 몸의 성장만을 위한 닦달에서 벗어나 몸의 성숙을 향한 몸 닦기에 대한 관심이 필요할 때이다.

2. 몸 닦기: 보다 아름답게, 보다 즐겁게

우리의 일상용어 중에 몸을 닦는다는 말이 있다. 여기서 몸을 닦는다는 것은 몸에 묻은 때를 닦아서 몸을 깨끗하게 한다는 것이다. 이때 몸은 눈으로 보이는 몸이다. 우리가 일상생활에서 목욕을 하는 것은 몸의 때를 닦기 위해서이다. 하지만 때는 보이는 몸에만 있는 것이 아니라 마음에도 있다. 욕심, 시기, 질투 등이 그것이다. 마음의 때를 닦을 필요가 있다. 그래서 몸 닦기는 두 가지로 나타난다. 하나는 눈으로 확인할 수 있는 몸의 때를 닦는 것이고, 다른 하나는 눈으로 볼 수 없는 마음이라는 몸의 때를 닦는 일이다. 내면의 아름다움은 바로 내면의 때를 닦는 일에서 시작된다. 아름답고 즐거운 스포츠를 위해서 노력하는 일은 앞에서 말한 보다 빠르게, 보다 높게, 보다 강하게 하기 위하여 몸을 닦달하는 것에서 벗어나 몸의 성숙을 향하여 나아가는 일이다. 단지 외적 성취라고 할 수 있는 올림픽의 메달 집계, 금메달의 숫자가 아니라 몸을 닦고 몸의 성숙을 향한 노력이 요구되는 것도 여기에 있다.

우리는 흔히 올림픽과 관련하여 국가를 스포츠강국과 스포츠 선진국을 구분한다. 스포츠강국은 올림픽 세계 10위 안에 들어가는 것이다. 그래서 언론이나 매체에서는 금메달 사냥에 나선다고 표현한다. 1960년대 근대화를 시작한 이후, 우리는 국가를 세계에 알리기 위해서 손쉽게 할 수 있는 방법이 올림픽에 참가하여 금메달을 따는 일이었다. 금메달을 목에 걸어서 세계에 한국을 알리는 것 외에 다른 방법이 없었다. 그래서 태릉선수촌을 만들어서 선수들을 혹독하게 훈련하여 올림픽에서 좋은 성적을 거두어 들였다. 그 결과 4회 연속 올림픽에서 세계 10위를 유지하는 스포츠강국의 면모를 과시했다. 올림픽 순위는 바로 그 국가의 경쟁력을 나타내는 상징적 지표다. 이 때문에 한국 또한 엘리트스포츠의 강화만을 통해서 세계 10위를 위해서 선수들을 닦달하는 결과를 가져왔다. 그 결과 몸의 성장을 통해서 성취를 얻어냈다. 반면에 인간성 상실이라는 문제를 가지게 되었다. 즉 외적 성취를 얻어냈지만 내면의 병리라는 고질적인 병을 얻게 되었다.

3. 몸 살림: 인간화를 위한 스포츠

몸의 외적 성취는 올림픽 세계 10위에서 확인된다. 세계 10위는 스포츠강국이라고 할 수 있는 성적이다. 하지만 체육대학 입시비리, 성폭력, 선수폭력, 심판매수, 승부조작, 약물복용 등 심각한 내면의 병리 현상을 맞이하게 되었다. 이러한 현상은 몸의 성장만을 생각하고 스포츠강국의 체면만을 중시하기 위해 선수들의 몸을 닦달한 것에서 비롯된 것이다. 이제는 변해야 한다. 변하기 위한 시도로서 보다 아름답고, 보다 즐거운 스포츠를 관람할 수 있고 직접 땀을 흘릴 수 있어야 한다. 올림픽도 베이징올림픽을 계기로 변해야 하고 우리 자신도 몸을 닦달하는 일에서 몸을 닦는 것으로 변해야 한다. 그래야 몸을 죽이는 운동에서 벗어날 수 있고 몸을 살릴 수 있게 된다. 이를 위해서 모두가 함께 스포츠를 즐길 수 있도록 기회를 늘리고 참가할 수 있는 동기를 부여해야 한다.

엘리트스포츠의 전유물이었던 시설과 재정을 이제는 일상에서 스포츠를 하는 모든 이들이 함께 할 수 있도록 되돌려주어야 한다. 그래서 몸을 닦달하는 것이 아니라 몸을 닦는 사람들이 늘어나서 몸의 성장과 함께 몸의 성숙을 위해서도 노력해야 한다. 덧붙여 스포츠강국에 대한 강박관념에서 벗어나 스포츠선진국으로 우리의 시선을 향해야 한다. 왜냐하면 스포츠강국은 인간보다는 금메달로 상징되는 기록과 승리를 강요하지만, 스포츠선진국은 아름답고 즐거운 스포츠를 즐기는 사람이 더 우선시되기 때문이다. 이제 우리는 베이징올림픽에서 금메달의 숫자에 목매기보다는 보다 아름답게, 보다 즐겁게 스포츠를 할 수 있고, 관람할 수 있어야 한다. 이를 실천하기 위해서는 몸의 주체성을 회복해야 한다. 몸의 주체성은 몸 닦달에 있는 것이 아니라 몸 살림으로 가능하다. 이는 인간화를 위한 스포츠를 향하여 가는 길이기도 하다. 그 길은 보다 빠르게, 보다 높게, 보다 강하게라는 몸을 죽이는 일에서 벗어나 보다 아름답고, 보다 즐거운 스포츠를 향한 몸 살림에서 시작될 것이다.

※ 이 글은 2008년 8월 20일 월간 〈불교와 문화〉 8월호에 게재한 내용이다. 연속기획 '불교와 사회, 그리고 우리' 라는 코너에서 '문화의 중심에 선 스포츠' 라는 주제로 기획된 부분에 발표된 글이다.

| 16장 |
체육정책의 기조와 정치의 관계

'정권변동에 따른 정치이념과 체육정책 기조'의 발표문을 읽고 생각하게 된 것은 발표문이 내용정리와 체계가 논리적으로 잘 구성되어 있어서 이해하기가 쉽다는 점이다. 첫인상은 선행연구를 잘 분석하여 정리하고 있다는 것에 비하여 발표자의 생각을 발견하기 쉽지 않다는 점이다. 개인의 입장은 드러내지 않고 선행연구에 대한 검토를 통하여 자신의 입장을 제시하고 있다는 인상을 받았다. 그래도 의문이 생겨서 몇 가지 질문을 하려고 한다.

첫째, 체육정책 기조의 핵심은 무엇인가? 이 논문의 전체내용을 검토하다 보면, 결론은 정권변동에 따라서 정치이념이 변화하고, 정치이념에 따라서 체육정책이 수립된다는 내용으로 이해할 수 있었다. 각 정권의 정치이념에 따라 체육정책이 결정된다면, 체육정책의 기조는 불변하는 것인가 아니면 유동적인 것인가에 대한 의문을 가지게 되었다. 만약 정치이념에 따라서 체육정책의 기조가 변한다면, 각 정권마다 체육정책이 변화해야 한다는 필연적 결론에 도달하게 된다. 그렇다면 일관된 체육정책의 기조는 불가능한가?

둘째, 역사 혹은 정책 연구에서 시대구분은 매우 중요하다. 정권변동의 기준을 1980년대로 설정한 근거 내지 이유에 대하여 의문점이 들었다. 선행연구를 찾아보니 군사정권과 문민정부 혹은 각 정권을 비교하는 논문들을 찾을 수 있었다. 발표자께서는 어떤 의도에서 이와 같은 기준을 설정했는지 혹은 시대구분에 따라서 다르게 해석될 수 있지 않은지 묻고 싶다. 발표문에서 연구대상의 폭이 너무 광범위하기 때문에 명확한 정권변동에 따른 체육정책의 차이를 구분하기가 쉽지 않았다.

셋째, 1980년대 이전과 이후의 비교와 차이에 대한 논의가 생략되어 있어 양 시기를 분명하게 이해하는 데 한계가 있다고 본다. 양 시기를 구분하여 상세하게 서술하고 있지만 비교를 명확하게 보여주지 못하기 때문에 어떤 차이가 있는가를 명확하게 이해하기가 어려웠다. 1980년대 이전과 이후의 비교를 통해서 얻을 수 있는 것이 있다면 무엇인지에 대하여 설명을 듣고 싶다. 체육정책의 목표를 설정할 때 국가발전 혹은 개인발전에 따라서 정책이 변화되고 있다고 생각된다. 한국 체육정책의 이상과 현실에 대하여 발표자의 고견을 듣고 싶다. 또한 이상과 현실의 괴리를 해결할 수 있는 방안은 있는가.

넷째, 발표문에서 '문민정부의 체육정책이 퇴보를 가져왔다'는 판단의 기준은 무엇인가. 기준이 명확하게 드러나지 않고 결과만을 주장하고 있기 때문에 어떤 측면에서 문민정부의 체육정책을 실패했다고 할 수 있는지에 대한 보다 구체적인 근거와 이유가 있어야 할 것이다. 문민정부와 군사정권의 체육정책은 목표에서 차이를 가질 수 있다. 군사정권은 정치의 정당성 확보와 국가홍보, 국민단합, 국가발전이라는 정치적 입장에서 체육정책을 수립했다면, 문민정부의 경우 대외적으로 국가를 홍보하기 위함보다는 대내적으로 개인의 즐거운 삶과 삶의 질에 정책의 목표를 설정했다고 볼 수 있다. 체육정책에 대한 경제적 투자비용만을 가지고 평가하기보다는 다양한 차원에서 체육정책이 분석되고 평가되어야 할 것이다.

이상과 같이 이 논문을 읽고 네 가지 정도의 의문을 가질 수 있었다. 발표문에서 정권변동에 따라서 체육정책이 변화 혹은 변천했다는 결과를 확인할 수 있었다. 그 변화의 핵심은 정치이념에 따른 체육정책의 목적 및 목표에 차이에서 찾을 수 있을 것이다. 국가발전과 국가홍보를 위한 차원에서 엘리트체육에 중점을 둔 체육정책을 펼쳤다고 보고, 문민정부 이후에는 국가보다는 개인의 삶의 질에 무게를 두었기 때문에 생활체육에 관심을 둔 체육정책으로 연결되었다고 생각한다. 그렇다면 체육정책의 이상은 무엇인가? 만약 이상을 체육의 미래성과 방향성에서 찾는다면, 국가홍보와 국가발전보다는 개인의 삶의 질, 개인의 자기실현의 차원에서 체육정책이 마련되는 것이 올바른 방향이 아닌가 생각한다. 이제는 정치변동의 영향보다는 경제변화와 그에 따르는 국민의식에 의해서 체육정책의 기조가 변할 수 있다고 본다. 이를 무시한 국가 위주의 체육정책은 전시행정일 뿐 국민들로부터 외면받는 정책이 될 수 있을 것이다.

※ 이 글은 2008년 4월 19일(토) 서울여자대학교 학생누리관 소강당에서 열린 2008년 한국체육철학회 춘계학술대회에서 경주대 추근도 교수가 발표한 '정권변동에 따른 정치이념과 체육정책 기초'에 대한 논평이다.

| 17장 |
'운동하는 몸의 근대적 시선' 의 성찰

지금까지 운동하는 몸에 대한 연구는 체육학 분야에서 자연과학적 연구가 대부분을 차지하였다. 운동하는 몸이 운동을 하기 전과 이후에 어떠한 생리적 변화가 있나 혹은 가장 효율적인 운동하는 몸의 자세는 어떤 것인가, 운동하는 몸을 어떻게 기록하고 평가할 것인가에 대한 연구들이었다. 이들 연구는 현상적으로 눈으로 확인할 수 있는 몸에 초점을 두고 있다. 반면에 적은 연구지만 식민지 체조교육과 한국인의 신체 형성에 관한 역사적 연구가 있다. 이 연구에서 푸코의 관점에서 체조는 규율과 감시라는 일본의 지배논리가 작동하여 당시의 조선인의 신체를 규율하였음을 밝히고 있다. 당시에 스포츠가 있었는데 체조교육을 강화한 것은 식민지적 인간을 육성하려는 숨은 의도가 있었기 때문이라고 밝히고 있다.

체조에 관련된 연구들의 대부분 문헌에 의존한 연구가 주류였다면, 발표자의 논문은 문헌과 더불어 운동하는 몸을 만나는 현장에서 식민지 시대를 경험한 세 명을 대상으로 참여관찰과 심층면담을 통해서 생생하게 몸의 기억들을 찾아내고 있다. 이 연구를 통해서 몸은 식민화 될 수 있으며 그 식민지화는 오랫동안 각인되어 사라지지 않고 우리의 몸을 스스로 감시하고 감금할 수 있다는 사실이다. 무의식적으로 운동하는 몸에서 확인되는 것은 과거의 몸의 기억 때문이다. 자신의 의도와는 관련 없이 자연스럽게 재현하는 것은 과거의 규율과 순종이라는 지배논리가 체조교육을 통해서 몸에 각인되었기 때문이다. 규율과 정확해야 한다는 강박관념은 세 명의 어른신들 자신을 감금하는 결과로 작동하고 있다. 왜 자유롭게 운동을 할 수 없을까? 그것은 몸으로 배운 체조 때문이다. 몸은 거짓말을 하지 않는다는 말이 사실임을 발표자의 연구결과를 통해서 확인되고 있다.

> "운동이든 일이든 간에 정확성과 능률성 그리고 규칙성에 관한 근대적인 인식이 '국민체조'를 통하여 습관화되고 내면화되었을 때, 그것은 긴 세월이 흘러도 계속 어른신들의 운동하는 몸에 고스란히 남아있었다. 즉, 체조를 통하여 운동하는 몸은 근대성과 식민적인 틀 안에서 '국가를 위한 개인', '체력은 국력', 정확성, 규율성, 구호, 구령, 능률성, 획일적인 집단의식 등의 그 기억을 다시 재현하고 있었다."(김영선, 2008)

앞의 인용문은 발표자의 문제의식을 잘 볼 수 있다. 과거 청산을 외치고 있지만 식민지화된 운동하는 몸은 생활세계를 점령하고 있고, 그 오랜 식민지 작동 기제에서 쉽게 벗어나지 못한다. 인간은 좋은 것만 기억하고 좋지 않은 기억들은 망각이라는 장치를 통해서 잃어버린다고 한다. 하지만 운동하는 몸은 망각하지 않고 운동할 때 마다 재현되고 있다. 영원히 지울 수 없는 기억이 되고 있다. 이러한 연구결과를 통해서 우리가 다시금 생각해 봐야 할 것은 정치적 논리에 의하여 운동하는 몸이 식민화되었다는 것이다. 그렇다면 지금 운동하는 몸은 식민화에서 벗어나고 있느냐는 것이다. 식민지 경험을 겪지 못한 세대 역시 제3공화국 당시 국가에서 만들어 보급한 국민체조를 몸으로 배운 기억이 있다. 식민지 시대 병식체조를 연상하는 국민체조는 건강과 위생 그리고 민족단합을 위한다는 명목으로 정해진 시간이면 모두가 음악에 맞추어서 체조를 하였다. 그 몸의 기억은 지금 우리의 운동하는 몸으로 재현하고 있다. 시대는 다르지만 유사한 몸의 기억을 가지고 있다.

체조는 일본에 의하여 의도적으로 도입된 신체문화라고 할 수 있다. 체조가 수입되기 전에 이 땅에는 활인심방, 양생을 위한 도인법 등의 건강체조가 있었다. 이러한 체조는 신체적 건강만이 아니라 정신적 건강을 추구했다. 하지만 일본이 도입한 체조는 병식체조, 황국신민체조 등 신체규율만이 아니라 정신 또한 규율하려는 의도를 엿볼 수 있다. 예를 들어 일본의 경우 세계대전 당시 가미가제 특공대라는 것이 있었다. 이 특공대의 비행기 조종사는 연합군의 항공모함에 돌진하여 비행기와 함께 자폭하였다. 이와 같은 일이 가능한 것은 바로 순종하는 몸을 넘어 국가에 헌납하는 몸에 대한 인식이 있었기 때문이다. 자신을 국가에 바치는 것을 영광으로 생각하게 했던 것은 바로 규율과 감시의 시선의 결과였다. 개인보다 국가를 우선하게 만든 이데올로기의 영향이었다. 일본의 특수한 경우라고 단정지을 수 없다. 우리에게도 유사한 현상이 발견된다.

초등학교 운동회를 보면 여전히 국민체조가 행해진다. 새천년 체조가 만들어졌지만 배우기가 어렵다는 이유로 국민체조를 실시하고 있다. 이미 몸에 익숙해진 국민체조는 말 그대로 운동하는 몸이 기억하고 있기 때문에 운동할 때 마다 재현해내고 있다. 국민체조가 어떤 의도에서 형성되었는지에 대한 생각은 없고 다만 운동할 때 손쉽게 할 수 있다는 이유로 생명력을 유지하고 있다. 그렇다면 국민체조가 만들어 졌던 1970년대의 박정희 정권의 은폐된 의도는 무엇이었을까. 그 당시 역시 식민지 시대 체조교육과 같은 맥락에서 이해할 수 있다. 여전히 질서와 규율, 개인보다는 단체중심의 논리가 지속적으로 작동하고 있기 때문이다. 학교라는 제도적 기관은 감시와 규율을 통하여 관리하는 것이 우선적인 일이다. 이 때문에 효율적으로 관리하는 방법으로 신체를 규율하는 방법을 사용하는 것이다.

근대라는 타자의 시선은 몸의 자율보다는 타율에 의해서 행동하게 만든다. 초등학교 아이들도 운동회의 국민체조를 통하여 명령, 호령, 지시에 따라서 질서와 규율을 몸에 익힌다. 이러한 행동 틀을 지킬 때 모범생으로 인정받을 수 있기 때문에 몸은 점점 타율화 되어 간다. 하지만 몸의 타율은 노예가 되는 것에 불과하다. 몸이 자유로울 때 진짜 운동의 주인이 된다. 운동하는 몸은 움직임 속에서 자유롭게 표현하며 기분 좋음을 경험할 때 운동은 의미가 있다. 타자의 시선에 감금된 감시받는 운동하는 몸은 운동에 노예가 되고 만다. 그 결과 획일화되고 기계적 움직임은 운동하는 자신을 가두는 역할을 하게 된다. 과거 체조가 우리의 몸을 정확성이나 규율성 안에 감금했다면 이제는 타자의 시선을 의식하지 않고 자신만의 운동을 즐기는 것이 몸의 해방일 것이다. 뿐만 아니라 운동하는 몸의 주체성을 확보하는 것이다.

그렇다면 지금 운동하는 몸은 규율과 감시라는 시선에서 자유로운가 하는 의문을 가질 수 있다. 과거 체조가 정치적 논리에 의해서 작동되었다면 지금은 미디어에 의하여 경제적 논리가 우리 몸을 식민화 하고 있다. S 라인의 몸매, 王자가 새겨진 복부근육을 위해 많이 시간과 노력을 투자해야한다는 강박관념에 감금당하고 있다. 건강한 사람에 대한 이미지 역시 역삼각형의 체형에서 단단하고 탈력 있는 근육으로 구성된 보디빌더의 몸을 연상하게 만들고 있다. 건강은 신체적 건강만이 아니라 정신, 사회, 영적 차원의 건강도 포함하고 있다. 건강과 몸매 관리라는 운동의 목적은 왜곡을 넘어 강박관념으로 작동하고 있다. 운동을 해야 건강하고 아름다운 몸매를 가질 수 있다는 강박관념은 누가 왜 만들어 놓았는가. 건강관련 시장의 경제적 논리가 우리 몸을 식민화하고 그 결과 경제적 이윤을 창출하려고 하고 있다. 이러한 문제의식은 발표자의 문제의식으로부터 연장된 결과물이라고 할 수 있다.

건강과 아름다운 몸매는 기분 좋은 운동을 통해서 자연적으로 얻게 되는 것일 뿐이다. 건강하겠다고 아름다운 몸매를 만들겠다는 강박관념에 의해서 행해지는 운동은 건강과 몸매유지에 도움이 되기보다는 피해를 줄 수 있다. 강박관념에 의한 운동은 스트레스에 의해서 피해를 볼 수 있다. 몸에 약이 되기보다는 독이 될 가능성이 높다. 즐거움 보다는 건강하기 위해, 아름답기 위해 인위적으로 하는 운동은 스트레스만 증가시킬 뿐이다. 예를 들어 피트니스 센터에서 달리는 모습은 벽면에 거울의 시선과 기계의 감옥을 연상시킨다. 자연과 더불어 자유로운 마음으로 기분 좋음을 얻는 운동은 어디에서도 할 수 있다. 우리에게 운동이 기분 좋음을 위한 활동이라는 것 자체를 망각하고 있지는 않은지 거듭 생각하게 된다. 우리 스스로 운동하는 몸을 식민지화를 자초하고 있다고 보여 진다.

남겨진 문제 몇 가지를 질문으로 대신하려고 한다.

첫째, 운동하는 몸과 일상적인 몸의 근대적 시선은 어떤 차이가 있을까? 우리의 일상적인 몸짓과 몸의 형태는 유행에 따라서 민감하게 변한다. 그 이유는 일상적인 몸 역시 타자의 시선을 의식하기 때문이다. 인간은 일상과 비일상의 사이라는 생활세계를 살아가고 있다. 운동이라는 것은 비일상적 행위에서 일상적 행위로 변화하고 있다. 주변의 운동하는 사람들을 보면 쉽게 알 수 있다. 이제 특별하게 시간을 내어서 비일상적인 행위로 운동을 하는 것이 아니라 자신의 일상생활 중 하나의 행위로 받아들여지고 있다. 이 같은 변화 양상은 건강과 다이어트, 몸매관리라는 타자의 시선을 의식한 결과라고 할 수 있다. 그렇다면 운동의 경우 일상과 비일상의 경계가 무너진 상태에서 일상적인 몸과 운동하는 몸의 근대적 시선은 차이가 있을까?

둘째, 연구대상자 세 분이 식민지 시절 교육경험은 초등학교, 중학교 중퇴로 제한되어 있다. 이후에 교육을 받을 수 있는 시간이 없었기 때문에 다양한 체조를 접해보지 못했다는 특성이 있다. 운동할 때 하게 되는 맨손체조는 과거에 배운 것을 바탕으로 하게 된다. 배운 것이 식민지 시절 초등교육이 전부이기 때문에 다른 형태의 체조를 하지 못한다. 그 결과 획일화된 식민지 시대 체조를 하고 있는 것은 아닐까? 해방 이후에 교육을 받은 세대를 대상으로 맨손체조를 관찰한다면 이들 역시 동일한 국민체조를 재현할 것이다. 그 이유는 이들이 배운 맨손체조의 형태는 국민체조가 전부이기 때문이다. 운동하는 몸의 기억은 생생한 역사적 자료가 된다. 왜냐하면 몸은 거짓말을 하지 않기 때문이다. 배운 대로 할 수밖에 없다.

셋째, 식민지 체조에 은폐된 진실은 무엇인가? 체조의 특성 때문인가 아니면 체조에 은폐된 정치적 논리 때문인가? 의문이 든다. 근대 체조는 획일화되고, 경직되고, 규율을 요구하는 특성을 가지고 있다. 물론 체조를 고안한 독일의 얀이 바라는 것 역시 체조운동을 통한 독일 민족의 단결이었다. 체조는 태생부터 순종하는 신체를 육성하게 만들어졌다. 그렇다면 일본은 체조의 특성을 잘 알고 있었기 때문에 순종하는 신체를 만들기 위해서 체조를 선택한 것은 아닌가? 정치적 논리보다는 체조의 특성 자체 때문에 순종하는 신체가 만들어진 것은 아닌가?

※ 이 글은 2008년 9월 25일(목)에 한국학중앙연구원 한국학대학원에서 주최한 제2회 주니어 국제한국학학술대회에서 발표된 '운동하는 몸에 대한 근대적 시선'(김영선 발표)에 대하여 논평 한 글이다. 체육공원에서 만남 어르신들이 왜 국민체조를 하고 계신가에 대한 의문에 대하여 논평자로서 성찰적 시선으로 읽기를 하였다.

| 18장 |

세계무술축제와 세계무술연맹의 공생

서양스포츠는 과열된 경쟁과 승리지상주의, 지나친 상업주의로 그 위기에 직면하고 있다. 그 결과 인간성의 상실, 선수의 도구와, 비인간화, 폭력, 도핑 등의 문제들을 가져왔다. 이러한 문화는 서양스포츠의 정신성의 상실과 우승열패의 승자독식의 구조에서 그 원인을 찾을 수 있다. 그래서 그들은 대안을 동양의 무술에서 찾고 있다. 동양의 무술은 조화공존주의와 개인의 신체수련을 통하여 몸의 성장과 성숙을 지향하고 있기 때문에 서양스포츠가 직면한 문제를 해결해줄 가능성을 엿볼 수 있다. 이처럼 서양의 신체문화라고 할 수 있는 스포츠, 운동경기 위주의 근대올림픽과 각종 세계스포츠선수권 대회는 정신성이 부재하고 상실한 타락된 한계상황을 경험하고 있다. 근대 올림픽은 세계평화와 공존공영을 지향하고 있지만 이것은 서양스포츠보다는 동양의 무술에서 더 실현될 가능성이 높다.

세계문화유산으로서 전통무술은 신체문화의 계승과 발전이라는 차원에서 지속적인 노력이 요구된다. 이러한 시대적 책임을 다하기 위해서는 세계무술연맹이 중추적 중심에서 세계 전통무술의 통합과 발전할 수 있는 역할을 다하는 것이 필요하다. 이를 위해서 세계무술연맹의 과제는 발표자들의 제안들을 중심으로 추진하게 되면 실현 가능하며 발전가능성 또한 높다고 하겠다. 대표적으로 발표자들이 제안한 '무술올림픽'은 근대올림픽의 한계를 극복하고 하나의 대안으로 전통무술을 발전시킬 수 있는 좋은 제안이라고 할 수 있다. 하지만 경계를 해야 할 것은 서양의 신체문화가 주류에 나타나는 근대올림픽의 문제를 답습해서는 안된다는 것이다. 전통무술의 대중화와 국제화를 위한 전통무술의 스포츠화는 서양스포츠의 문제를 그대로 재현하는 것이기 때문에 다시 이 문제에 대하여 성찰해봐야 한다.

무술올림픽이라는 용어보다는 '무술축제' 혹은 '무술축전' 이라는 말이 더 맞는 말 같다. 올림픽은 이미 과잉된 육체의 경연장이 되었기 때문에 이를 넘어서는 새로운 대안문화로서 무술축제(전)라는 말을 사용하는 것이 올림픽과 차별화를 가질 수 있는 용어라고 생각된다. 이를 통하여 "보다 빠르고, 보다 높게, 보다 강하게"라는 올림픽 경기의 특성과 거리를 두고 "보다 아름답고, 보다 즐거운" 동양의 신체문화를 찾아서 계승한다는 취지를 살리는 것이 더 필요하다. 서양의 신체문화를 답습하려는 노력보다는 그들의 문제가 무엇이고, 이 문제를 어떻게 해결할 것인가를 생각하고 그 해결 방안을 찾아야 한다. 그 대안의 하나로서 동양의 신체문화에서 찾을 수 있을 것이다. 몸의 회복과 신체문화의 발전은 전통무술을 통하여 세계문화유산으로서 신체문화를 발전시켜 나가는 일이 될 것이다.

충주시에서 개최하는 세계무술축제는 각국의 신체문화의 계승과 발전을 추진하는 하나의 기회가 될 수 있다. 특히 세계무술축제를 통하여 각국의 고유한 신체문화를 발굴하고 지속적 지원을 도모할 수 있다. 특히 세계무술축제가 발전하여 세계무술연맹이 만들어지고 연맹이 유네스코자문기구로서의 역할을 하게 된 것은 중요한 일이다. 이와 같이 충주시의 세계무술의 메카로서의 기능과 역할을 하기 위에서는 지속적인 세계무술축제에 대한 재정적 지원과 세계무술 발전이 곧 충주시의 발전이라는 도식 관계에서 공생을 추진해야 할 것이다. 충주시가 세계무술축제를 통화여 세계도시로 거듭나고, 세계무술연맹은 충주시와 더불어 세계의 전통무술을 통합하고 무술을 통하여 인류평화, 보다 나은 인류문화 유산을 보전하는 역할을 할 수 있게 될 것이다.

이하에서 발표자 3분의 발표문을 읽고 가지게 된 공감되는 내용을 중심으로 짧은 단상을 적어보았다.

첫째, 세계무술연맹의 역할에 대한 생각이다. 세계무술연맹의 역할은 교육적, 문화적, 정치적, 외교적, 경제적으로 나누어 살펴볼 수가 있다. 교육적 역할은 세계를 대상으로 각국의 전통무술 수련을 통하여 정신건강의 회복과 자기 주체적 삶을 위한 지도와 보급, 교육을 하는 데 있다. 문화적 역할은 세계문화유산으로서 신체문화의 계승과 발전에 주력하는 일이다. 외교적 역할은 국제기구로서 세계 전통무술 기간들의 통합과 연대 강화를 통해서 세계무술연맹의 목적을 달성하는 것이다. 정치적 역할은 세계전통무술의 중심 기관으로 학술과 정보교류, 무술발전 모색을 추진하는 일이다. 마지막으로 경제적으로 세계무술축제를 유지하고 이와 관련된 재정적 이익을 확보하고 이를 세계 전통무술 발전에 사용하는 것이다.

둘째, 한, 중, 일 무예정책을 통해 본 전통무예진흥정책 방안에 대한 생각이다. 무예포럼과 공청회 등을 개최하여 모두가 토론과 대화를 통해서 어떤 사안을 결정할 수 있도록 투명한 과정을 거쳐 일을 처리해야 한다. 절차적 합리성에 따라서 국내의 전통무예를 발굴하고 지원하여 계승하고 발전할 수 있도록 하는 것이 중요하다. 이를 위해서 개인적 차원과 제도적 차원의 방안이 요구된다. 개인적 차원에서 개인과 집단의 경제적 이익만을 추구하기보다는 전통무예진흥이라는 거시적 목표를 실현하기 위하여 개인의 작은 이익을 희생하고 무예 전체를 살리는 길을 찾아야 한다. 또한 자신이 수련하는 무예를 통하여 자기 반성적 차원에서 성찰하는 계기를 만들어야 한다. 제도적 차원에서 전통무예진흥법에 따라서 지원할 무예단체를 투명하고 합리적으로 선정하여 지속적 발전을 할 수 있도록 재정적으로 지원하는 것이 필요하다.

셋째, 충주 세계무술축제의 도시브랜드화 방안에 대한 생각이다. 충주시의 도시브랜드화를 무술과 건강에서 찾는 것은 다른 지역과 차별성을 가질 수 있는 방안이다. 충주시라고 하면 과거에는 충주사과라는 이미지가 강하게 연상되었는데 지금은 택견의 고장과 세계무술축제가 더 가까게 다가오고 있다. 지역 도시의 혁신적 방안은 차별화에서 찾을 수 있다. 국내 도시 간의 경쟁보다는 국제도시 충주시가 될 때 세계적 경쟁력을 갖게 된다. 세계무술축제를 매년 개최하고 충주시 전체에 무술과 관련된 시설을 건설하고 대학에 관련학교를 설치하여 우수한 인재를 육성하여 충주시에서 그들의 능력을 발휘할 수 있도록 기회를 늘려주어야 한다. 충주시 어느 곳에서 택견만이 아니라 쉽게 세계무술을 배울 수 있는 무술수련기관을 양성하고 무술과 관련된 인프라를 구축하는 것이 현실적 임무이다. 볼거리, 체험거리를 다양하게 만든다면, 무술과 건강을 위해서 국내외에서 찾고 싶은 도시 충주로 거듭날 수 있을 것이다.

※ 이 글은 2008년 10월 4일 충주시청 대회의실에서 있었던 충주세계무술축제 세미나에서 논평한 글이다. 세계무술축제, 세계무술연맹, 세계무술진흥의 공생관계에 대하여 알아보았다. 충주시가 무술을 배울 수 있는 무술마을을 마련하여 지역과 국내의 관광객들에게 외국 무술을 배우게 하면 좋을 것 같다는 아이디어를 제시하였다. 이외에도 과연 세계무술연맹이 유네스코 자문기관이 되면 무슨 이득이 있는가에 대하여 질문하였다.

| 19장 |

군대에서 스포츠로 행복하기

-행복기법의 배움터, 장병체육을 생각한다-

피하지 못하면 즐겨라!

하기 싫은 일을 할 때 어떻게 하면 이 일에서 벗어날 수 있을까 하는 잔머리를 굴리는 것이 일반적인 모습이다. 하지만 일상에서 잔머리는 잔머리로 끝나는 경우가 많다. 결국에 가서는 하기 싫은 일조차 어쩔 수 없이 해야 하는 경우를 만나게 된다. 피할 수 없다면 당당히 맞서 즐기는 것이 최상의 방법이다. 그래도 해결이 쉽지만은 않을 것 같다. 어떻게 하면 하기 싫은 일을 하지 않을 수 있을까. 어려운 문제지만 곰곰이 생각하면 그 해답은 그리 멀리 있지 않다. 그 해답은 이미 자기 자신에게 있다. 우리는 단지 그것을 발견하지 못하기 때문이다. 쉽게 생각하면 답은 이미 문제 안에 들어가 있다. 찾기만 하면 된다.

그 해답은 마음의 태도이다. 마음을 어떻게 먹느냐에 따라서 고통은 즐거운 시간이 될 수 있다. 아니면 더 큰 고통의 시간이 될 수 있다. 사람의 마음은 간사하기 때문에 마음의 변화를 바꿀 수 있다면 귀찮은 일도 또한 즐거운 일이 될 수 있다. 다산 정약용은 인간의 간사한 마음을 쉽게 해결하는 방법을 말한 적이 있다. 예를 들어 매일 먹는 음식에 대하여 그는 다음과 같이 설명한다. "입은 맛있는 것을 좋아한다. 하지만 입에 들어가면 똑같이 배설물이 되기 때문에 입을 속이면 된다. 그 하나의 방법이 상추를 싸서 밥을 먹는 것이다. 우리가 충성을 해야 할 것은 화장실이 아니라 자신의 내면을 가꾸는 마음공부에 있다"고 강조한다.

문제의 핵심은 생각만 바꾸면 된다. 아주 하기 싫은 일이 즐거운 일이 될 때 그 시간은 정말 소중한 시간이 되고 만다. 병영생활 역시 자신의 의지와는 관련 없이 군복무를 해야 한다는 생각만 있다면 더 힘들어진다. 어쩔 수 없이 복무기간을 마쳐야 한다면 마음을 바꾸는 것이 현명한 해결방안이다. 그렇다면 즐거운 마음으로 행복하게 병영생활을 할 수 있는 방법을 찾아보자. 일상에서 만나는 전투체육은 하기 싫은 귀찮은 시간이 아니라 마음만 바꾼다면 기분 좋은 신체활동이 된다. 스포츠로 행복하기는 어려운 일이 아니다. 마음을 바꾸고 적극적으로 즐기다 보면 가능해진다. 군대에서 신체활동은 피할 수 없기 때문에 즐기다 보면, 몸도 마음도 건강해질 수 있는 행복한 시간이 된다. 이제 군대에서 스포츠로 행복하기에 대하여 알아보자.

군대에서 스포츠로 행복하기

다른 부분은 잘 모르겠다. 저자가 전공하는 체육학에서 보면 병영생활은 행복기법으로 스포츠를 할 수 있는 유일한 시간이며 기회이다. 행복기법이 어려운 말로 들릴 수 있지만 실제로 어렵지 않은 용어이다. 행복기법은 행복을 위해 신체가 할 수 있는 방법을 말한다. 자동차를 몰기 위해서는 운전기법을 배워야 한다. 그 운전기법은 일종의 신체기법에 해당한다. 그 기법은 행복을 위한 기법이 될 수 있고, 그렇지 않은 경우가 될 수 있다.

축구를 하기에는 축구에 필요한 기법이 필요하다. 차기, 달리기, 헤딩하기, 패스하기, 골 넣기 등 쉽게 보이지만 해보면 마음처럼 쉽지 않다. 이런 것들이 축구를 잘하는 신체기법에 속한다. 축구에 필요한 기본동작들에 대한 습득은 어느 정도의 시간이 요구된다. 그렇기 때문에 어느 정도의 축구 기본기를 배우는 시간을 가져야 한다. 축구를 한다고 해서 모두 행복한 것은 아니다. 앞의 기능들을 충분하게 마스터하여 자신의 신체기법으로 만들 때 그것은 행복기법이 될 수 있다. 신체기법이 행복을 위해 사용될 때 행복기법이 된다.

행복기법은 군대의 병영생활을 행복하게 해주는 재산이 된다. 재산은 돈만이 아니라 행복기법도 돈이 된다. 왜냐하면 행복기법으로서 신체기법을 배우는 데 어느 정도의 돈이 들어가기 때문이다. 이런 의미에서 신체기법은 일종의 신체자본이 된다. 신체자본은 문화자본의 일종으로 문화를 향유할 수 있는 능력을 말한다. 예를 들어 스키를 타려고 하면 초보의 경우 배우는 데 시간과 돈이 요구된다. 하지만 스키를 타는 기법을 알고 있다면 더 이상 시간과 경제적 비용은 필요하지 않다. 이런 차원에서 군대에서 돈을 벌 수 있는 방법은 행복기법을 배우는 것이다. 행복기법은 스포츠로 행복하기를 가능하게 한다. 그러면 스포츠로 행복하기의 세 가지 방법에 대하여 알아보자.

1. 배우는 즐거움

스포츠를 배우는 즐거움에 빠져보자. 배우는 것은 즐거운 일이다. 그것도 자신이 관심을 가지고 무엇인가를 배우고자 하는 열정이 있을 때 배움은 큰 즐거움으로 이어진다. 맹자의 군자삼락이라는 말이 있다. 군자의 세 가지 즐거움이 있는데 하나는 하늘을 우러러 부끄러움이 없고, 땅을 굽어서 부끄러움이 없는 것이 첫째 즐거움이다. 둘째는 부모와 형제가 모두 살아계시고 건강할 때이다. 셋째의 즐거움은 세상에서 영재를 얻어 그를 가르치는 것이다.

배우는 즐거움과 가르치는 즐거움이 군자의 즐거움 가운데 들어있다는 데 주목할 필요가 있다. 태어날 때부터 완전한 지식을 가지고 태어나지는 않는다. 배움의 과정을 거쳐서 일정한 지식을 가지고 세상을 살아가게 된다. 모르는 것을 배우는 데서 오는 즐거움은 크다. 익숙하지 않은 스포츠를 배우는 것, 또는 자주 하지만 제대로 배워보지 못한 스포츠를 제대로 배울 때 즐거움은 크다. 그 동안 우리는 머리로 배우는 공부에 너무 몰두해왔다. 이제는 몸으로 배우는 공부를 해볼 때이다. 몸으로 배우는 지식은 잊혀버리지 않는 특성이 있다. 몸에 힘이 남아 있는 한 몸으로 배운 것은 일상생활에서 곧 활용할 수 있다. 저자가 군대에서 만난 김 이병의 예를 들어보자.

"군대에 갓 들어온 김00 이병은 사회에서 땀을 흘리면서 운동하는 것을 싫어했다고 한다. 왜냐하면 힘들고 땀이 나면 곧 씻어야 하는 번거로움 때문이다. 그래서 지금까지 살아오면서 김 이병은 제대로 된 운동을 배워보지도 못했고 할 줄도 모르고 있었다. 그에게 군대생활은 힘든

일 자체였다. 왜냐하면 군대는 신체활동이 주가 되기 때문이다. 여하튼 김 이병은 군대생활에 적응하기 위하여 축구라는 것을 배울 수밖에 없었다. 사회에서는 자신과 먼 거리에 있었고 보기만 했는데, 어쩔 수 없이 공을 차야 하는 입장에서 축구를 하게 되었다. 처음에는 재미가 없었지만 차쯤 배우면서 축구를 잘하게 되었다. 그 결과 회피의 대상이었던 축구를 하는 과정에서 배우는 즐거움이 생겨 적극적으로 공을 차는 것을 볼 수 있었다."

앞의 예처럼 축구를 배워보지 않은 상태에서 축구는 자신과 거리가 먼 스포츠일 뿐이다. 하지만 축구를 배우는 과정에서 배우는 즐거움을 경험하게 되고 그것이 지속되어 축구를 잘하게 된다. 스포츠를 하는 것은 일종의 신체기법을 배우는 것이고 그것을 활용하는 것이다. 축구로 행복해지려면, 축구에 필요한 신체기법을 배워야 한다. 다른 시공간 속에서 축구를 다시 잘하는 것은 이미 배운 신체기법 때문이라고 할 수 있다.

여유롭게 스포츠를 즐길 수 있는 기간도 인생에서 그리 많지 않다. 시간을 내서 굳이 스포츠 할 시간을 찾기가 어렵기 때문이다. 제대 후에는 운동을 배우고 싶어도 쉽지 않다. 왜냐하면 먹고 살기 위해 분주하게 움직여야 하기 때문이다. 충분하게 신체기법을 배울 수 있는 군대 생활에서 열심히 축구도 하고 다른 스포츠도 하다보면 그것이 쌓여서 자신을 행복하게 할 수 있고 또한 스포츠로 행복한 삶을 살 수 있는 행복기법을 배우게 되는 것이다.

세상은 빠르게 흘러가고 경쟁은 살벌하다. 그 속에서 삶의 즐거움을 누릴 수 있는 방법은 스포츠 혹은 운동을 하는 것이다. 하지만 그냥 운동만 하면 되는 것이 아니라 운동과 스포츠는 할 줄 알아야 즐길 수 있다.

무조건 한다고 즐길 수 있는 것이 아니기 때문에 어느 정도의 신체기법이 필요하다. 이때를 준비해서 병영에서 행복기법으로서 스포츠를 배우고 연습해두면 사회에서 인정받고 자신의 삶을 즐길 수 있을 것이다.

사회에서 낯선 사람을 만나고 친해지는 것은 스포츠가 최적이다. 그때 잘하면 사람들에게 인정받고 쉽게 친해질 수 있다. 축구를 잘하기 위해서는 기본기를 배워야 하는데 그것을 배우는데 시간이 많이 걸린다. 그 시간을 군 생활에서 하면 된다. 축구기법, 배구기법 등 신체기법은 일종의 문화자본에 해당하고 평생을 즐겁게 살아가는 커다란 재산이다. 이러한 재산은 도둑당할 일도 없고 평생 함께 할 수 있는 재산이다.

2. 몰입의 즐거움

몰입의 즐거움을 경험해보자. 행복은 다른 말로 몰입의 즐거움이라고 할 수 있다. 칙센트미하이라는 심리학자는 몰입의 즐거움에 대하여 말한다. "무슨 일을 하든 몰입할 수 있다면 즐거움과 함께 다른 사람보다 월등한 성취를 할 수 있다"고 한다. 한 가지 일에 몰두하게 되면 정신이 집중되어 고도의 창의력과 집중력을 발휘하게 되어 일의 성과를 향상시킬 수 있다. 문제는 집중하지 못하는 데 있다. TV를 볼 때도 한 방송을 오래보지 못하고 채널을 여기저기 돌리는 게 현실이다.

집중하고 빠져들어 몰입의 즐거움을 경험하는 것이 스포츠로 행복하기의 두 번째 과제이다. 축구를 할 때 하기 싫은데 억지로 해야 한다고 생각하지 말고, 적극적으로 순간이 곧 영원이라고 생각하고 축구에 몰입할 때 행복감을 얻게 된다. 축구 등의 스포츠를 하게 되면 인체에서 생성되는 엔도르핀이 발생하게 되어 기분을 즐겁게 만들어준다. 따분하고 의욕이 상실되었을 때 더욱더 스포츠를 하게 되면 기분이 즐거워지고 의욕을 회복할 수 있다. 다른 예를 들어보자.

"다음은 군대에서 만났던 박00 일병에 관한 이야기이다. 그는 사회에서 어느 정도의 축구를 해본 경험과 조기축구회에서 활약한 경력을 가지고 있었다. 하지만 박 일병은 축구를 할 줄 알고 있었음에도 불구하고 적극적으로 축구에 참가하지는 않았다. 다만 하기 싫은데 어쩔 수 없이 해야 하기 때문에 축구를 하고 있었다. 이겨야 한다는 마음만 가지고 승부욕에 불타고 있었다. 축구에서 재미를 발견하기보다는 전투에 가깝게 축구를 하였다. 어느 날 박 일병은 축구경기에서 패했는데도 불구하고 기분이 나쁘지 않은 경험을 하게 되었다. 그 이유는 자신이 축구에 완전히 빠졌기 때문이라는 것을 깨닫게 되었다. 이때부터 축구를 할 때 전심전력으로 몰입하게 되었고 그 과정에서 몰입의 즐거움을 알게 되었다."

요즘 부쩍 늘어나는 것이 자살이다. 자살이 매년 있어왔지만 최근 연예인의 자살이 급증하면서 자살에 대한 관심이 높아졌다. 자살의 주된 원인은 우울증 +알코올 +성격에 의한 것으로 보고 있다. 우울한 마음을 잊게 하는 것은 즐거운 신체활동에 빠져드는 것이다. 즐거운 신체활동은 몰입으로 가는 길이다. 마라톤에서 '런너 하이'는 사람들은 마라톤에 빠져들게 한다. 군대에서 체험하는 구보, 행군, 유격 훈련 등 그 자체를 회피하지 말고 몰입하여 빠져들게 되면 즐거움을 얻을 수 있다. 이처럼 몰입은 완전히 잊고 즐거운 마음 상태를 유지할 수 있게 한다.

병영은 낯선 또래들과의 만남과 집합으로 구성되어진 공동체이다.

주위에서 만나는 사람들은 낯선 타자들일 뿐이다. 어떻게 서로 친하게 어울려 지낼 수 있는 방법이 그래서 더욱 더 필요하다. 타인과 친숙하게 관계를 맺을 수 있는 것을 찾아보면 함께 어울릴 수 있어야 하는데 그게 바로 스포츠이다. 함께 땀을 흘리면서 스포츠의 맛을 느낄 수 있다면 서로 간의 거리를 줄일 수 있다.

쉽게 다가가지 못하는 게 사람과의 관계이다. 그 관계의 벽을 넘을 수 있는 것이 스포츠이다. 특히 관계 맺음이 익숙하지 못하면 고립감과 외로움을 겪게 된다. 여기서 벗어나는 길은 능동적으로 스포츠에 빠져들고 그 속에서 모든 스트레스를 날려버리고 몰입의 즐거움을 경험하는 것이다. 그러면 근심과 외로움 그리고 고립감은 사라지고 만다. 중요한 것은 스포츠에 빠져들어 몰입하는 것이다. 몰입의 즐거움은 스포츠로 행복하기의 또 다른 표현이라고 할 수 있다.

3. 성취의 즐거움

목표를 구체화해서 성취의 즐거움을 누려보자. 스포츠 혹은 운동을 할 때 그냥 되는대로 하는 것이 아니라 성취 가능한 목표를 설정해야 한다. 목표를 도달하려고 노력하는 과정 자체에서 즐거움을 경험하게 되고, 그 목표를 달성했을 때 성취욕을 얻게 된다. 성취욕은 일상의 어려움을 극복하고 즐겁게 살아가게 하는 원동력이다. 이를 위하여 자신이 실현 가능한 스포츠의 목표치를 설정하고 스포츠에 능동적으로 참여하면 된다. 그 결과로 우리는 열심히 스포츠에 빠져들게 된다.

구체적인 목표가 없다면 스포츠는 큰 재미가 없다. 그냥 하는 데에

만족감을 느낄 뿐이다. 자신이 할 수 있는 한에서 목표를 설정하고 그것을 달성하기 위해 일정한 시간을 투자하는 것이 즐거움을 얻는 길이다. 현재 무기력하고 의욕이 상실되어 있다면 더욱 더 구체적인 스포츠의 목표를 제시하고 그것을 달성하기에 빠져들어 보자. 그러면 근심과 의기소침 그리고 스트레스를 날려버리게 되어 건강하고 의욕적으로 생활할 수 있게 될 것이다. 예를 들어보자.

"군대에서 만난 오00 병장은 다른 병사들과는 다른 점이 있었다. 모든 일에 적극적으로 임한다는 특성을 가지고 있었다. 오 병장은 군 입대부터 의욕적으로 군 생활을 즐겼다. 군대에서 하게 되는 신체활동은 자신의 인내력을 단련하는 시간으로 생각하였다. 그래서 육체적으로 힘든 훈련에도 불구하고 자신의 목표를 구체적으로 설정하고 그것을 넘어서려는 의지를 보여주었다. 축구를 하면 반드시 한 골을 넣겠다는 목표가 분명했고 그는 축구를 할 때 마다 최선을 다해 그 목표를 달성하였다. 축구를 하기 전에 볼 리프팅을 30개하고 100미터를 12초 안에 뛰겠다는 목표치는 그에게 노력과 최선을 다하는 삶의 태도를 형성하게 하였다. 그 결과 목표를 달성하게 되어 무한한 성취의 즐거움을 느끼는 것을 지켜볼 수 있었다."

앞의 예와 같이 목표가 중요함을 엿볼 수 있다. 적절한 목표를 설정하고 그것을 달성하기 위해 노력하는 과정과 그 결과 얻어지는 성취감은 일종의 행복이다. 스포츠로 행복하기 세 번째 요소는 바로 성취의 즐거움이다. 바로 앞에서 말한 적절한 목표를 가져야 한다는 것과 그 목표를 달성하기 위한 노력이 필요하다는 것을 알 수 있다. 만약 구체적인 목표가 설정되면, 행동의 방향이 설정되고 그것을 달성하기 위한 노력을 하게 된다.

예를 들어 벤치프레스를 할 때 구체적인 목표치를 설정하고 노력하는 것이 필요하고, 축구의 경우 볼 리프트를 몇 개 한다는 달성 가능한 목표치를 설정해서 연습하다 보면 성취의 즐거움을 경험하게 된다. 목표치를 너무 높게 책정하면 역으로 본인에게 스트레스가 가중된다. 자신이 할 수 있는 중량과 회수를 설정하는 것이 그래서 중요하다.

과욕하지 말아야 한다. 자신의 운동능력을 빠르게 인식하고 자신에게 맞는 운동을 하는 것이 스포츠로 행복해지는 지름길이다. 스포츠가 스트레스를 주고 좋지 않은 기분을 가져다주는 주원인은 처음부터 너무 큰 목표를 설정하는 데서 시작된다. 시작이 반이라고 했다. 즐거움을 줄 수 있느냐는 이미 시작단계에서 결정된다. 자신의 운동능력과 수준을 빠르게 파악하고 거기에 맞는 계획을 세우는 것이 필요하다.

이와 같은 군대에서의 경험은 제대 후에 사회생활에서도 연계된다. 군대에서 열심히 연습한 스포츠는 사회생활에서 쉽게 인간관계를 형성해주는 재산이 된다. 어차피 군대에서 전투체육이나 그 밖에 다양한 신체활동은 자신의 몸을 자신의 의지에 따라서 움직이게 할 수 있는 최고의 시간이다. 땀을 흘리면서 서로 간의 관계를 형성하고 동려들과 전우애를 실리는 즐거운 병영생활이 될 수 있다.

스포츠는 스킨십이라는 몸과 몸의 접촉을 통해서 우정을 형성하는 이점이 있다. 문제는 너무 과열된 승리지상주의가 문제가 된다. 반드시 이겨야 산다는 승부근성은 전투력과 직접적으로 연관된다. 하지만 기분 좋은 신체활동을 통해서 더 큰 승리라고 할 수 있는 우정을 맺을 수가 있다. 우정은 서로를 생각하고 따듯한 마음을 공유하는 것이다. 정서적으로 메말라질 수 있는 군대에서 스포츠를 통한 인간관계는 서로의 어려움과 외로움을 극복할 수 있도록 한다.

군대에서 가장 많이 하는 스포츠는 축구이다. 군대에서 축구를 빼놓고 장병체육을 말할 수 없다. 많은 인원이 함께 어울려 할 수 있는 스포츠는 축구가 최적이다. 뭐 야구도 있지만 야구는 장비를 구비해야 하기 때문에 접근이 어렵다. 축구는 공 하나만 있으면 쉽게 할 수 있기 때문에 최적의 스포츠이다. 축구에서도 우리가 배울 수 있는 것은 많다. 20세기 최고의 축구선수 펠레는 축구에 대하여 다음과 같이 말한다. "우리가 축구를 통해서 배울 수 있는 가장 위대한 교훈은 혼자서는 아무것도 할 수 없다는 것과 마지막 휘슬이 울릴 때까지 게임은 끝나지 않는다는 것이다."이처럼 축구는 우리에게 협동심과 최선을 다함 그리고 인내를 가르치고 있다.

축구는 군 생활과 비교하면 쉽게 행복해지는 것을 배울 수 있다. 축구라는 스포츠로 행복하기는 그리 어렵지 않다. 축구를 통해서 다른 전우와 팀워크를 살리면서 협동심을 배울 수 있다. 뿐만 아니라 자신이 가진 모든 역량을 쏟아 부어서 경기를 하게 되면, 쉽게 포기하지 않고 끝까지 최선을 다하는 자세와 인내심을 배우게 된다. 전우들과 함께 골대를 향해서 질주하다 보면, 협동심과 인내심을 저절로 습득하게 된다. 나 하나쯤이야 하는 마음을 버리고 함께 어려움을 나누어서 함께 하면 승리는 눈에서 다가온다. 하지만 자기만을 위한 플레이나 쉽고 편하게 축구를 하려면 다른 전우가 더 힘들어진다. 함께 목표를 향해 나아갈 때 행복은 가까이 다가온다. 이기면 좋지만 졌다고 기분 나빠 할 게 없다. 왜냐하면 승리보다 더 소중한 전우애를 얻을 수 있기 때문이다.

바꿔! 바꿔! 태도를 바꾸자!

누구나 행복해지기를 바란다. 하지만 행복은 구체적으로 무엇을 뜻하는 지에는 관심이 없다. 다만 행복을 기원한다. 대부분 건강과 즐거운 삶을 행복이라고 믿는 것 같다. 행복은 참살이라고 하는 웰빙, 삶의 복지 등 다양하게 행복을 표현하고 있지만 그 뜻은 거의 같다. 행복을 정의하는 것은 학자들의 숫자만큼 많다. 그 만큼 정의하기가 어렵다는 말이 된다. 하지만 쉽게 생각하면 행복은 자아실현이며 즐거운 삶이다.

인간의 자아는 무엇인가를 실현하려고 한다. 하지만 쉽게 자아가 실현되는 것은 아니다. 쉽게 자아가 실현되면 삶이란 재미가 없고 값진 성취욕도 경험하지 못한다. 자아라는 것은 방해물을 만나게 된다. 그 방해물을 넘어야 자아를 실현할 수 있다. 예를 들어 코스모스의 씨앗(자아)이 꽃을 피(실현)우는 것이 자아실현이다. 하지만 비, 바람 등의 고난(방해물)을 만나게 된다. 이러한 고난을 이겨내야 코스모스 꽃이 피는 것이다.

행복은 기분 좋은 신체활동을 통해서도 얻게 된다. 기분 좋은 신체활동은 스포츠로 행복하기의 다른 말이다. 스포츠로 행복하기는 어려운 일이 아니라 어떻게 스포츠를 하느냐에 달려있다. 성취하느냐 혹은 그 반대가 되느냐는 태도에 있다. 그 만큼 태도가 중요하다. 적극적으로 축구를 한다든지 혹은 기분 좋은 스포즈를 한다면, 쉽게 스포츠로 배우는 즐거움, 몰입의 즐거움, 성취의 즐거움이라는 행복하기를 실현할 수 있을 것이다.

하지만 과열된 승부욕과 결과에 집착한다든지 또는 맹목적 기록에 빠지는 것을 경계해야 한다. 이것만 지키면 스포츠로 행복하기는 어렵지 않다. 하지만 알면서도 행하지 않기 때문에 스포츠 때문에 열을 받고 흥분하고 스트레스를 받기 쉽다. 알면 그대로 실천해야 한다. 실천하기가 어렵겠지만 조금씩 스포츠로 행복하기를 위해 노력하는 것이 필요하다. 실천이 쌓이면 내공이 생겨서 위에서 말한 행복기법을 배우게 된다.

군 생활은 바쁘게 앞만 보고 살아온 시간을 잠시 멈추고 자신을 뒤돌아 보고 미래를 준비할 수 있는 최고의 시간이며 행복기법을 배울 수 있는 시간이다. 군대에서 많이 하는 축구를 통해서 인생의 지혜도 배우고 행복기법을 배울 수 있다. '피하지 못하면 즐겨라'는 말이 있다. 일상의 어려운 일들과 훈련의 고통은 자신의 발전을 위한 원동력이 된다는 긍정적인 생각으로 즐기는 것이 필요하다.

장병체육, 구보, 행군, 유격 훈련을 체력단련과 자기절제 능력을 함양하는 시간으로 생각한다면 즐거운 시간이 될 것이다. 군대축구 역시 승리에 과열되지 말고 기분 좋은 신체활동으로 즐기는 것이 필요하다. 그것이 바로 군대에서의 즐거운 삶이며 스포츠로 행복하기이다. 생각만 바꾸면 쉽게 얻을 수 있는 것이 행복이다. 행복은 무지개처럼 저 멀리 존재하는 것이 아니다. 내 눈앞에 있는데 그것을 발견하지 못하고 있을 뿐이다. 이제 생각을 바꿔 스포츠로 행복한 병영생활을 시작해보자.

※ 이 글은 2008년 12월 30일 〈장병체력관리 상무〉라는 국군체육부대 내 체육과학연구실에서 발행하는 잡지에 게재한 글이다. 과연 군대에서 어떻게 행복할 수 있을까 하는 문제의식에서 스포츠로 행복하기를 그 대안으로 제시한 글이다. 행복하게 군 생활을 할 수 있는 방안에 대하여 알아보았다.

| 20장 |

금지된 스포츠

요즘 스포츠는 황금기를 향유하고 있다. 아마 인류의 역사에서 지금처럼 융성한 시기를 찾아보기란 쉽지 않다. 물론 고대 그리스와 로마에서도 스포츠의 황금기를 엿볼 수 있다. 하지만 항상 스포츠가 황금기를 맞이한 것은 아니다. 생성과 소멸의 과정을 거치는 모든 것과 같이 스포츠가 금지된 경우들도 있었다. 여성이라는 이유로, 종교적 이유로, 때로는 정치적 이유 등 여러 가지 이유로 스포츠가 금지되었다. 스포츠가 금지된 이유를 좀 더 구체적으로 몇 가지 찾아보자.

첫째, 성차별적 이유이다. 고대 올림픽에서 여성들이 참가나 관람조차 허용되지 않았다. 그 이유는 노예와 외국인 그리고 여성에게 참정권이 없었기 때문이다. 이들을 그리스 시민으로 인정하지 않았다. 즉, 사람으로 인정하지 않았다는 말이기도 하다. 당시에 노예에 대한 사람들의 인식은 사람의 말을 알아듣는 동물로 취급할 정도였다. 그렇기 때문에 사람이 아닌 이상에 고대올림픽 경기에 참가한다는 것은 불가능 했다.

둘째, 종교적 이유이다. 중세는 후기 로마시대의 유혈스포츠와 잔인한 검투사 경기에 대한 비판이 대두되었다. 특히 기독교가 지배하는 세계관은 검투사 경기에 대하여 부정적 시선을 가지고 있었다. 기독교의 입장에서 인간의 신체는 금욕의 대상이었다. 육체는 욕망덩어리이기 때문에 욕망을 일으키고 그것은 인간의 영혼을 혼탁하게 하여 개인의 영적 구원을 가로막는다고 생각하였다. 영혼을 구원을 위해서는 욕망을 자극하는 신체행위 자체를 금지하게 되었다.

셋째, 경제적 이유이다. 산업혁명과 일요일의 등장으로 안식일이 생겼다. 경제적으로 여유 있는 집단만이 여가시간에 스포츠를 할 수 있었다. 근대화된 스포츠는 유한계급만의 전유물이었다. 노동자는 생존을 위해 모든 시간을 사용해야 하기 때문에 스포츠를 할 수 없었다. 유한계급들은 자신들의 스포츠를 노동자들의 스포츠와 구분하기 위하여 아마추어 정신을 제정하여 구별 짓기를 하였다. 근대스포츠는 경제적으로 여유 있는 유한계급의 전유물이었음을 알 수 있다.

넷째, 환경적 이유이다. 독일에서는 특정지역에 암벽등반을 금지하고 있다. 그 이유는 환경파괴 때문이다. 암벽을 등반하려면 암벽에 구멍을 뚫어야 한다. 이 때 바위에 구멍이 생겨 암벽이 파괴된다. 국내에도 국립공원은 휴식년제를 도입하고 있다. 특히 등산객이 많아지면서 산은 몸살을 앓게 되었다. 해결방안은 사람에게 있었다. 사람들의 출입을 통제하고 산림 자체가 자정능력을 통하여 해결하도록 하였다. 그래서 어느 정도의 산림훼손의 문제를 해결하고 있다.

이상과 같이 역사에서 스포츠의 황금기만이 있었던 것이 아니라 금지되었던 사례들도 있었다. 스포츠의 지속적 성장을 위해서 우리가 해결해야 할 문제는 환경문제이다. 환경파괴로 인하여 인류는 위험에 직면하게 되었다. 모든 문제는 이제 환경과 밀접한 관계를 가지게 되었다.

스포츠 역시 예외가 될 수 없다. 환경문제는 슬기롭게 해결해야 할 당면 과제이기도 하다. 비생산적인 스포츠가 환경파괴의 주범이 되고 있다는 사회의 비판에서 자유롭지 못하기 때문이다.

현재와 미래에 스포츠가 금지되지 않기 위해서는 환경문제를 슬기롭게 해결할 수 있는 지속적인 노력과 혜안이 요구된다. 그 혜안의 하나가 스포츠의 존재론적 혁명이다. 인간 본성의 존재론적 욕망을 스포츠에서 실현하자는 것이다. 지속적인 스포츠를 위해 필요한 것은 스포츠를 통하여 무엇인가 소유하려는 욕망보다는 스포츠 그 자체에 몰입하여 존재론적 욕망을 실현하는 것이다.

※ 이 글은 전라남도 목포대학교에서 개최한 2008년 한국체육학회 학술대회에서 발표한 것이다. 인류의 역사에서 스포츠가 황금기만 있었던 것이 아니다. 스포츠가 금지된 경우도 체육사에서 빈번하게 있었다. 스포츠가 왜 금지당했는가에 대한 조사를 통해서 스포츠의 지속적 성장의 가능성을 발견할 수 있다는 생각에서 시작된 글이다. 거꾸로 생각을 하다보면 지금까지 보지 못한 것을 보게 된다. 한 방향으로 보게 되면 세상과 삶의 다양한 모습을 보지 못하게 된다.

참고문헌

◆◇ 제1장 ◇◆

김대식, 김영환(1973). 체육철학. 서울: 보신문화사.

김영정, 박정하(2002). 초중등대학에서의 인문교육 활성화 방안. 서울: 한국교육개발원.

김영환, 김동규, 신현군 외(2002). 체육철학. 서울: 연세대학교 출판부.

김홍식(2007). 스포츠철학의 새로운 도전은 어떻게 가능할까? 체육사상연구회 10주년 자료집. 35~41.

박정하(2004). 대학 밖의 철학교육1. 대동철학. 제24집. 대동철학회. 141-162.

박홍식 역(2001). 체육 · 스포츠철학론 · 무도론. 서울: 대경.

이기상(2002). 철학노트. 서울: 까치.

사토 토미히코(2007). 일본의 체육철학: 그 현상과 과제. 국제학술대회 및 하계워크샵 논문집. 한국체육철학회. 33~43.

오현택(2007). 체육철학의 학문적 조건. 제89회 체육사상연구회 월례세미나 발표자료. 1~8.

Botton, A.,(2000). The Consolation of Philosophy, New York: Pantheon.

Howard, A.,(2000) Philosophy for Counseling and Psychotherapy: Pythagoras to Postmodernism, London: MacMillan.

http://www.kyobobook.co.kr.

Koestenbaum, Peter.,(1978). The New Image of the Person: The Theory and Practice of Clinical Philosophy, Westport: Greenwood Press.

Lahav, R. and Tillmanns, M., (ed.),(1995). Essays on Philosophical Counseling, Lanham: University Press of America.

Lipman, M., Sharp, A., and Oscanyan, E.,(1986). Philosophy in the Classroom, Philadelphia: Temple University Press.

Morton, Adam,(2004). Philosophy in Practice: An Introduction to the Main Questions, Melden: Blackwell.

Nelson, L.,(1949). Socratic Method and Critical Philosophy, trans. by Brown III, T., New York: Dover Publications Inc..

Raabe, P.,(2000). Philosophical Counseling: Theory and Practice, Westport: Praeger.
Raabe, P.,(2002). Issues in Philosophical Counseling, Westport: Praeger.
Schuster, S., (1999). Philosophy Practice: An Alternative to Counseling and Psychotherapy, Westport: Praeger.

◆◇ 제2장 ◇◆

강신복(1994). 체육학 분야의 전문직. 서울대 체육연구소보 제30호. 1~4.
김동규(2000). 체육학에로의 회귀. 한국체육학회지. 39(1), 81~88.
김선진(2000). 체육 분야의 변화와 적응. 서울대 체육연구소보 제43호, 1~7.
나영일(2003). 체육에서 스포츠로. 서울대 체육연구소보. 제48호, 1~6.
박현우(1997). 체육학에서 스포츠학에로. 한국체육학회지. 36(4), 57~71.
이기백(1994). 학문이란 무엇인가. 연사수록. 서울: 일조각.
이호근, 이학준(2005). 우리 체육(학)을 찾아서. 한국체육철학회지. 13(3), 57~68.
이학준(2004). 체육학과 명칭의 다양화, 이대로 좋은가. 체육철학회 동계학술대회.
전태원(1997). 체육계학과 명칭의 정립의 필요성. 한국체육학회보. 71호. 4~10.
정응근(1987). 체육학의 학문성과 그 문제점. 서울대학교 체육연구소보. 제19호. 5~7.
정철수(1996). 체육이란 학문 명칭 재정립의 관한 소고. 한국체육학회보. 제66호. 10~12.
탁석산(2001). 한국의 정체성. 서울: 책세상.
Henry, F. M.(1964). Physical Education: Academic Discipline. Journal of Health, Physical Education, and Recreation. Vol. 35.
Kim, J. M.(1989). Physical Education as Artful Knowing. Unpublished doctoral Dissertation. The Ohio University.

◆◇ 제3장 ◇◆

최재천, 주일우(2007). 지식의 통섭: 학문의 경계를 넘다. 서울: 이음.
Edward O. Wilson(1998). Consilience: The unity of knowledge.
최재천, 장대익 역(2005). 통섭: 지식의 대통합. 서울: 사이언북스.

◆◇ 제4장 ◇◆

김형효(2005). 마음혁명. 서울: 살림.
이선관(2008). 삶과 철학함. 서울: 들샘.

이학준(2003). 스포츠철학의 교수방법 탐구. 한국체육학회지, 42(6), 99~106.
이학준(2008). 스포츠철학의 새로운 도전과 길 찾기. 한국체육학회지, 46(1), 35~44.
인류사회재건연구원(2008). 우리사회의 경계, 어떻게 긋고 지울 것인가. 서울: 아카넷.
전상인, 정범모, 김형국(2008). 배움과 한국인의 삶. 서울: 나남.
정진홍(2007). 인문의 숲에서 경영을 만나다. 서울: 21세기북스.
체육사상연구회(2008). 스포츠인문학. 서울: 레인보우.
최봉영(2000). 주체와 욕망. 서울: 사계절.
최의창(2002). 인문적 체육교육. 서울: 무지개사.
최재천, 주일우(2007). 지식의 통섭: 학문의 경계를 넘다. 서울: 이음.
한국학술협의회(2007). 인문정신과 인문학. 지식의 지평2. 서울: 아카넷.
Edward O. Wilson(1998). Consilience: The unity of knowledge. 최재천, 장대익 역(2005). 통섭: 지식의 대통합. 서울: 사이언북스.

◆◇ 제5장 ◇◆

강신복(1994). 체육학 분야의 전문직. 서울대 체육연구소보. 제30호. 1~4.
강신복, 최의창(1993). 체육교육학문화 운동과 실증주의 교육학의 성립. 서울대 체육연구소논집. 6(1), 50~57.
김동규(2004). 체육학 · 체육철학의 정체성 찾기. 한국체육철학회지. 12(2), 23~40.
김경숙(2005). 대학에서의 전문체육지도자 교육과 진로모색의 전환을 기대하며. 한국체육학회보. 48~50.
김성국(1988). 체육의 학문성에 관한 소고. 대한체육회 제26회 하계학술발표회.
김성국(1992). 체육의 학적 패러다임에 관한 연구. 미간행 박사학위논문. 성균관대학교 대학원.
김영환(1984). 체육의 학문성에 관한 고찰. 체육철학. 서울: 나남.
김정명(1994). 사회체육학의 개념과 학문적 역할. 한국체육학회 학술발표집. 313-317.
김정명(1997). 체육학의 정체성과 그 방법론에 관한 초방법론적인 고찰. 한국체육학회지. 36(4), 38~56.
김학덕 · 윤여탁 · 이형일(2005). 현대스포츠의 정의와 문제점에 관한 고찰. 한국체육철학회지. 13(3), 84~97.
김영갑(2006). 한국사회에서 운동중독의 사회문화적 함의. 한국체육학회지. 45(6), 33~43.
교육인적자원부(2002). 교육통계연보 2002. 서울: 교육인적자원부.
나영일(2003). 체육에서 스포츠로. 서울대 스포츠과학연구소보. 제48호. 1~6.

방정은(2007). 골프로 대학가기 어떻게 이뤄지나. 월간골프 11월호, 50~53.
박기동(2005). 스포츠 진로탐색. 춘천: 한결.
손수범(2004). 경제성장에 따른 생활체육의 변천. 한국체육학회지. 43(5), 23~34.
위성식(1992). 사회체육 전공 학생의 진로방향 모색. 체육분야 전공의 진로방향 모색을 위한 국제학술세미나. 한국체육학회.
윤경희(1992). 체육학의 학문적 구조에 관한 연구. 미간행 박사학위논문. 이화여자대학교 대학원.
이정학(2006). 한국사회변동에 따른 체육에 대한 가치변화. 한국체육철학회지. 14(3), 1~11.
정응근(1987). 체육의 학문성과 문제점. 대한체육회 제25회 하계학술발표회.
정진홍(2007). 인문의 숲에서 경영을 만나다. 서울: 21세기북스.
진윤수 · 조민행 · 안진규(2003). 생활체육지도자의 전문성 제고를 위한 소고. 한국사회체육학회지. 제20호, 203~313.
최의창(1996). 체육교육과정 탐구. 서울: 태근.
하남길(2002). 움직임 예술과학의 이해. 서울: 대한미디어.
한왕택(1999). 우리나라 개화기에 있어서 체육의 도입과정에 관한 연구. 한국체육학회지. 38(1), 38~48.
함정혜(1996). 체육, 스포츠, 사회체육의 개념에 관한 고찰. 한국여성체육학회지. 10(1), 51~61.
홍양자(2005). 체육과학대학의 미래와 전망. 체육과학대학 창립60주년 기념학술세미나. 이화여자대학교. 49~69.
Choi, E. C(1992). Beyond positivist sport pedagogy: developing a multi-dimentional, multi-padigmatic perspective. Doctoral dissertation at University of Geogia.
Henry, F. M.(1964). physical education: academic discipline. Journal of Health, physical education. Quest. 29. 13~29.
Henry, F. M.(1978). Academic discipline of physical education. Quest. 29. 13~29.
Gim, J. M.(1988). Sport as art: an alternative way of Human understanding. paper presenter at seoul Olympic Scientific Congress.
Gim, J. M.(1989). Physical education as artful knowing. Doctoral dissertation at The Ohio State University.

◆◇ 제6장 ◇◆

강동원(1997). 체육, 스포츠사 연구. 서울: 보경문화사.

강유원(2003). 체육원리. 서울: 태근.

강복창, 박천조, 박용연(1989). 체육의 개념추구의 관한 일고찰. 한국체육대학교 체육연구소논문집. 제7호, 23~35.

권욱동, 임승현, 남경완(2006). 시대별로 살펴본 체육 정의적 관점의 개념. 움직임의 철학: 한국체육철학회지. 14(3), 13~28.

김경지(1983). 체육의 개념에 관한 연구. 경희대 체육학논문집, 11, 279~291.

김달우(2000). 한국체육학 발전과정의 역사적 고찰: 한국체육학회 변천과정을 중심으로-. 체육사학회지. 15, 1~10.

김대식, 김영환(1984). 체육철학. 서울: 나남.

김동규(1996). 체육원리의 제문제. 경산: 영남대학교 출판부.

김동규(2000). 체육학에로의 회귀. 한국체육학회지. 39(1), 81~88.

김범희(1981). 체육 개념의 변천과정에 대한 고찰. 제주교육대학논문집, 제20호, 129~153.

김민섭(2003). 평생체육 프로그램 참가자의 중도타락 요인분석. 미간행 박사학위논문. 단국대학교 대학원.

김성룡, 김달우(1990). 체육 개념에서 본 신체성의 철학적 고찰. 군산대학교 논문집, 제17호, 335~348.

김성룡, 손승건(1994), 체육 개념의 범주론적 고찰. 군산대학교논문집, 제21호, 391-406.

김영갑, 권욱동(2006). 현대 체육 개념의 적용과 한계. 움직임의 철학: 한국체육철학회지. 14(3), 29~30.

김영환, 권욱동, 김창우(1994). 사회체육 발전과정에 따른 개념변화에 관한 연구. 연세논총, 30(1), 187~216.

김영환 외 5인(2004). 체육철학. 서울: 연세대학교출판부.

김오중(1973). 체육. 서울: 법문사.

김정행 역(1996). 체육원리. 서울: 동화문화사.

김종선, 정청희(1979). 체육원리. 서울 : 한국학술자료사.

김창용(1997). 스포츠철학. 서울: 대한미디어.

김현덕(1987). 체육과 스포츠개념 발전의 역사적 고찰. 국민대 스포츠과학연구논총, 5, 5~16.

김현덕(1987). 체육의 조작적 정의. 국민대 스포츠과학연구소논총. 6, 53~64.

김현덕(2001). 평생스포츠와 인간의 존재. 국민대 스포츠과학연구소논총 20, 71~77.

나영일(1996). 한국체육학 50년의 오늘과 내일. 체육사학회지, 창간호.

나현성(1985). 한국체육사연구. 서울 : 교학연구사.

노희덕(1969). 체육의 본질에 관한 고찰. 체육, 36.

노희덕(1971). 체육 개념 규정에 대한 고찰. 서울대 교양과정부 논문집, 3, 33~42.
노희덕(1991). 체육의 개념변천 과정에 관한 연구. 서울대 체육연구소논집, 12(1), 1~17.
노희덕(1999). 세계체육사. 서울: 서울대학교 출판부.
대한체육회 편.(1965). 대한체육회사. 서울: 동아출판사
민창기, 전동선(1984). 체육 개념의 변천과정 연구. 충남대 체육과학연구지, 2(1), 1~8.
문동규(1993). 평생체육 활성화에 관한 연구. 인천교육대학교논문집. 27(1), 5~28.
박기동, 유근직(1990). 체육의 명칭 및 개념에 대한 고찰. 강원대 체육과학연구소논집, 15, 57~63.
박성회(1992). 평생체육으로서 노인체육의 활성화 방안에 관한 연구. 미간행 박사학위논문. 한양대학교 대학원.
박세혁(1997). 사회체육 개념정립. 연세대 체육연구논문집. 4(1), 17~40.
박순철, 김범식(1983). 한국의 평생체육 체제 확립에 관한 고찰. 성균관대 과학기술연구소논집. 34(2), 455~463.
박종홍(1987). 일반 논리학. 서울: 박영사.
박현우(1997). 체육학에서 스포츠학에로. 한국체육학회지. 36(4), 57~71.
박현우(1992). 체육의 개념과 신체관의 문제. 한국체육학회지, 31(2),
손원익(1999). 시대구분에 따른 체육의 개념 및 명칭에 관한 연구. 미간행 석사학위논문. 연세대학교 대학원.
손 환(2002). 한국에 있어 근대체육 개념의 변천과정에 관한 연구. 중앙대학교 스포츠과학연구소. 체육연구, 제17호, 77~90.
신현군(1999). 체육학의 새로운 이론적 패러다임으로서의 somatic education의 진단. 움직임의 철학: 한국체육철학회지. 7(1), 195~214.
이규동(1972). 체육학의 체계서설. 건국대학교 학술지. 13.
이래화(1989). 체육과 스포츠의 본질 및 개념 혼동에 관한 고찰. 경북대학교논문집, 47, 203~225
이래화(1981). 체육원리. 서울: 형설출판사.
이병위(1955). 현대체육의 사조 방향. 한국체육학회지. 창간호. 2
이인숙(1992). 대한제국기의 사회체육의 발전과정과 그 역사적 의의에 관한 연구. 미간행 박사학위 논문. 이화여자대학교 대학원.
이정우 역(1996). 철학사전. 서울: 동녘.
이정학(2007). 사회복지이념에 따른 생활체육의 의미. 움직임의 철학: 한국체육철학회지. 17(3), 38~45.

이종원(1997). 제3공화국의 체육정책 및 체육의 전개에 관한 연구. 미간행 석사학위논문. 서울대학교 대학원.

이철희, 이달원(1995). 근대체육 개념의 변천에 관한 고찰. 계명대학교 과학논총, 21, 27~45.

이태웅(1985). 평생체육을 위한 일 연구. 부산공업대학논문집. 27, 199~203.

이학래(1990). 한국 근대체육사 연구. 서울: 지식산업사.

이학래(2000). 한국체육사. 서울: 한국학술정보사.

이호근, 이학준(2005). 우리 체육학을 찾아서. 움직임의 철학: 한국체육철학회지. 13(3), 57~68.

여인성(2001). 동양무도사상의 소매틱 교육적 의미에 관한 연구. 움직임의 철학: 한국체육철학회지. 9(2), 1~16.

유근직(1999). 식민지 체조교육과 한국인의 신체형성에 관한 역사적 고찰. 한국체육학회지. 38(2), 24~34.

유근직(2001). 일제 식민지시대의 체육이 광복 후 한국 학교체육에 미친 영향에 관한 연구. 한국체육학회지. 40(2), 33~44.

유근직(2005). 식민지시대 체육의 개념. 한국체육철학회 추계학술대회자료집.

윤인호(1983). 체육원리. 서울: 교학연구사.

윤경희(1982). 제학자의 체육 개념에 관한 고찰. 미간행 석사학위논문. 이화여자대학교 대학원.

원영신(1994). 여가활동과 평생교육으로서의 노인체육. 연세대 체육연구소논문집. 1(1), 71~93.

예종이(1987). 체육원리신강. 서울: 형설출판사.

정당체(2006). 평생체육 활성화를 위한 연구. 목포대 스포츠산업연구소. 5, 1~20.

정응근, 오정석, 박현우(1992). Somatic education으로서의 체육의 가능성. 한국여성체육학회지. 6(1), 21~31.

조정환(1982). 체육 개념의 개념규정에 관한 연구. 미간행 석사학위논문. 중앙대학교 대학원.

채승한(1986). 평생체육의 실천을 위한 방안. 서원대학교논문집. 17, 349~373.

최의창(2003). 체육교육탐구. 서울: 태근.

하남길(2004). 움직임 예술과학의 원리. 서울: 대한미디어.

한광결(1983). 사회체육 개념의 변천사적 입장에서 본 일반론적 고찰. 경북대 체육학회지. 10, 25~34.

한양순(1989). 시민의 건전한 여가생활을 위한 사회체육 진흥 방안. 89 시민건전 생활지원 세미나.

함용기(1989). 체육의 개념정립을 위한 소고. 원광대 체력과학연구, 11, 147~154.

한왕택(1999). 우리나라 개화기에 있어서 체육의 도입과정에 관한 연구. 한국체육학회지, 38(1).
함정혜(1996). 체육, 스포츠, 사회체육의 개념에 관한 고찰. 한국여성체육학회지, 10(1), 51~61.
Barrow, H. M.(1971). Man and His Movement; Principles of physical Education, Philadelphia: Lea and Febiger.
Bookwalter, K.& Vander Zwaag, H.(1969). Foundation and Principle of Physical Education. Philadelphia: W. B. Saunders.
Bucher, C. A.(1975). Foundations of physical education. Saint Louis: the C. V. Mosby Co.
Felshin, J.(1972). More than movement : An introduction to physical education. Philadelphia ; Lea & Febiger.
Lee, Hyung-IL(1998). understanding somatic education and exploring its class format. philosophy of the movement. 6(1), 235~253.
Lee, Jeong-Hak(1996). The study of human movement: A somatic approach. philosophy of the movement. 6(1), 285~300.
Nixon, J. E.(1964). An introduction to physical education. Philadelphia : W.B. Saunders Co.
Shin, Hyun Kun, Lee, Chul-Won(1996). Reconstruction education through somatic education. philosophy of the movement. 4(1), 273~284.
Williams, J. F.(1964). The Principles of Physical Education, 8th ed; Philadelphia: W. B. Saunders Co.

◆◇ 제7장 ◇◆

거린다 차다(2002). 슈팅 라이크 베컴. 서울: (주) 아론미디어.
윌리엄 프리드킨(19994). 샤킬 오닐의 NBA의 챔프(블루칩). 서울: (주)삼화프로덕션.
윤제균(2007). 1번가의 기적. 서울: (주) 아론미디어.
인상우, 강준호(2005). Ubiqutous Sport: 유비 쿼터스 컴퓨팅이 바꿔놓을 스포츠의 미래. 체육과학연구, 16(1), 98~113.
키엔츠노부(1999). 컵. 서울: (주)삼화프로덕션.
크리스찬 두가이(2002). 익스트림 ops. 서울: (주) 신영디지털.
클린트 이스트우두(2005). 밀리언 달러 베이비. 서울: (주)신영디지털.

휴 허드슨(1981). 불의 전차. 서울: (주)동우영상.

◆◇ 제8장 ◇◆

論語

莊子

강신욱(1998). 운동선수 신체적 학대에 관한 실태 조사. 한국체육학회지, 37(2), 31~42.

강신주(2003). 장자: 타자와의 소통과 주체의 변형. 서울: 태학사.

권오상(2008, 2월 28일). 정부, 체육계 성폭력대책 발표. 한겨레신문.

기세춘 역(2007). 장자. 서울: 바이북스.

김병준, 김설향, 문익수외 역(2007). 코칭과학. 서울: 대한미디어.

김시천(2004). 철학에서 이야기로: 우리시대의 노장 읽기. 서울: 책세상.

노현웅(2007, 12월 7일). 인권위, 학생운동선수 인권개선 권고. 한겨레신문.

두산동아백과사전편집부(2007). 두산동아백과사전. 서울:두산동아.

박소정(2001). 악론을 통해 본 장자의 예술철학. 미간행 박사학위논문. 연세대학교 대학원.

박원재(1996). 도가의 이상적 인간상에 대한 연구. 미간행 박사학위논문. 고려대학교 대학원.

손석정(2007). 스포츠 법 이론과 실제. 서울: 태근.

신동열(2006). 중학교 축구선수의 합숙생활 연구. 미간행 석사학위논문. 단국대학교 대학원.

심재권(2008). 노장의 도에 대한 감산덕청의 무심론적 해석. 미간행 박사학위논문. 연세대학교 대학원.

이강수(1997). 노자와 장자: 무위와 소요의 철학. 서울: 길.

류태호, 이주욱(2004). 운동선수의 학교생활과 문화. 한국체육학회지, 43(4), 271~282.

조민환(1991). 노장의 미학사상에 관한 연구. 미간행 박사학위논문. 성균관대학교 대학원.

KBS Media(2008). 2008 스포츠와 성폭력에 대한 인권 보고서(시사기획 쌈). 서울: KBS Media.

◆◇ 제9장 ◇◆

고범서(2002). 파워: 힘의 연구. 서울: 소화.

김병준(2006). 운동심리학. 서울: 무지개사.

권순용, 김방출(2003). 붉은악마 현상의 재해석: 포스트 월드컵 담론 비판. 한국체육학회지. 42(6), 165~177.

이래화(1993). 현대스포츠의 병리. 대구: 경북대학교 출판부.

김종희(1999). 박정희 정권의 정치이념과 체육정책에 관한 연구. 미간행 박사학위논문. 한양대학교 대학원.

이동연(2002). 붉은 악마와 서포터즈 문화. 당대비평. 19, 198~215.

이순형(2005). 붉은악마와 월드컵. 서울: 서울대학교 출판부.

이욱열(2004). 스포츠의 정치학. 서울: 21세기교육사.

이정학(2000). 스포츠와 카타르시스적 기능에 대한 철학적 접근. 한국체육학회지. 39(3), 53~66.

이종원(2002). 제5공화국 스포츠정책연구. 미간행 박사학위논문. 연세대학교 대학원.

이한규(2006). 아프리카 축구와 탈신식민주의. 축구장 밖 축구이야기. 서울: 화정평화재단, 평화연구소.

송형석(2006). 축구의 매력, 어디서 나오는가. 축구장 밖 축구이야기. 서울: 화정평화재단, 평화연구소.

신동민(2003). 붉은악마의 사회통합적 역할에 관한 연구. 미간행 석사학위논문. 한국외국어대학교 정책과학대학원.

정준영 역(2001). 스포츠, 그 열광의 사회학. 서울: 한울 아카데미.

정준영(2003). 열광하는 스포츠 은폐된 이데올로기. 서울: 책세상.

황병주(2002). 박정희 시대축구와 민족주의: 국가주의적 동원과 국민형성. 당대비평. 19, 145~167.

황정현(2007). 아리스토텔레스의 체육사상(7): 카타르시스를 중심으로. 한국체육학회. 46(6), 66~72.

Ardrey, R.(1966). The territorial imperative. New York, Atheneum.

Eric Dunning(1999). Sport Matter: sociological studies of sport, violence and civilization. Routedge.

Geoff Hare, Hugh Dauncey(1999). The coming of age: France '98'. Football culture and identities, (eds.) Gary Armatrong, Richard Giulianott. London: Macmillan Press Ltd.,

Lorenz, K.(1966). On Aggression. New York. Harcourt Brace.

Menninger, K.(1960). Recreation and mental health. In Recreation and psychiatry, edited by L. New York, National Recreation Association. 8-18.

Song, Hyeong-Seok(2007). Peace through Soccer: Anticipation, Reality, and Consideration of the Possibility. The 2007 Global Forum on Civilization and Peace. 82~97.

◆◇ 제10장 ◇◆

강병규(2002). 중학교 체육특기자의 학업수업 참여 실태. 미간행 석사학위논문. 건국대학교 대학원.

강신복(2003). 학원스포츠의 개혁: 의식전환과 제도 개선. 학원정상화를 위한 긴급 토론회 자료집.

강신욱(2003). 학교운동부의 운동과 학업 수행 및 운영실태 조사. 한국체육학회지. 42(3), 97~109.

강신욱(2005). 학교운동부의 교육적 순기능에 대한 연구. 한국체육학회지. 44(5), 147~159.

강신욱, 강미선(1999). 운동선수의 학업태만과 중도탈락에 관한 일례. 한국스포츠사회학회지. 제12호, 57~90.

고은하(2005). 운동선수 구타근절을 위한 실태조사. 서울: 체육과학연구원.

김석희(2003). 대학 엘리트선수들의 오늘과 내일. 한국사회체육학회지. 제20호, 981~990.

김정명(1999). 청소년 인권의 사각지대: 체육특기생. 청소년학연구. 6(2), 21~40.

류태호, 이주욱(2004). 운동선수의 학교생활과 문화. 한국체육학회지. 43(4), 271~282.

류태호(2003). 학교체육 정책에 관한 제도개선 연구. 교육인적자원부 교육정책연구. 2003-지정-08.

류태호(2005). 학원스포츠의 과제와 전망. 한국스포츠교육학회지. 12(2), 91~108.

안민석(2002). 체육개혁을 위한 사회학적 논의. 한국스포츠사회학회지. 15(1), 201~214.

손종열(1998). NCAA의 Benchmarking에 의한 한국대학 intercollegiate sport system. 미간행 박사학위논문. 고려대학교 대학원.

이상연, 안민석(2004). 학생선수들의 수업결손에 대한 정책대안연구. 한국체육학회지. 43(3), 127~135.

이학준(2003). 학생운동선수를 생각한다. 한국체육학회지. 42(5), 61~69.

이학준(2004). 운동선수, 그들만의 고민: 운동선수들의 행복한 삶을 위한 과제. 서울: (주)북스힐.

이학준(2005). 학벌사회 속 운동선수. 움직임의 철학: 한국체육철학회지. 13(1), 23~33.

이학준(2007). 선택의 자유와 권리의 상실: 체육특기자 동일계 지원제도의 문제. 스포츠인류학연구. 제2호, 35~44.

이학준(2008). 대학스포츠가 변해야 학생선수가 산다. 스포츠포럼21. 제39호.

이혁기, 박창범, 임수원(2007). 공부하는 운동선수 만들기: D중학교 축구부 사례연구. 한국체육학회지. 46(1), 181~191.
함정혜(2003). 올바른 대학 운동선수 육성을 위한 개선방안에 관한 연구. 한국유산소운동과학회지. 7(1), 73~86.
홍덕기, 류태호(2007). 인권으로 바라본 학생선수: 교육적 담론. 한국스포츠교육학회지. 14(4), 131~154.
Jeong, Eug-sun(2002). The status of Hazing in South Korea University team sports. philosophy of movement: The Journal of Korean Philosophy Society for Sport. 10(2),
KBS(2004. 6. 25). 스포츠는 평생필수 과목이다.
KBS(2003. 12. 10). 추적60분. 강요된 성택, 체육특기생.
KBS(2005. 5. 21). 시사기획 쌈. 죄송합니다. 운동부입니다. 1부.
KBS(2005. 8.20). 시사기획 쌈. 죄송합니다. 운동부입니다. 2부.

◆◇ 제11장 ◇◆

김상순(1992). 스포츠사상사. 서울: 형설출판사.
이래화(1981). 그리스체육사상사. 서울: 형설출판사.
이진수(2001). 한국체육사상사. 서울: 한양대학교 출판부.
이진수(1996). 고대 스포츠연구. 서울: 교학연구사.
인문종(2007). 양성에 관한 고찰. 미간행 박사학위논문. 명지대학교 대학원.
임영무(1988). 한국체육사상사 연구: 한 사상을 중심으로. 미간행 박사학위논문. 연세대학교 대학원.
조명렬(1984). 체육사상사개론. 서울: 교학연구사.
[저자와 면담(2008년 9월 20일(토) 오후 1~2시. 올림픽 파크호텔) 스포츠인류학회 이사회에 참석해서 교수님을 만나서 사석에서 질문과 이에 대한 답변을 들을 수 있었다. 형식적인 면담이 아니라 사석에서 자연스럽게 〈한국체육사상사〉에 대하여 질문을 드렸다.]

◆◇ 제12장 ◇◆

강준호(2007). 연구윤리 지침에 대한 윤리학적 고찰. 철학사상. 제24호, 111~142.
고려대학교(2008). 연구진실성 확보를 위한 연구윤리지침(안). 제39조.
과기부(2006). 연구윤리, 진실성 확보를 위한 가이드라인(지침) 안
과학부 역(2006). 실천연구윤리. 서울: 과학부.
김대군(2008). 연구자의 내부고발에 대한 윤리학적 고찰. 윤리연구. 제66호, 27~49.
김수영(2008). 표절과 올바른 인용방법. 가정의학회지. 29(3), 167.

김양수(2007). 연구윤리와 가치. 철학사상. 제24호, 185~223.
김항인(2005). 연구자의 연구윤리 정립 방안. 국민윤리연구. 제59호, 145~168.
김화진(2006). 연구윤리정책의 방향. 연구윤리소개. 서울: 한국학술진흥재단.
서울대학교 연구윤리지침
손경원(2008). 연구진실성 확립을 위한 정부의 부정행위 규제의 방향과 과제. 윤리연구. 제66호, 51~74.
신광영(2006). 표절과 연구윤리. 한국학술진흥재단 홈페이지 연구윤리정책연구 세미나 자료.
이인재(2008a). 연구부정행위로서 표절과 올바른 글쓰기. 물리학과 첨단기술. 봄호.
이인재(2008b). 연구윤리 확립을 위한 인용과 표절의 이해. 윤리연구. 제66호, 1~25.
이인재(2008c). 학술적 글쓰기에서 표절: 무엇이 쟁점인가? 화학세계.
이인재외(2007). 인문, 사회과학분야 표절 가이드라인 제정을 위한 기초연구.(정책연구-2007-024-BNC기획)
이학준(2006). 체육학 글쓰기. 서울: 북스힐.
조은희(2008). 논문발표와 연구윤리: 부정행위와 합리적인 연구 사이에서. 물리학과 첨단기술. 봄호.
한국국민윤리학회 연구윤리 규정
한국학술진흥재단(2006). 연구윤리소개. 서울: 한국학술진흥재단.

◆◇ 제13장 ◇◆
김용범, 박현욱(2005). 문화콘텐츠산업의 창작소재로서 한국전통스포츠의 활용가치에 대한 연구. 한국스포츠리서치. 16(2).
김원제(2004). 미디어스포츠의 기원 및 변동과정에 관한 연구. 미간행 박사학위논문. 성균관대학교 대학원.
김원제(2006). 스포츠코리아. 서울: 한국학술정보(주).
박종근(2007). 문화 콘텐츠산업으로서 e-스포츠의 글로벌 산업화 발전전략. 경영학연구. 30(6).
송해룡(2001). 디지털 커뮤니케이션과 스포츠콘텐츠. 서울: 커뮤니케이션 북스.
신상성(1985). 한국 스포츠문학의 가능성. 대한유도대학논문집. 제1집.
심승구(2005). 한국 술 문화의 원형과 콘텐츠화. 인문콘텐츠학회 학술심포지엄 발표자료집.
윤효진(2000). 국내프로스포츠 구단 웹 사이트 콘텐츠연구. 미간행 박사학위논문. 수원대학교 대학원.
이관표, 최상수(2006). 스포츠이벤트 개최로 인한 사회문화적 영향분석. 한국콘텐츠학회

논문집. 6(5).

이상률 역(1991). 소비의 사회. 서울: 문예출판사.

이학준(2005). 영화로 읽는 스포츠. 서울: 북스힐.

이혜진(2004). 국내스포츠사이트의 현황연구 및 사용자 요구사항 조사. 미간행 석사학위논문. 이화여자대학교 대학원.

임우택(2001). 국내스포츠 및 레포츠 웹사이트 콘텐츠 비교분석. 한국스포츠산업경영학회. 6(1).

정지규(2007). 미디어콘텐츠로서 국내 프로스포츠 비교분석. 미간행 석사학위논문. 서울대학교 대학원.

조종현(2002). 인터넷 스포츠사이트 수익모형. 미간행 박사학위논문. 연세대학교 대학원.

최동철(2001). 미디어스포츠의 사회통합 기능에 관한 연구. 미간행 박사학위논문. 강원대학교 대학원.

최연구(2006). 문화콘텐츠란 무엇인가. 서울: 살림.

최영환(2005). 방송환경변화에 따른 지상파방송의 스포츠콘텐츠 활용방안. 한국스포츠리서치. 16(5), 623~634.

최영환(2008). 미디어 이용패턴에 따른 스포츠콘텐츠 소비행동분석. 미간행 박사학위논문. 고려대학교 대학원.

황용성(2006). 문화콘텐츠로서 이종격투기의 내재적 공간구조에 관한 연구. 한국콘텐츠학회논문지. 6(2).

Guttman, A.,(1978). From Ritual to record: The nature of modern sport. New York: Columbia university Press.

Wenner, L.(ed)(1998). Media Sport. London: Routledge.

www.kyobobook.co.kr

찾아보기

ㅇ

인문체육학의 시선

2009년 2월 10일 1판 1쇄 인쇄
2009년 2월 15일 1판 1쇄 발행

저 자 ◎ 이 학 준
발행자 ◎ 조 승 식
발행처 ◎ (주) 도서출판 **북스힐**
서울시 강북구 라일락길 36
등 록 ◎ 제 22-457호

(02) 994-0071(代)

(02) 994-0073

bookswin@unitel.co.kr
www.bookshill.com

값 12,000원

ISBN 978-89-5526-550-7